리라이팅 클래식 016

선가귀감,
조선 불교의 탄생

리라이팅 클래식 016

선가귀감, 조선 불교의 탄생

발행일 초판1쇄 2013년 8월 30일   초판2쇄 2020년 8월 7일

지은이 김풍기 | **펴낸곳** (주)그린비출판사

펴낸이 유재건 | **주소** 서울시 마포구 와우산로 180, 4층

주간 임유진 | **편집** 방원경, 신효섭, 홍민기 | **마케팅** 유하나

디자인 권희원 | **경영관리** 유수진 | **물류유통** 유재영, 이다윗

전화 02-702-2717 | **팩스** 02-703-0272 | **이메일** editor@greenbee.co.kr | **신고번호** 제2017-000094호

ISBN 978-89-7682-528-5 03220

이 도서의 국립중앙도서관 출판예정도서목록(CIP)은 서지정보유통지원시스템(http://seoji.nl.go.kr)과 국가자료종
합목록구축시스템(http://kolis-net.nl.go.kr)에서 이용하실 수 있습니다.(CIP제어번호: CIP2013013628)

철학과 예술이 있는 삶 **그린비출판사**

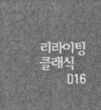
리라이팅
클래식
016

선가귀감,
조선 불교의 탄생

김풍기 지음

흥B
그린비

| 일러두기 |

1 이 책에서 서산휴정의 『선가귀감』 인용 부분은 동국대학교 불교전서편찬위원회에서 엮은 『한국불
  교전서』 제7책(동국대학교출판부, 1986)에 수록된 판본을 저본으로 지은이가 직접 옮긴 것이다.

2 이 책에 등장하는 다른 한문 고문으로부터의 인용 역시 모두 원전을 참고하여 지은이가 직접 옮긴
  것이다. 참고한 원전의 서지는 해당 서지가 처음 나오는 곳에 각주로 지은이, 서명, 출판사, 출판 연
  도를 표기했다.

3 단행본·정기간행물은 겹낫표(『 』)로, 논문·단편 등은 낫표(「 」)로 표시했다.

머리말 | 선으로 가는 길

안거철이 끝날 무렵이면 어느 선방이나 1주일가량 용맹정진을 한다. 최소한의 음식을 먹으며 수행에 몰두한다. 그 기간 동안 수행자들은 잠을 자지도 않으며 심지어 등을 기대지도 않는다. 인간의 몸이 어디까지 갈 수 있는지 시험이라도 해보는 것처럼, 그들의 용맹정진은 대단한 기세를 뿜낸다. 묵언수행을 겸하는 곳도 있다. 인간의 몸이 욕망하는 것들을 의도적으로 철저히 조복(調伏)시키기 위하여 그들이 몸에 가하는 압력은 상상을 초월한다. 3일 정도 그런 상태로 살다 보면 자기도 모르는 사이에 정신이 혼몽해지거나 가수면 상태에 순간적으로 들어가기도 한다. 깜빡 존다는 생각을 하는 순간 다시 마음을 가다듬어 자신의 몸과 마음을 살핀다. 자기 몸을 제대로 컨트롤하지도 못하면서 세상을 가득 채우고도 남을 정도의 욕망을 어떻게 컨트롤할 수 있겠는가 하는 것이 수행의 포인트 중의 하나일 것이다. 그렇게 1주일간 용맹정진을 하고 나면 드디어 안거를 마치고 만행의 길에 오른다.

수행자들의 삶을 보면서 우리는 감동을 받는다. 그것은 수많은 욕망을 표현하는 최종 목적지 '몸'을 철저히 조복시켜서 새로운 세계를 열어젖히려는 희망을 던져 주기 때문이다. 모든 사람들이 수행자처럼 살아갈 수는 없지만, 그 모습이 보다 나은 우리의 삶을 만들어 가는 데 좋은 지침이 될 수 있기 때문이다. 그러면서 우리 자신의 삶이 그들의 삶에 가까이 갈 수 있기를 소망하며, 때로는 어느 정도 실천하기도 한다.

어느 시대에나 삶의 질을 높이고 인간 정신의 새로운 경계를 여는 것에 관심을 깊이 가졌던 사람들이 있다. 방법이나 시각, 언어는 달랐을지언정 그들이 향하는 곳은 같았다. 동서고금을 막론하고 어떻게 사는 것이 더 인간다운 삶을 만드는 것인지, 어떻게 사는 것이 더 아름다운 세상을 만드는 것인지에 대한 깊은 고민을 토로하고 실천했던 사람들이 있었다. 이들이라면 신분에 관계없이 수행자의 칭호를 줘도 괜찮지 않겠는가. 그리고 우리 마음 한쪽에 조금이라도 그런 삶에 대한 관심을 간직하고 있다면 수행자로서의 삶을 꿈꾼다고 할 수 있을 것이다.

그러나 현실은 그러한 꿈을 무산시키는 가장 강력한 힘이다. 어쩌면 더 나은 삶을 위해 우리의 욕망을 극복하는 과정에서 맞닥뜨리게 될 고통을 피하기 위해 내세우는 핑계가 '현실'이라는 이름의 괴물일 수도 있다. 주변 사람들과 다른 삶을 살아가는 것은 대단한 용기를 필요로 한다. 현실적 욕망이 고통의 중요한 근원이라는 점을 인정하지 못하고 몸과 마음을 소모하면서 욕망을 추구하는 삶에 몰두해서 살아가는 것이야말로 헛되고 헛된 짓이다. 입으로는 그 헛된 삶을 비난하고 애처로운 마음을 드러내지만, 정작 우리는 자신도 모르는 사이에 헛된 삶의 표면을 감싸고 있는 욕망과 그것이 주는 쾌락이 인생의 즐거움이요 지상목표인 것처럼 착각하고 있다. 우리의 몸이 노쇠하여 더 이상 세속의 욕망을 감당하기 어려워질 때쯤에야 비로소 살아온 인생이 얼마나 헛된 것이었는지를 깨닫는다고 해봐야 그 역시 부질없는 일이다. 그 순간 얼마 남지 않은 자신의 인생을 어떻게 써야 할지 아무런 생각도 하지 못할 것이다. 망연자실해 있는 동안 남은 인생은 속절없이 스러질 뿐이다.

어쩌면 늙어서야 비로소 자각하게 될 무상(無常)에 대한 가르침은 세속의 욕망이 더 이상 설 데가 없다는 걸 알아차린 노쇠한 몸의 탄식일 가능성도 없지 않다. 젊고 싱싱한 몸이 무엇인가를 강렬하게 욕망한다는 것은 어찌 보면 당연한 현상이라는 것이다. 그 욕망이 세계를 만들고 역사를 이끌어 왔으며 수많은 일들을 저질러 왔다. 비록 야누스의 얼굴을 한 욕망이라고는 하지만 일방적으로 비난하기만 해서야 될 일인가 싶다. 문제는 그 욕망이 어떤 종류의 욕망인가 하는 점이겠다. 나의 기호에 봉사하는 욕망, 내 가족의 이익에 촉수를 세우는 욕망, 혹은 내가 속한 집단을 위해 작동하는 욕망이 문제다. 그 욕망을 깊이 통찰하는 것이야말로 우리의 삶을 새롭게 기획하는 일이 아니겠는가.

여기서 우리는 이렇게 질문할 수 있다. "도대체 우리의 욕망이 새로운 차원의 욕망으로 나아가려면 어떻게 해야 할까?", "새로운 욕망이라는 것을 어떻게 알아차릴 수 있을까?"

　　　　아주 오래되었지만 언제나 새로운 느낌을 주는 이런 유형의 질문들은 시대와 사람에 따라 천차만별의 답안지를 만들어 왔다. 오랜 시간 동안 그 답안지가 쌓이고 쌓여서 사람들은 지혜의 답안지가 만든 바다 속에서 허우적거리다가 익사하기까지 한다. 부처의 말씀이라는 불경만 하더라도 우리가 출가해서 평생 경전을 공부한다 해도 모두 섭렵하리라는 보장이 없을 정도로 많다. 어쩌면 그것들 중 하나의 경전에서 헤어나지 못할지도 모른다. 미래에 올 깨달음을 미리 알아차리려는 것이 수행의 여러 목적 중의 하나라면, 그 답안 중에서 나에게 요긴하게 소용될 것을 얼른 찾아내는 것은 중요한 일이다. 그러나 내 눈은 그리 밝지 못하고 스승들의 말씀은 너무도 고원(高遠)해서 아둔한 중생의 머리로는 이해하기 어렵다. 욕망의 격랑을 벗어나려고 지혜의 바다로 들어갔더니, 아뿔싸, 그 바다에도 사나운 파도가 일고 있었던 것이다. 앞으로도 뒤로도 갈 수 없는 이 난감한 상황에서, 나는 어떻게 이 상황을 빠져나갈 뗏목을 구할 수 있을까.

지혜의 바다를 항해하기 위해 우리는 항해도를 필요로 한다. 선승들의 서늘한 방할(棒喝)을 담은 책도 있고, 가야 할 길을 소상하게 조곤조곤 알려 주는 친절한 책도 있다. 세상 모든 것에는 그 나름의 인연이 있어서, 아무리 훌륭한 스승이 쓴 책이라 해도 나에게 꼭 맞는다고 할 수는 없다. 어떤 때는 어린아이의 말 한마디, 멀리서 들려오는 낮닭 소리에도 깨친다. 이처럼 우리의 깨달음에는 시절인연이 있는 것이어서, 우연히 접한 짧은 글 한 편에서도 깨달음의 계기를 마련한다.

　그러나 모든 중생들이 그런 것은 아니다. 우리는 스승들의 말씀에 따라 힘든 수행을 한다 해도, 그 경지를 넘보기는 힘들다. 게다가 아무 책이나 휘리릭 들추었는데 거기서 깨달음을 가져오는 계기를 발견하는 것도 아니다. 쉽고 좋은 책을 골라 깨달음을 향한 첫걸음을 떼어야 한다. 이런 맥락에서 1564년 무렵 지어진 것으로 보이는 서산휴정(西山休靜)의 『선가귀감』(禪家龜鑑)은 수행을 하려는 출가자나 재가자들에게 소중한 첫걸음을 떼게 만들어 주는 귀한 책이다.[1]

　『선가귀감』은 편찬된 지 얼마 되지 않아 언해본이 판각되어 유통되었을 정도로 사람들의 인기를 끈다. 조선 전기 억불정책의 여파는 생각보다 짙은 그림자를 드리우며 고려까지 이어 온 불교학의 전통을 빠른 속도로 잠식하였다. 세조와 같은 호불군주가 출현하였지만 대부분의 신료들은 불교를 강력하게 배척하였고, 국가의 정책이나 법제 역시 불교를 배척하는 방향으로 제정되고 시행되었다. 그러는 동안 불교계의 수준은 급전직하하였다. 심지어 글을 모르는 승려까지 나올 지경이었으니, 그 사정을 미루어 짐작할 만하다. 이런 상황에서 글을 좀 안다고 사정이 좋아질 리 없다. 방대한 불경의 바다에서 허우적

---

1 사실 『선가귀감』이 언제 지어졌는지에 대해서는 약간의 이설이 있다. 그러나 학계에서는 대체로 1564년 무렵에는 찬술되었을 것으로 본다. 이 점에 대해서는 우정상, 「선가귀감의 간행유포고」, 『불교학보』 제14집, 동국대학교 불교문화연구소, 1977; 신법인, 『서산대사의 선가귀감 연구』, 신기원사, 1983; 송일기, 「선가귀감 성립고」, 『서지학연구』 제7집, 서지학회, 1991 등을 참고하였다.

거리다가 초발심을 잃고 중생의 번뇌 속에서 속절없이 세월을 보내는 경우도 많았다. 현실 속에서 부닥치는 양반들의 횡포는 말할 것도 없지만, 승려 세계 내부에서도 수행에 정진할 수 있는 기반을 갖춘 사람들이 흔치 않았다. 외부의 적보다는 내부의 부실이 더 큰 문제였다.

불교 수행의 등불이 심하게 흔들릴 때 문정왕후(文定王后)의 정치적 영향력을 등에 업고 잠깐 불교 부흥의 조짐이 보였다. 이때 등장한 사람이 바로 서산휴정이다. 그는 불교계의 현실을 안타까워하면서 그 시대 출가수행자들의 발심을 불러일으키기 위해 안내서를 집필한다. 그것이 『선가귀감』이다.

서산휴정의 『선가귀감』은 기본적으로 출가수행자들을 위한 입문서다. 그의 기록에서도 언급한 것처럼, 사명유정(四溟惟政)을 비롯한 여러 제자들에게 불경을 가르치다가 그들에게 요긴한 등불이 될 만한 구절들을 모아서 편찬한 것이 이 책이기 때문이다. 훗날 이 내용조차 어려워하는 수행자들을 위해 주석을 붙이기도 했다. 지금 우리가 볼 수 있는 『선가귀감』은 이렇게 탄생하였다. 수행자들에게 '한마음'[一心]의 중요성을 드러내어 자신이 원래부터 깨달은 존재라는 사실을 강조하는 내용으로 시작하는 이 책은, 선의 중요성과 교학 공부의 중요성, 염불 수행의 필요성, 선의 역사 등 수행의 첫걸음을 떼는 수많은 사람들에게 하나의 지도가 될 수 있도록 구성되었다.

그렇다고 해서 이 책이 오직 출가수행자들에게만 소용되는 것은 아니다. 어떤 중생이든 수행에 대한 강력한 발심을 하는 순간, 그곳이 바로 수행처요 그 사람이 바로 수행자가 되는 법이다. 꼭 절에서 혹은 선방에서 다리를 꼬고 앉아야만 하는 것은 아니라는 말이다. 그런 점에서 일상생활을 하는 한편 수행에 대한 깊은 관심과 실천이 있는 사람이라면 꼭 머리를 깎지 않아도 깨달음의 길로 나선 것이라 하겠다. 또한 실천으로 옮기지는 못했지만 여전히 일상의 굽이마다 수행을 하고 싶어 목이 마른 재가수행자들에게도 이 책은 요긴하게 읽힐 수 있다. 머리를 깎고 못 깎고의 차이에도 불구하고 모든 중생들을 수행자로 보는 것은 불교가 가진 미덕이다. 유마거사(維摩居士)의 뒤를 이어, 혹은 방거사(龐居士)를 본받아, 세속의 중생들은 깨달음에 대한 희망을 놓지 않는다. 바로 그런 사람들을 위해서도 『선가귀감』은 귀중한 등불이 된다.

게다가 서산휴정은 이 책에서 여러 근기(根機)의 사람들이 깨달음으로 나아가기 위해 첫걸음을 떼어야 하는 곳을 정확하게 지적해 놓았다. 상근기의 사람들에게는 참선을 통한 깨달음으로 갈 수 있게 배려했고, 거기에 교학을 통한 길도 함께 열어 두었다. 선과 교학 외에도 염불을 통한 수행 방법을 제시함으로써 문자에 대한 깊은 이해가 없어도 일상 속에서 충분히 수행을 할 수 있는 길을 보여 준다. 이 점 때문에 『선가귀감』이 편찬된 이래 다양한 판본들이 나와서 사람들의 사랑을 받았던 것이다. 초보자들을 위한 간곡하면서도 친절한 안내 덕분에 이 책은 20세기에 들어와서도 여러 고승과 재가수행자들에 의해 번역되고 주해가 되었을 뿐만 아니라 지금도 꾸준히 새롭게 읽히고 있다. 그만큼 이 책의 효용성은 시대를 넘어서도 여전히 힘을 발휘한다.

서산휴정의 그늘은 지금도 짙게 드리워져 있다. 한국의 현대 불교는 서산휴정의 문도들에 의해 만들어졌다 해도 과언이 아닐 정도로 그의 선맥(禪脈)은 튼튼한 뿌리를 자랑한다. 잠깐 부활했던 승과를 통해 화려하게 등장한 서산휴정은 이후 깊은 수행과 많은 제자 양성을 통해서 조선 후기 불교계에 큰 바람을 일으킨다. 간화선(看話禪)을 중심으로 하는 참선 수행을 강력하게 독려했고, 『화엄경』(華嚴經)을 비롯한 주요 경전을 강조하면서 제자들에게 가르쳤으며, 염불 수행이 선(禪)과 이어질 수 있는 이론적 고리와 실천적 태도를 확립하기도 했다. 또한 임제종(臨濟宗)을 중심으로 하는 선맥의 정리 등도 빼놓을 수 없는 일이며, 임진왜란을 맞아 의승군(義僧軍)을 조직한 것도 중요하다. 이러한 업적 하나하나가 모두 후대에 큰 영향을 끼치면서 조선 후기와 근현대 불교의 근간을 마련하였다.

지금 우리의 불교는 기본적으로 조선 불교의 전통에 이어져 있는 셈인데, 그 원류를 찾아 올라가 보면 서산휴정이라고 하는 거대한 초석을 만나게 된다. 서산휴정이 바로 현재 우리가 만나는 불교의 초석을 놓은 사람이라는 것이다. 조선 초기 기화(己和), 설잠(雪岑) 등에 의해 유교에 대응하는 불교의 모습이 나타났지만, 그것은 억불정책과 사회적 탄압에 의해 급격히 영향력을 잃고 만다. 법등(法燈)이 가물거리면서 위급한 상황에 처했을 때 다시 불교의 기치를 들어 올려 조선 불교만의 새로운 모습을 정립한 사람이 서산휴정이다. 그런 점에서 진정한 조선 불교의 탄생은 서산휴정에 의해 이루어졌다고 하겠다.

『선가귀감』이 풀어 놓는 서산휴정의 친절하고도 간곡한 이야기를 통해 우리는 불교의 드넓은 세계, 깨달음의 세계로 한 걸음 발을 들여놓을 수 있을 것이다. 분량은 그리 많지 않지만, 구절마다 깊은 울림이 있고 좁은 시야를 틔워 줄 계기가 숨어 있다. 그 깊은 불교철학의 세계야 어찌 설명할 수 있겠는가마는, 서산휴정이 왜 이렇게 간곡하게 수행자들을 위해 말을 거는지는 알 수 있을 것으로 기대한다. 그의 생각이 후대의 수행자들에게 온전히 전해졌는지에 대해서는 논란의 여지가 있지만, 적어도 그가 구상했던 생각과 그의 시대를 읽을 수 있다면 좋을 것이다.

이 책은 『선가귀감』에 대한 철학적 해설서라기보다는 역사적 맥락을 읽음으로써 그가 구상했던 조선 불교의 모습이 현재 우리 불교의 모습과 어떻게 연결될 수 있을지를 모색한 것이다. 복잡다단했던 시대를 만난 한 인간의 고뇌와 그것을 넘어서기 위해 새로운 길을 모색했던 그의 지적 여정을 보이고자 한 것이다. 왜 서산휴정은 불교의 이러한 국면에 주목했을까, 그가 이전 시기 불교에서 배운 것은 무엇이었을까, 제자들과 함께 어떤 불교를 추구한 것일까, 그 과정에서 부작용은 없었을까 등 그의 『선가귀감』에서 무엇을 읽을 것인가 하는 질문들이 부단히 이어질 수 있다. 이 책을 통해서 우리가 『선가귀감』을 다시 읽을 기회를 만들고, 나아가 자신만의 『선가귀감』을 가슴에 품을 수 있다면 얼마나 좋겠는가.

차 례

1부

서산휴정의 삶과
그의 시대

1장 | 최여신에서 휴정으로

1. 최여신의 고민

부모의 나이 47세 되던 해 태어난 최여신(崔汝信)의 어린 시절은 구체적으로 알려진 바 없다. 최여신의 부친 최세창(崔世昌)과 모친 한남(漢南) 김씨(金氏)는 동갑이었다. 평안도 안주(安州)에서 태어난 최여신의 행적은 훗날 약간의 행장과 제문 같은 단편적인 글에서만 흔적을 찾을 수 있다. 그중에서도 가장 중요한 글은 일종의 자서전 성격을 가지는 「완산 노부윤에게 올리는 글」이다.[1] '삼몽록'(三夢錄)이라고도 불리는 이 글은 노부윤에게도 보내는 편지처럼 작성되어 있지만, 꿈

---

[1] 휴정, 「완산 노부윤에게 올리는 글」(上完山盧府尹書), 『청허당집』(淸虛堂集) 권7. 서산휴정의 『청허당집』은 여러 가지 판본이 전하는데, 이 책에서는 동국대학교 불교전서편찬위원회 엮음, 『한국불교전서』 제7책, 동국대학교출판부, 1986에 수록된 판본을 참고했다. 다만 휴정의 생애와 관련된 기록 중에서 이 판본에 수록되지 않았거나 다른 내용이 들어 있는 것에 한해서는 해당 판본을 밝히고 인용한다. 따라서 특별한 인용 출처 없이 작품 제목이나 내용 및 권수만을 표기한 것은 모두 『한국불교전서』 제7책을 참고한 것이다.

같이 흘러간 자신의 과거와 현재를 담담하게 기술하고 있다.[2] 이 글 외에도 몇 사람이 쓴 비문과 행장이 남아 있고, 최여신 자신이 노년에 쓴 제문 등이 참고가 된다. 여기서는 그의 문집인『청허당집』에 나와 있는 내용을 중심으로 그의 삶을 살펴보기로 한다.

최여신의 어린 시절은 몇 가지 설화를 통해 그가 이미 출가자로서의 면모를 보였다는 점을 짐작케 할 뿐이다. 어린 시절부터 모래로 탑을 쌓거나 기왓장으로 절을 짓는 따위의 놀이를 해서 '아기스님'(소사문·小沙門)이라는 별명으로 불리었다든지, 부친·최세창이 꿈에 구름과 학처럼 일생을 살아갈 것이라는 예언을 받는다든지(이 때문에 여신의 이름을 나중에 '운학'雲鶴으로 바꾸게 된다) 하는 일화를 통해서, 우리는 그의 출가가 운명적으로 예정되어 있었다는 느낌을 받게 된다.

최여신의 부친이 안주에서 살게 된 사연은 선대의 허물 때문이었다. 그의 친가와 외가는 모두 무과 급제자를 낸 집안이었다. 그의 외조부 김우(金禹)가 연산군 때 죄를 얻어 안릉(安陵)으로 귀양을 가게 되었는데, 그에 따라 최여신의 부모도 함께 그곳으로 가서 살게 되었다.

---

2 여기서 노부윤은 조선 중기의 뛰어난 문인관료였던 노수신(盧守愼, 1515~1590)이다. 노수신은 중종 때 장원급제로 화려하게 관계에 진출하지만, 명종 때 을사사화(乙巳士禍)가 일어나자 이조좌랑에서 파직되어 순천으로 귀양을 간다. 얼마 뒤 '양재역 벽서사건'으로 가중 처벌되어 진도로 이배된 뒤 19년에 걸친 긴 유배 생활을 한다. 휴정이 이 편지를 올린 연대는 정확하게 추정할 수 없지만, 1567년 선조 즉위와 함께 노수신이 관계에 다시 등장한 이후일 것이다. 그는 또한, 기축옥사(己丑獄事)로 알려진 '정여립 모반사건'이 발발하자 예전에 그가 정여립을 천거했다는 인연 때문에 1589년 파직되기도 하였다. 휴정 역시 이 사건에 연루되었으나 혐의를 벗은 뒤 선조의 묵죽(墨竹) 한 폭을 하사받기도 하였다. 편지의 내용으로 보아 이 글이 써진 시기는 1567년에서 1589년 사이일 것으로 추정된다.

8년이 지나서 연산군이 물러나자 사면을 받았지만, 최세창은 고향으로 돌아가기를 거부하고 안주에 머물러 살았다. 최세창은 강직하면서도 시주(詩酒)를 좋아하는 성격이었고, 지역민들 사이에서 상당한 덕망을 얻어서 '최덕로'(崔德老)로 불리기까지 하였다. 미관말직이기는 하지만 평양의 영전(影殿)을 지키는 관직에 제수되었으나 거절하고 나아가지 않았다고 한다. 어머니는 그윽한 성품과 온화한 빛으로 사람들을 감싸 주는 인물이었던 것으로 보인다. 어떤 어려움이 있어도 겉으로 드러내지 않았으며, 남편을 위해 성심을 다하는 인물이었다.

1519년 여름, 한남 김씨가 창가에서 설핏 잠이 들었는데 꿈에 웬 노파가 와서 대장부를 잉태할 것이라고 현몽을 한다. 워낙 나이도 많아서 이상하게 생각했는데, 과연 태기가 있어서 아이를 가지게 되었다. 아이의 이름을 '여신'으로 지어 애지중지 기르던 중 1522년 사월 초파일, 최세창의 꿈에 웬 노인이 찾아와서 아기스님을 찾아왔노라고 하면서 어린아이를 안고 염불을 외더니 '운학'이라는 이름을 주고 사라진다. 그것은 최여신이라는 어린아이의 삶이 구름처럼 머무는 곳 없이, 학처럼 고결한 삶을 살아가리라는 것을 암시한 것으로 보인다.

최여신은 아홉 살에 어머니를, 열 살에 아버지를 잃는다. 훗날 그의 회상에 의하면, 어머니는 돌아가시기 전에 여신의 이름을 세 번이나 부르고 눈을 감았다고 한다. 어린아이를 두고 어미가 어찌 편하게 눈을 감았을 것인가. 이듬해 부친 최세창 역시 막내아들 여신을 꼭 껴안고 잠을 자다가 이불 속에서 숨을 거둔다. 이승에서의 끈을 어떻게 놓았을까. 어린 아들의 모습이 눈에 삼삼하여 어찌 눈을 감았을까.

부모를 잃은 최여신을 보살펴 준 인물은 당시 안주목사였던 이사증(李思曾)이다. 그는 조정에서 무재(武才)를 인정받을 정도로 높은 신임을 받았던 기록이『중종실록』에 여러 차례 보인다. 후에 평안도, 함경도 등의 병마절도사를 지냈으며, 임꺽정이 민란을 일으켰을 때 토벌에 앞장섰던 무장이기도 했다. 다만 그가 안주목사를 지낸 것은 1535년(중종 30) 무렵으로 보이는데, 어째서 서산휴정의『청허당집』에서 '邑倅李君思曾'(고을 원님 이사증 군)이라고 표현한 것인지는 의문이다.[3] 전후 사정을 정확히 파악하기는 어렵지만, 부모를 모두 잃었을 무렵 최여신의 재주가 이사증의 눈에 들어온 것만은 분명하다. 그는 어린 최여신을 앞에 두고 운자를 불러서 그의 시재(詩才)를 시험하기도 한다. 이사증이 '사'(斜)를 운자로 부르자 최여신은 '香凝高閣日初斜'(향기 머무는 높은 누각에 해가 막 비낀다)라고 시구를 지었고, '화'(花)를 운자로 부르자 다시 '千里江山雪若花'(천 리 강산에 눈은 꽃 같아라)라고 짓는다. 어린아이의 재주에 놀란 이사증은 최여신의 등을 어루만지면서 '우리 아이'[吾兒也]라고 했다.

　　그 뒤 이사증은 최여신을 데리고 한양으로 가서 성균관에 입학시

---

3 『중종실록』 1535년 5월 25일자 기사에서는 이사증을 안주목사로 기록하고 있다. 따라서 만약 그가 안주목사에 오랫동안 재직하고 있지 않았다면, 최여신이 부모를 모두 잃은 1530년 무렵에 안주목사 이사증이 그를 양자로 삼았다는 기록은 성립되기 어렵다. 최여신은 1520년생이므로 1535년은 그가 지리산에서 처음으로 불교를 만난 해이기 때문이다. 다만 이사증이 그 무렵 북방 토벌을 위해 오가던 와중에 최여신의 재주를 아깝게 여겨 한양으로 데리고 갔을 가능성은 있다. 그렇다면 '고을 원님'이라는 표현은 훗날 이사증의 안주목사 직위를 감안하여 쓴, 일종의 관용적인 표현으로 볼 수도 있을 것이다. 어떻든 이는 단순히 추정에 불과하므로, 서산휴정의 기록에서 명확한 연대를 특정하기는 어렵다.

킨다. 열두 살 때의 일이었다. 성균관에서의 생활은 그리 즐겁지는 않았던 것으로 보인다. 스스로의 기록에서도 공부에 힘쓰지 않고 친구들과 어울려 헛되이 놀기만 했다는 것으로 보아 한양 생활에 쉬이 적응했던 것은 아니었다. 그러다가 우연히 선친의 친구를 만나서 동대문 밖에 있던 옛집 터를 찾아가 보기도 했고, 그분을 따라 공부도 했다. 그사이에 과거 시험에도 한 차례 응시했으나 낙방하기도 한다. 열다섯 살 때의 일이었다.

낙방한 뒤 그는 친구들과 함께 유람 길에 나선다. 예전의 스승이 호남의 고을 원으로 나가게 되었는데, 그분이 있는 곳을 찾아 길을 나선 것이다. 그러나 막상 도착해 보니 스승은 집안 문제 때문에 한양으로 돌아간 뒤였다. 고민 끝에 그들은 지리산을 유람하기로 하고, 화엄동, 연곡동, 칠불동, 의신동, 청학동 등을 두루 돌아보면서 산사에 머문다. 최여신이 처음으로 불교와 마주하는 순간이 바로 이 무렵이었다.

하루는 한 노스님이 최여신을 찾아와서 세상의 명리를 끊고 심공급제(心空及第)에 힘써 볼 것을 권유한다. 그이가 바로 숭인(崇仁) 스님이었다. 최여신이 '심공급제'가 무슨 뜻이냐고 물었더니 숭인은 한참 동안 눈을 껌뻑이더니 이 뜻을 알겠느냐고 묻는 것이었다. 모르겠다고 하니, 숭인은 알기 어려운 것이라고 하면서 수십 권의 불경을 주면서 읽어 보라 한다. 함께 왔던 벗들이 돌아가고 난 뒤에도 최여신은 이 책들을 읽으며 지리산에서 여섯 달을 보낸다. 그가 읽은 책들은 『전등록』(傳燈錄), 『선문염송』(禪門拈頌), 『화엄경』(華嚴經), 『원각경』(圓覺經), 『능엄경』(楞嚴經), 『법화경』(法華經), 『유마경』(維摩經),

『반야경』(般若經) 등이었다. 숭인은 불교 공부에 재미를 붙인 최여신을 부용영관(芙蓉靈觀)에게 부탁하여 공부를 이어 갈 수 있도록 해준다. 여신은 영관을 스승으로 삼고 3년 동안 열심히 불교를 공부한다.

그러던 어느 날, 그는 문자를 떠난 오묘한 경계를 깨달으면서 그의 첫번째 오도송(悟道頌)을 토해 낸다.

忽聞杜宇啼窓外   홀연 창밖에 두견새 울음소리 들으니
滿眼春山盡故鄕   내 눈 가득한 봄 산이 모두 고향이로세.

또 하루는 물을 길어 오다가 두번째 오도송을 읊는다.

汲水歸來忽回首   물 길어 돌아오다 홀연 고개 돌려 보니
靑山無數白雲中   수없이 많은 청산은 흰 구름 속에 있구나.

다음 날 최여신은 비로소 은도(銀刀)를 들고 스스로 자신의 해묵은 머리카락을 자르면서 맹세한다. "차라리 한평생 어리석은 놈으로 살지언정 맹세컨대 문자나 매만지는 법사가 되지는 않으리라"[寧爲一生痴獸, 矢作文字法師]. 최여신이 '휴정'이라는 한 수행자로 다시 탄생하는 순간이었다. 그는 일선(一禪) 대사를 수계사(受戒師)로, 석희(釋熙) 법사와 육공(六空) 장로, 각원(覺圓) 상좌를 증계사(證戒師)로, 영관(靈觀) 대사를 전법사(傳法師)로, 숭인 장로를 양육사(養育師)로 삼고 정식으로 계를 받았다고 한다. 그 뒤 도솔산으로 가서 묵대

사(默大師)에게 참학(參學)하여 인가를 받는다.

어린 시절의 꿈이야기나 일화는 훗날 자신의 과거를 회상하는 글에서 직접 언급한 것이므로 의심의 여지는 없어 보인다. 이들 일화를 보면 최여신의 어린 시절 일화는 크게 두 부류다. 위에 언급한 것처럼 출가자로서의 면모를 일찍부터 보였다는 점과 부모의 죽음에 관련된 비극적 형상화가 그것이다. 휴정 자신의 기록을 토대로 한 것이기 때문에 다른 부분이 묻혔을 가능성도 있지만, 역으로 이 두 가지 부분이야말로 '최여신'이 '휴정'으로 탈바꿈하게 된 중요한 계기를 내포하고 있는 것은 아닌가 생각해 볼 필요가 있다.

출가를 결심했을 때 최여신의 문제의식은 무엇이었을까. 기록으로만 보자면 부모의 죽음이 계기가 되었을 것이다. 양부모의 사랑이 아무리 지극하다 해도(이사증이 최여신을 '우리 아이'라고 지칭했다고는 하지만, 과연 그것이 양자로서 인정했다는 뜻인지는 명확하지 않다), 어린 나이에 부모의 죽음을 경험한 심적 공백을 메운다는 것은 불가능했을 것이다. 불과 열다섯 살의 나이에 성균관에서 공부했다는 것도 대단한 일인데(성균관은 지방 향시에 합격한 진사나 생원이 되어야만 들어갈 수 있는 학교라는 점을 감안하라! 물론 고관대작의 자제들이 그러한 과정을 거치지 않고도 입학할 수 있기는 했지만, 이사증이 자신의 양자를 그렇게 입학시킬 정도로 고관이었는지도 의문이다), 그 나이에 과거에 응시했다가 낙방한 것이 세속적 삶을 포기할 정도로 그렇게 충격적이었을지는 생각해 볼 일이다. 평생토록 과거 시험에 응시하는 사람도 부지기수고, 스물 이전에 대과에 급제하는 경우가 그리 많지 않다는 점을 생각하면 최여신이 열다섯 어린 나이에 낙방한 것은 흠결이 아니다. 다른 방향에서 본다면 그가 과거 시험에 목숨을 걸다시피한 것은 이사증으로부터 되도록 일찍 독립하고 싶은 욕망 혹은 현실적 조건 때문이었을 가능성을 배제할 수 없다. 그만큼 이사증 집안에서 지내는 일이 어린 최여신으로서는 만만한 것이 아니었을 것이다.

그러나 역시 더 큰 고민은 어린 시절 부모님을 잃었던 충격에서 오지 않았을까 싶다. 최여신 자신이 훗날 그 시절을 회상하면서 공부에는 힘쓰지 않고 여러 유생들과 어울려 놀러 다니기만 했다는 내용을 언급한 것에서 그 점을 추측해 볼 수 있다. 이사증을 따라 한양으로 올라와서 이전과는 비교할 수 없을 정도로 풍요롭고 화려한 삶으로 들어왔지만, 그리하여 성균관에 입학해서 공부를 하기 시작했지만, 그의 마음속은 여전히 폭풍 속과 같았다.

이사증 집안에서 지내는 낯섦과 스트레스에 더하여 열두 살 어린 나이에 부모를 사별하고 머나먼 타향 땅으로 와서 뿌리를 내리는 일은 지난하기 그지없었다. 그런 처지에 성균관에서의 공부가 마음속의 혼돈을 잠재워 주기에는 턱없이 부족했을 것이다. 우연한 기회에 어떤 노인으로부터 선대(先代)가 거처하던 집터를 알게 된 것, 그리고 그 노인이 최여신 주변의 아이들을 모아 글을 가르치게 되면서 새로운 마음으로 세상을 보게 된 것이 아닐까 싶다. 3년 가까이 그렇게 지냈다는 기록으로 보아 성균관에서는 잠깐 지냈고, 과거 시험 공부는 주로 그 노인을 스승으로 삼고 매진했던 것으로 보인다. 그것은 어쩌면 부모에 대한 그리움과 이사증 집안에서 벗어나 독립하고 싶은 마음이 합쳐진 결과였을 것이다. 그렇게 보면 그의 과거 응시는 그 혼돈을 외부로 폭발시키는 하나의 계기로 작동했을지언정 입신양명에 대한 강한 동기를 부여하지는 못했을 것이다.

그럼에도 불구하고 최여신에게 과거 낙방은 일정한 충격을 주었을 것이고, 현실에서 조금 비껴 있고 싶은 마음이 들었다. 다행히 스승을 찾아 호남으로 향하게 된 것은 한양의 답답한 공간을 벗어나는 좋은 핑계였다. 산천을 유람하면서 울울했던 심사를 풀어 버리는 것은 조선의 지식인들에게는 널리 이용되던 방법이다. 최여신 역시 벗들과 함께 남쪽으로 여행을 떠났으며, 그 과정에서 현재적 삶에 대한 어느 정도의 입장 정리를 하고 있었다. 뿌리를 내리지 못한 열다섯 살 어린 최여신의 현실적 처지는 누가 보아도 불안정했으며 미래에 대한 전망 역시 모호했다.

이것은 휴정으로서의 삶을 살아가는 내내 '고향'에 대한 이미지로 나타난다. 출가수행자들의 글에서 '고향'에 대한 언급은 자주 보이고, 그것은 대체로 깨달음의 세계를 의미한다. 그러나 휴정의 글에서 보이는 고향은 깨달음의 세계 이외에도 실재하는 공간으로서의 고향을 지칭하는 경우가 많다. 그가 출가 뒤에 안주로 찾아가서 자기가 어린 시절을 보낸 동네에서 지은 시는 그의 마음속에 고향이 얼마나 깊게 각인되어 있었던가를 보여 준다.

一行兒女窺窓紙　　계집애 무리들 종이창 틈으로 엿보고
鶴髮鄰翁問姓名　　흰머리의 이웃 노인은 내 이름 묻는다.

乳號方通相泣下　어릴 때 이름에 그제야 알아보고 서로 우는데
碧天如海月三更[4]　푸른 하늘은 바다 같고 달은 삼경이로세.

　이 작품 앞에 서문처럼 짧게 써 놓은 글을 보면, 열 살의 나이에 최여신이라는 이름으로 고향을 떠나서 서른 다섯 살의 나이에 휴정이라는 스님으로 돌아왔다. 자신이 살던 고향 마을은 온통 뽕나무와 보리가 푸르러 봄바람에 흔들리고 있을 뿐이었다. 그래서 폐허가 된 옛집 벽에 이 작품을 썼다고 한다. 그는 하룻밤을 이곳에서 머무른 뒤 다시 산으로 돌아갔다고 하니, 작품 안에 언급된 고향은 불교적 깨달음의 세계라기보다는 한 중생으로서의 고향이었다.

　세월이 흘러서 어린 시절의 모습을 알아보지 못하는 동네 어른들, 문틈으로 낯선 방문객을 살피는 계집아이들, 휴정의 어린 시절 이름을 대니 그제야 누군지 기억해 내고 서로 눈물을 흘리는 모습에서 그들이 살아온 세월이 녹록지 않았음을 짐작케 한다. 이렇게 하룻밤을 지낸 뒤 휴정이 그의 고향 안주 땅을 다시 밟았다는 기록은 보이지 않는다. 그의 안주행은 아마도 중생으로서의 고향을 정리하는 사건이었을 것이다. 이렇게 '최여신'은 서서히 '서산휴정'으로 변해 갔다.

　그가 자기 고향을 찾아가 보고 시를 남긴 것을 보면, 출가했음에도 불구하고 여전히 고향에 대한 그리움이 짙게 남아 있었던 것은 분명해 보인다. 그의 한시 작품에 자주 등장하는 고향 이미지는 다양한

---

4 휴정, 「고향에 돌아와서」(還鄕) 제2수, 『청허당집』 권3.

모습으로 변주되면서 수행과 깨달음의 문제로 바뀌어 가는데, 그런 모습에서 어린 시절 최여신의 그림자가 출가수행자의 새로운 모습으로 일어서는 것을 읽어 낼 수 있다.

2. 깨달음을 향한 서산휴정의 발걸음

정식으로 출가를 한 뒤 휴정이 지낸 곳은 지리산 삼철굴(三鐵窟)이었다. 그곳에서 3년을 지낸 뒤 대승사(大乘寺), 의신암(義神庵), 원통암(圓通庵), 원적암(圓寂庵), 은신암(隱神庵) 등에서 2~3년을 지내면서 깨달음을 향한 그의 수행이 시작된다. 그러한 생활 중 용성(龍城)에 있는 벗을 찾아가다가 성촌(星村)에서 문득 깨달음을 얻어 오도송 두 편을 읊는다.

髮白非白心	머리카락 희어도 마음은 희지 않았다고
古人曾漏洩	옛사람 일찍이 누설하였지.
今聽一聲鷄	지금 닭 우는 소리 들으니
丈夫能事畢	장부의 할 일을 모두 마쳤다.
忽得自家底	홀연 나를 알고 보니
頭頭只此爾	만물 하나하나가 다만 이럴 뿐.
萬千金寶藏	보배 같은 수많은 경전들이
元是一空紙[5]	원래 빈 종이 쪼가리인 것을.

오랜 수행이 쌓이다가 밖에서 어떤 계기가 던져지면 깨달음의 순간이 이른다. 그것을 어떤 이름으로 부르든, 그 순간 이후의 삶은 전혀 다른 차원에서 이루어진다. '활연관통'(豁然貫通)의 순간은 세계를 보는 새로운 눈을 준다. 장부의 일을 마치면 한가한 도인으로 살아가는 일만 남고, 부처님 말씀을 수록한 팔만대장경 역시 종이 쪼가리에 불과하다. 처절한 참학(參學)과 투철한 깨달음은 한 인간의 생애를 바꿀 뿐만 아니라 그와 인연을 맺고 있는 세계의 배치 자체를 바꾼다. 매일 대하는 자잘한 사물조차 우주를 만드는 인연의 중요한 고리이며, 진리로 들어가는 문이다.

용성에서의 깨달음 이후 휴정은 다시 산으로 돌아가 수행에 몰두한다. 1546년 이후 다시 오대산, 금강산 등의 여러 암자에서 수행을 이어 나가던 중, 승과(僧科)가 부활되었다는 소식을 듣고 응시하여 급제한다. 이때 승과를 주관했던 인물이 바로 명종 대의 불교 중흥조(中興祖)라 불리는 허응당(虛應堂) 보우(普雨, 1509~1565)다. 널리 알려진 것처럼, 그는 당시 어린 명종을 대신하여 수렴청정을 하고 있던 문정왕후의 후원에 힘입어 그동안 폐지되었던 승과를 부활시키고 많은 사람들에게 도첩(度牒)을 발급하는 한편 차세대 불교를 이끌어 갈 불교 지식인 발탁에 힘을 썼다.

1551년, 휴정은 승과 급제를 통해 대선(大選)이 된 뒤, 주지, 전

---

5 이들 두 편의 작품들은 『청허당집』 권2에 「봉성을 지나다가 낮닭 소리를 듣다」(過鳳城聞午鷄)로 되어 있다. 그러나 그의 「완산 노부윤에게 올리는 글」에서는 용성을 지나다가 지었다고 하면서, 낮닭 소리에 문득 깨달음을 얻어 지은 일종의 오도송처럼 기록하고 있다.

법사 등을 역임하면서 세속에서의 불교 포교 생활을 하다가, 교종판사(敎宗判事)에 이어 선종판사(禪宗判事)가 됨으로써 조선 불교의 선교(禪敎) 양종(兩宗)을 총괄하는 최고의 직위에 오른다. 승과에 급제한 지 3년 만의 일이다. 그러나 이 같은 생활은 수행의 깊은 곳으로 나아가는 데 방해가 될 수밖에 없었다. 1557년, 그는 모든 직책을 내놓고 다시 만행의 길을 떠난다. 청려장 하나에 의지하여 초발심의 마음을 일으킨 그는 금강산에서 반년을 지낸 뒤 다시 지리산 내은적암(內隱寂庵)으로 돌아가 3년, 능인암(能仁庵), 칠불암(七佛庵) 등 여러 암자에서 다시 3년을 지낸다. 또한 강원도 태백산, 오대산, 금강산을 유력한 뒤 관서 지역으로 가서 묘향산 보현사(普賢寺)를 비롯한 여러 암자에서 수행을 이어 갔다. 휴정은 당시 자신의 행적을 이렇게 표현한 바 있다. "이 한 몸은 기러기 털처럼 표연하고, 정처 없이 떠도는 바람과 구름 같았다."[6] 바람처럼, 구름처럼, 기러기 털처럼 가벼운 몸과 마음으로 그는 엄혹하기 그지없던 척불의 시기를 관통하고 있었던 것이다. 수행 과정을 통해 자신의 삶을 돌아보게 되는데, 훗날 휴정은 오도송을 읊은 이후 승과를 통해 승직(僧職)을 수행하던 시기에 대해 여전히 투철한 깨달음에 이르지 못하고 꿈속에서 세월을 보냈노라고 고백하기도 하였다.

　　　　大抵人生年齒貴　　　대체로 인생에선 나이가 귀하지만

---

6 一身飄若鴻毛, 亦如風雲之不定也. (휴정, 「완산 노부윤에게 올리는 글」)

如今方悔昔時行	이제야 바야흐로 지난 행적 후회한다.
何當手注通天海	어찌하면 하늘에 닿은 저 바닷물 손수 끌어다
一洗山僧判事名[7]	산승이 얻었던 판사라는 이름 씻을 수 있을까.

정확한 창작 연대를 알 수는 없지만, 훗날 휴정이 자신의 행적에 대해 자조적인 어투로 자신의 심정을 토로한 시로 보인다. 휴정이 양종판사 직을 내놓은 뒤 보우가 그 직책을 다시 맡아서 불교의 여러 사업을 통괄하던 중 문정왕후의 죽음과 함께 보우 역시 제주도로 귀양을 갔다가 제주목사였던 변협(邊協)에게 장살(杖殺)당한다. 그의 참혹한 죽음과 함께 불교는 다시 암흑시대를 맞는다. 거센 척불의 시대를 맞아 불교는 새로운 인재를 맞을 제도적 장치도 잃고 경제적 유지 수단도 대부분 빼앗긴다. 그러한 시대를 바라보는 휴정의 마음은 착잡함 그 자체였을 것이다.

보우가 제주도에서 비극적인 죽음을 맞기 얼마 전, 휴정은 『선가귀감』을 저술한다. 『선가귀감』의 찬술 시기는 정확하게 확정하기는 어렵지만, 1564년(명종 19) 여름 금강산 백화암(白華庵)에서 쓴 서문이 남아 있는 것으로 보아 보우의 죽음으로 불교계가 다시 어려움에 빠지기 직전에 쓴 것으로 보인다. 당시 휴정의 나이는 45세, 한창 정진에 정진을 거듭할 때였다. 서문이 남아 있음에도 불구하고 우리가 그 시기를 『선가귀감』의 찬술 시기로 확정하기 어려운 것은, 휴정의 제자

---

7 휴정, 「자조」(自嘲), 『청허당집』 권3.

사명당 유정이 1579년에 쓴 발문에는 "우리 스승님께서 묘향산에 10년을 머무시면서 틈틈이 50여 종의 경전과 어록을 보시다가 그 가운데 공부에 요긴하고 적절한 어수를 모아서 몇몇 제자들에게 가르치셨다"라고 언급한 바 있기 때문이다. 휴정의 직전제자로 이름이 높은 유정이 예전에 스승이 써 놓았던 『선가귀감』의 존재를 몰랐을 리 없다는 점을 감안한다면, 묘향산에서 지었다는 그의 발언은 금강산 백화암에서 지었다는 휴정의 서문 기록과 배치된다. 이 문제는 나중에 판본 문제를 다룰 때 다시 자세하게 언급하기로 한다.

척불의 시련이 깊어 갈 때, 임진왜란이 발발한다. 조선의 관료들이 허둥지둥하는 사이 왜군은 삽시간에 한양을 점령하고 선조의 뒤를 따라 북상을 거듭한다. 당시 휴정은 묘향산에 주석(駐錫)하고 있었는데, 선조는 즉시 휴정에게 사람을 보내서 위급함을 알린다. 이에 호응하여 휴정은 전국의 사찰에 격문을 돌려서 승군들을 모은다. 휴정의 제자인 처영(處英), 영규(靈圭), 유정(惟政) 등 많은 의승(義僧)들이 궐기하여 왜군과 치열한 전투를 벌인다. 선조가 있던 순안(順安)으로 가서 팔도선교도총섭(八道禪敎都摠攝)이라는 직위에 올라 승군을 지휘하던 휴정은 유정에게 권한을 물려주고 다시 묘향산으로 돌아간다. 그러자 선조는 휴정에게 국일도대선사 선교도총섭 부종수교 보제등계존자(國一都大禪師 禪敎都摠攝 扶宗樹敎 普濟登階尊者)의 직함과 함께 정2품 당상관 직위를 제수한다. 그 이후에도 수행에 몰두하던 휴정은 1604년 1월, 묘향산 원적암에서 제자들을 불러 설법을 한 뒤 자신의 영정을 꺼내서 뒷면에 시 한 구절을 쓴다.

八十年前渠是我　　팔십 년 전에는 네가 나였는데

八十年後我是渠　　팔십 년 후에는 내가 너로구나.

그러고는 가부좌를 하고 앉아서 입적하였다. 그때 휴정의 나이 85세, 법랍 67세였다. 그의 사리는 묘향산 보현사와 안심사(安心寺), 금강산 유점사(楡岾寺) 등에 봉안하였다.

최여신의 삶을 벗어나 휴정으로서의 삶을 일궈 온 그의 생의 후반기에는 해결해야 할 두 가지 문제가 보인다. 하나는 수행자로서 당연히 매진해야 할 깨달음의 문제이고, 다른 하나는 백성으로서 다양한 역사적 현실에 대응해야 하는 문제였다. 그것은 보편성과 구체성, 초역사성과 일상성이라는, 인간이라면 어쩔 수 없이 마주해야 하는 것이기도 했다. 깨달음이 가지고 있는 역사적 의미를 탐색한다는 점에서 휴정이 당면한 문제들은 조선 후기 불교가 짊어지고 고민해야 하는 문제이기도 했다. 물론 고려시대의 수행자들 역시 현실과 깨달음의 문제를 치열하게 고민했지만, 휴정은 이전보다 더 열악한 상황에 처해 있었다. 척불이라고 하는 성리학자들의 논리적·현실적 탄압은 고려의 수행자들과는 또 다른 점을 고민하게 만들었다. 그렇게 현실과 대결하는 동안 휴정의 불교적 깨달음은 다양한 방식으로 표현되었고, 그것은 제자들에 의해 발현됨으로써 그 이전 시대와는 구별되는 조선 불교만의 새로운 면모를 갖추게 되었다.

2장 | 조선 전기 척불의 시련과 불교계의 대응

1. 조선 전기 척불정책의 역사적 변모

불교가 신라로 들어와 정착하기까지 1백여 년이 걸렸다. 이후 1천여
년 동안 전성기를 구가해 온 불교는 고려 말 지식인들의 강력한 비판
에 직면하면서 새로운 탈출구를 모색해야만 했다. 물론 그 모색은 고
려의 멸망과 함께 물거품이 되고 말았지만.

조선이 건국되고 나서 불교는 졸지에 애물단지가 되어 버린다.
조선의 창업주 태조뿐만 아니라 태종, 세종 등 수많은 군주들이 불교
에 대해 절대적 지지를 보냈음에도 불구하고 현실적인 정책 수립에서
는 전혀 반영하지 않았다. 뿐만 아니라 더욱 심하게 불교를 억압하였
다. 세조가 호불군주(好佛君主)라는 칭호로 불리기는 하지만 그때뿐
이었고, 명종의 대리청정자 문정왕후 시기에 잠시 부활하는가 싶었지
만 역시 그때만 반짝하고 만다. 조선 초기 함허득통(涵虛得通, 기화 己
和)처럼 불교 탄압 시대를 맞아 불교 옹호를 위해 적극적 몸짓을 보인

이들이 있었지만, 아무래도 그런 역량은 고려 불교에 맥이 닿아 있다고 보아야 할 것이다. 고려 불교의 성과가 이어져서 조선 유학에 대응하는 논리적 무기로 사용되었을 뿐, 수행에 있어서나 이론에 있어서 새로운 길을 찾아냈다고 하기는 어려운 것으로 보인다. 이후 몇몇 고승들을 배출했다고는 하지만 변변한 문집 하나 엮어 내지 못한 채 조선 전기를 지낸다. 그러는 동안 불교는 급전직하하여 그 명맥이 끊어질 위기에 처한다.

　조선시대로 들어오면서 불교가 지식인들의 외면을 받게 된 것은 일종의 자업자득이요 인과응보였던 셈이다. 백성들이 어려움에 처했을 때 중생구제의 푯대를 굳건히 세웠던들 불교에 대해 실망할 일이 무엇이었을 것이며, 수많은 지식인들이 사상적으로 방황할 때 철저한 수행을 통해 사상적 지표를 제시했다면 어찌 지식인들의 비판에 직면하였을 것인가. 시대가 흐르는 동안 자신의 내면을 살펴 깨달음을 추구하는 한편 중생들의 삶을 자비로 살폈더라면 불교의 타락은 없었을 것이다. 화려한 도시와 거대한 정치권력에 밀착해서 고려 5백 년을 지나는 동안 그들은 경제적으로 풍요를 누렸고 정치적으로 권력의 달콤함을 맛보았다. 명예와 안일은 수행의 의지를 가차 없이 꺾었고 왕과 백성들의 존경은 수행자를 오만하게 만들기 일쑤였다. 세속의 권세와 명예에 얽매인 수행자가 어찌 수행자이겠는가. 게다가 사원경제의 규모가 커지고 승려들의 숫자가 늘어날수록 국가 경제는 힘들어지고 백성들이 부담해야 할 세금은 늘어 갔다.

　그런 문제점이 고려 말 지식인들에게 공감을 얻게 되자 그에 대한 강한 비판이 등장한다. 유교의 논리적 힘을 토대로 신흥사대부들은 불교가 과연 어떤 역할을 하는지, 그 역할을 제대로 할 수 있는 능력과 의지를 가지고 있는지 등에 대해 문제를 제기하였다. 그러나 대부분의 수행자들은 그러한 문제 제기와 도전에 대해 처절한 반성과 함께 적절한 불교적 대응을 하지 않았다. 여전히 고려 말의 불교는 스러져 가는 고려의 운명과 함께 힘겨워할 뿐이었다. 위화도 회군이 끝나자 이성계 일파는 전제 개혁을 단행하였는데, 토지 개혁을 통해 국가 경제를 새롭게 재편하려는 의도였지만 불교가 차지하는 경제적 비중을 줄여 보고자 하는 의도 역시 들어 있었다.

널리 알려진 것처럼 조선은 유학자의 나라다. 그들은 유학의 철학을 자기 통치철학으로 삼아 그 이전과는 다른 나라를 만들고자 했다. 그러나 유학자들의 정치적 입장은 왕의 생각과 언제나 일치하는 것은 아니었다. 수많은 유학자들의 반발에도 불구하고 왕실은 불교에 대한 우호적인 시선을 거두지 않았고, 그 사이에서 많은 갈등과 논쟁이 발생하였다. 그것은 어쩌면 절대 권력을 영원히 유지하고 싶어 하는 왕실과 합리적 세계 인식을 통해 새로운 나라를 꿈꾸었던 유학자들 사이의 거리였을 것이다.

고려 불교는 막대한 사원경제로 인해 백성들과 국가의 재정에 심대한 부담을 주었다. 훌륭한 수행자들이 나와서 국교로서의 역할을 했지만 여전히 백성들과 국가가 체감하는 불교의 폐해는 심각했다. 현실 정치에 간접적인 도움을 줄 수는 있었지만 유교가 만들어 내는 논리 정연한 정치적 지형도를 그려 내는 것은 어려웠다. 특히 고려 말로 접어들면서 승려들의 타락과 사원경제의 부패, 그로 인해 고려 왕실이 떠안는 부담은 이루 말할 수가 없을 정도였다. 그런 문제점을 지적하고 새로운 이념에 의해 국가적 개혁을 해야 한다고 주장했던 사람들이 바로 신흥사대부 계층이다. 그들은 토지제도 개혁을 포함해서 고려의 경제적 토대를 근본에서부터 바꾸려고 하였다. 경제의 기반인 토지제도를 바로잡지 않고서는 어떤 개혁도 무위로 돌아간다는 사실을 절감하고 있었다. 결국 그러한 노력과 논의의 극점에서 조선 건국이라는 혁명적 사건이 발생하는 것이다.

조선의 건국과 함께 불교는 유교의 거센 탄압에 그대로 노출되었다. 유학자들은 철학, 경제, 정치, 사회 등 다양한 측면에서 불교의 문제점을 조목조목 지적했으며, 그에 대해 불교는 제대로 대응할 수 없었다. 조선 초기의 왕들은 불교에 대한 개인적 호의를 명확히 드러내면서 정책에 반영하고자 했지만, 유교를 기반으로 통치 체제를 만들어 가는 신하들의 거센 반발과 정합적인 논리에 밀려서 억불 혹은 척불정책은 빠른 속도로 그 모습을 드러냈다.

이성계가 조선을 건국하고 왕위에 올랐을 때 그를 도와주었던 대표적인 불교계 인사는 무학자초(無學自超)였다. 그들과 관련된 설화도 꽤 여러 편 전하고 있거니와, 무학 대사가 왕사(王師)에 임명되어 궁궐 안에 있는 내원당에서 독경을 하기도 한 것을 보면 불교에 대한 이성계의 태도는 매우 호의적이었다. 더욱이 이성계는 훗날 송헌거사(松軒居士)로 자처하고 불교에 귀의하기도 했다. 그러나 그를 도와 조선 건국에 앞장섰던 정도전(鄭道傳)은 『불씨잡변』(佛氏雜辨)을 통해서 불교를 본격적으로 비판했다. 정도전이야말로 조선의 유학이 불교를 이론적으로 넘어설 수 있다는 자신감을 드러낸 대표 인물이다. 물론 그의 저술이 불교의 모순을 비판하고 새로운 대안을 제시했는가에 대해서는 평가가 엇갈리지만, 적어도 조선이 불교의 문제점을 인식하고 비판하는 데 중요한 모델을 만들었다는 점은 분명하다.

그런 점에서 보면 조선 최초로 배불정책을 본격적으로 펼친 인물은 태종일 것이다. 그는 사찰의 이름을 없애거나 많은 승려들을 환속시켰다. 사찰의 토지를 국유화하였으며, 사찰에 소속된 노비를 모두 군정 소속으로 옮기기도 하였다. 게다가 승려가 되기 위해 받아야만 하는 도첩을 엄격하게 제한하였으며, 왕사나 국사를 임명하는 제도를 폐지하고 승려들의 지위와 대우를 낮추었다. 왕족들의 명복을 빌기 위해 원찰(願刹)을 세우는 제도 역시 철폐했다.[1] 이에 대해 성민(省敏)과 같은 당대의 고승이 상소를 올려 강력하게 반대했으며, 그래도 반응이 없자 수백 명의 승려들을 이끌고 가 신문고를 쳐서 왕에게 직접 사원전과 소속 노비들의 복구를 호소했지만 태종은 들은 척도 하지 않았다.[2]

태종은 불교를 경제적·사회적으로 약화시켰을 뿐 아니라 제도적인 측면에서도 상당한 압박을 가했다. 전국에 흩어져 있던 수많은 사찰 중에서 242개 사찰만 제외하고 나머지는 모두 폐치토록 하였다. 남

---

1 이 부분에 대한 서술은 가마다 시게오(鎌田武雄), 『한국불교사』, 신현숙 옮김, 민족사, 1988, 193쪽에서 전재한 것이다.
2 김영태, 『한국불교사』, 경서원, 수정판; 2000, 250쪽을 참조하라.

은 것은 조계종(曹溪宗)과 총지종(摠持宗)을 합하여 70개 사찰, 천태 소자종(天台疏字宗)과 천태법사종(天台法事宗)을 합하여 43개 사찰, 화엄종(華嚴宗)과 도문종(道門宗)을 합하여 43개 사찰, 자은종(慈恩 宗) 36개 사찰, 중도종(中道宗)과 신인종(神印宗)을 합하여 30개 사찰, 남산종(南山宗) 10개 사찰, 시흥종(始興宗) 10개 사찰이다. 이렇게 되 면서 조선의 불교 종파는 11종이던 것이 7종(혹은 오교양종五敎兩宗 이라고도 한다)으로 자연스럽게 줄어들게 된다.[3]

불교 종단이 대폭 줄어든 것은 세종 때에 와서의 일이다. 세종은 유교적 체제로 조선의 정치와 문화를 정비한 인물이다. 그는 훈민정 음 창제를 비롯하여 수많은 책의 편찬, 과학 기구 발명의 후원 등 조선 의 문화가 가장 흥성스럽게 발현하는 태평성대를 만들어 냈다는 평가 를 받는다. 그렇지만 불교계의 입장에서는 가장 혹독한 시련을 맞은 시기였다.

가장 큰 사건은 태종 때 살아남았던 7개 종단을 선종과 교종 두 개의 종단으로 강제합병시켜 버린 것이다. 선교양종(禪敎兩宗)이라 는 용어가 처음 탄생하는 순간이다. 그 이후 조정에 의해 불교 종단이 없는 상태였던 경우를 제외하고, 종단이 만들어져서 운영되었을 때 는 대부분 선교양종의 큰 틀 안에서 운용되었다. 세종은 조계종, 천태 종, 총남종(摠南宗)을 합쳐서 선종으로, 화엄종, 자은종, 중신종(中神 宗), 시흥종을 합쳐서 교종으로 삼아 불교 교단을 대폭 축소함과 동시

---

3 같은 책, 251~252쪽을 참조하라.

에, 242개 사찰을 인정했던 태종과는 달리 32개 본산(本山)만을 인정함으로써 국가 권력의 지배가 명료하면서도 강력하게 스밀 수 있도록 만들었다. 또한, 그는 한성부 내의 토목공사를 하기 위해서 많은 승려들을 동원했지만 승려들이 파계를 함으로써 사회적 물의를 일으킨다는 점을 빌미로 그들의 한성부 출입을 금지시키는 조처를 취하였다.

그러나 세종 주변 인물들 중에는 불교에 깊은 호의를 가진 사람들이 상당수 있었다. 그의 형인 효령대군만 하더라도 깊은 불심으로 많은 사찰을 중수하거나 시주를 했으며 천태종 계통의 행평(行平) 스님의 제자로 자처하기도 했다. 또한 세종 자신도 소헌왕후 심씨가 세상을 뜨자 명복을 빌기 위해 금으로 사경(寫經)을 하였으며, 아들 수양대군에게 『월인천강지곡』(月印千江之曲)을 편찬하도록 하였다. 심지어 많은 유생들의 반대에도 불구하고 궁궐 안에 내불당을 지은 것도 세종 때의 일이다. 불교에 대한 여러 우호적인 행적에도 불구하고 세종 때의 불교 교단은 공식적·제도적으로 큰 타격을 입었다.

세조를 조선 전기 최고의 호불군주로 꼽는 데 이의를 제기할 사람은 없을 것이다. 조선 건국 이래 계속 탄압 일변도의 취급을 받던 불교는 세조 시대에 와서 비로소 새로운 전기를 마련한다. 그는 천민들의 출가를 허락하는 파격적인 조치를 취했을 뿐 아니라 승려들의 도성 출입을 허가함으로써 그들의 사회적 대우를 높였다. 그렇지만 세조가 가장 크게 기여한 부분은 불경의 간행이다. 간경도감(刊經都監)을 설치하고 중요한 불경을 간행하였으며, 훈민정음으로 번역하여 한문을 모르는 사람들도 불경에 접근할 수 있는 길을 마련한다. 세조 자신이 불교에 대한 깊은 이해를 가지고 있었으므로 그의 호불정책에는 사상적 배경이 명확하게 자리하고 있었다. 세조는 직접 『금강경』(金剛經)을 필사한 적도 있고, 『지장경』(地藏經), 『범망경』(梵網經), 『대승기신론』(大乘起信論) 등을 사경하게 하고 발문을 쓰기도 했다. 간경도감을 설립한 뒤에는 『능엄경언해』(楞嚴經諺解)를 비롯하여 『금강경』, 『반야심경』(般若心經), 『원각경』(圓覺經), 『영가집』(永嘉集) 등을 언해하였는데, 이들 작업의 대부분을 세조가 직접 지휘하였다.

이 시기에도 유학자들의 척불에 대한 의견은 부단히 제기되었지만, 세조는 강력한 의지로 많은 불사(佛事)를 행한다. 그 과정에서 신미(信眉)를 비롯하여 수미(守眉), 홍준(弘濬) 등 조선 초기 고승들이 부각되면서 여러 가지 활약을 보인다. 원각사(圓覺寺)가 완공되었고, 조선시대를 통틀어 하나의 랜드마크처럼 인식되던 원각사지십층석탑(조선 후기에는 '백탑' 白塔으로도 불리웠다)이 세워졌다.

그렇지만 세조의 시대가 지나고 성종이 등극하자 불교는 다시 억압을 받는다. 그것은 성리학을 기반으로 하는 사림파의 정치적 성장과 그 궤를 같이한다. 그들은 불교를 '이단'으로 규정하고 철저한 부정으로 일관하였다. 그에 따라 성종은 도성 내의 염불소를 폐지하는 것은 물론, 양반 부녀자들의 출가 및 사찰 출입을 금지하였다. 간경도감 역시 폐지되어 더 이상의 불경은 간행되지 않았다.

연산군의 시대는 억불의 절정기라 해도 과언이 아니었는데, 그것은 크게 세 가지 점에서 정리할 수 있다.[4] 첫번째는 경제적 측면에서의 탄압이다. 연산군은 1503년 왕의 사패(賜牌)가 있는 능침(陵寢), 경내의 원당(願堂) 및 사사(寺社)를 제외하고 모든 사찰의 토지를 몰수하여 국유화시켰으며, 1505년에는 남아 있던 사찰의 토지와 노비마저 몰수하기에 이른다. 두번째는 출가제도와 관련한 탄압이다. 성종이 죽고 연산군이 즉위하던 1492년에 금승절목(禁僧節目) 조치가 시행되고, 1495년(연산군 1)에는 비구니의 득도를 금지하면서 20세 이하의 비구니는 강제로 환속하도록 조치를 취한다. 게다가 대부분의 승려들을 환속시키고, 취처(娶妻)를 강요하며 비구니를 첩으로 삼게 하는 등 패륜적 불교 말살 정책을 시행한다. 원각사를 기생들의 교육 장소로 만든 것 역시 이때의 일이다. 이 당시 선종과 교종의 일을 총괄하는 도회소(都會所)는 흥덕사와 흥천사였다. 그런데 1504년(연산군 10) 12월에 흥천사가 화재로 인하여 건물 자체가 소실되어, 도회소로서의 역할을 할 수 없게 되었다. 흥덕사는 그보다 몇 달 전인 7월에 원각사에 옮겨졌는데, 다시 12월에 승려들이 원각사에서 축출되었으니, 도회소가 그 역할을 못하게 된 것은 정해진 이치였다. 이듬해 2월, 흥덕사 도회소는 기녀들을 교육시키는 장악원으로 변했고, 5월에는 흥천사 도회소도 궁중의 말을 기르는 마구간이 되어 버렸다. 그리하여 갑자사화(甲子士禍)를 거치고 난 연산군 10년 4월 이후, 조정의 의논이나 절차나 특별한 명분도 없이 서서히 그 기능을 상실해 가던 양종 도회소는 결국 1505년(연산군 11) 5월 이후에는 완전히 사라지게 되었

---

4 이 부분은 대한불교조계종 포교원, 『한국불교사』, 조계종출판사, 2011, 187~189쪽을 참고하여 서술하였다.

다.[5] 세번째는 제도적 측면에서의 탄압이다. 연산군은 선교양종 도회소를 혁파하고 승과를 폐지하였다. 승과가 폐지됨으로써 좋은 자질을 갖춘 승려를 선발하거나 양성하는 것이 더 이상 불가능해졌다.

불교에 대한 탄압은 중종 대에도 같은 기조를 유지한다. 중종 역시 승과를 시행하지 않았을 뿐 아니라, 『경국대전』(經國大典)에 규정된 도승(度僧) 관련 조항을 삭제함으로써 공식적인 출가를 완전히 불법화시킨다. 그것은 "전면적인 폐불(廢佛)"[6]을 의미하는 것이었다.

조선 건국과 함께 꾸준히 지속되던 불교 탄압은 세조 때에 부흥기를 잠깐 맞이하는가 싶더니, 엄혹한 된서리를 맞아 더 이상의 부활을 기대하기 힘들어졌다. 불교는 쇠락의 빛을 보이며 지식인들의 관심에서 멀어지는 것처럼 보였다. 유생들의 거센 척불에도 불구하고 함허득통과 같은 극히 소수의 승려들만 이론적인 대처를 했을 뿐, 어떤 불교 지식인도 조선시대의 다양한 공격과 반론과 배척에 적극적으로 대응하지 않았다. 대응하지 않은 것인지 대응할 수 없었던 것인지에는 논란의 여지가 있지만, 현실적으로 조선의 불교가 계속 내리막길을 걷고 있었던 것은 분명하다.

이런 상황에서 명종 시기에 문정왕후와 허응당 보우의 등장은 대단한 사건이었다.

---

5 연산군 때의 불교적 상황에 대해서는 황인규, 『조선시대 불교계 고승과 비구니』, 혜안, 2011, 48쪽을 참고하였다.
6 같은 책, 189쪽.

2. 명종 시기 불교 정책의 전환

문정왕후의 등장, 조선 불교 부흥의 불씨를 되살리다

명종 시기의 불교 정책은 휴정을 이해하는 데 매우 중요한 배경이다. 앞서 언급한 것처럼 세조 때를 제외하고 조선 전기의 불교 정책은 탄압 일변도라고 해도 과언이 아닐 정도로 심각했다. 그나마 명맥을 유지하던 선교양종과 승과가 폐지되었다가 다시 부활한 것이 명종 때였다. 게다가 유생들이 사찰에 가서 행패를 부려도 호소할 곳 없던 환경에서, 명종 때에는 그 자체를 국법으로 엄금하면서 유생들의 사찰 출입을 금지시키는 조치를 단행한다. 조선시대를 통틀어 불교 신도들과 승려들을 위한 환경으로 이처럼 좋은 때가 없었다고 할 수 있다.

그렇다면 왜 이 시기의 불교 정책이 이렇게 우호적이었던 것일까. 수많은 유생들의 반대를 무릅쓰고 명종은 왜 불교를 옹호하는 정책을 강력하게 시행했던 것일까. '명종'이라고 지칭하면 어폐가 있다. 사실 그 핵심에는 문정왕후가 있기 때문이다. 아버지 중종이 세상을 뜬 뒤 이복형 인종이 잠시 왕위에 있다가 후사를 남기지 못하고 타계하자 명종이 왕으로 즉위한다. 그때 명종의 나이는 겨우 열두 살. 당연히 그의 어머니 문정왕후가 수렴청정을 하게 된다. 문정왕후는 철저한 탄압 속에서 실낱같은 명맥을 이어 가던 불교를 되살리는 획기적인 정책을 내놓는다. 그러한 정책 기조는 수렴청정을 멈추고 명종에게 정권을 이양한 뒤에도 여전히 영향력을 발휘하면서 불교의 성장에 결정적 역할을 한다.

자, 그렇다면 우리는 다시 질문을 해야 한다. 왜 문정왕후는 이렇게 강력한 불교 부양 정책을 만들고 시행했을까. 이 질문에 답하기 위해서 우리는 먼저 명종 즉위 무렵의 정치적 상황을 점검해 둘 필요가 있다.

열두 살 어린 나이로 명종이 왕위에 오르자 정국은 심하게 요동을 친다. 그의 부친 중종의 첫번째 부인 단경왕후(端敬王后) 신씨(愼氏)는 중종 즉위 직후 폐비되는 바람에 후사가 없었다. 중종은 두번째 부인 장경왕후(章敬王后) 윤씨(尹氏)를 제1계비로 맞이하는데, 그들의 소생이 훗날 인종이다. 그러나 인종은 1544년 11월에 즉위하여 1545년 7월에 승하함으로써 8개월 정도의 짧은 기간 동안 재위하였다. 그러나 인종에게는 세자로 삼을 만한 후사가 없었을 뿐만 아니라 워낙 짧은 기간 동안 왕위를 지켰기 때문에 뒷일을 준비할 시간적 여유도 별로 없었다. 게다가 인종은 세상을 뜨기 전에 자기 동생인 경원대군을 왕으로 지목한 상태였다. 그가 바로 명종이며, 명종의 어머니가 바로 중종의 제2계비인 문정왕후 윤씨다.

어린 나이에 등극한 아들을 대신하여 수렴청정을 시작한 문정왕후가 가장 먼저 손을 댄 곳은 이전 시기에 권력을 차지하고 있던 장경왕후 주변의 세력이었다. 장경왕후와 문정왕후는 모두 파평(坡平) 윤씨 집안이었으며, 이전에도 세조의 비인 정희왕후(貞熹王后)를 배출한 적이 있는 명문가 출신이었다. 말하자면 왕의 인척으로서 상당한 기득권을 가지고 있던 훈구 관료 집안이었던 셈이다. 장경왕후는 자신의 오빠인 윤임(尹任)의 권력을 기반으로 하여 하나의 세력을 형성하고 있었는데, 그것은 전적으로 인종을 배경으로 하는 것이었다. 그러나 병약했던 인종이 재위 몇 개월 만에 세상을 뜨고 명종이 등극함으로써 그 권력은 바람 앞의 등불처럼 위태로워졌다. 문정왕후는 자신의 동생인 윤원로(尹元老), 윤원형(尹元衡)의 지지에 힘입어 세력을 형성하였다. 윤임을 중심으로 하는 세력을 대윤(大尹), 윤원형을 중심으로 하는 세력을 소윤(小尹)이라고 한다.

인종은 짧은 기간 동안 통치를 했지만, 이 시기 권력을 잡고 있던 대윤 일파는 기묘사화(己卯士禍) 때 피해를 입고 관직에서 멀리 떨어져 있던 사림파 인사들을 적극적으로 등용하였다. 그러나 소윤 입장에서는 그들을 어떻게든 몰아내서 자신들의 권력을 강화하고자 하였다. 문정왕후는 명종이 즉위하던 1545년에 대윤 일파에 대한 대공격을 감행한다. 대윤의 주장이라 할 수 있는 윤임을 탄핵하도록 밀지를 내렸고, 이에 호응한 이기(李芑), 임백령(林百齡), 정순붕(鄭順朋) 등은 윤임이 자신의 조카인 계림군(桂林君, 성종의 셋째 아들 계성군桂城君의 양자이며, 장경왕후의 아버지 윤여필尹汝弼의 외손)을 새로운 왕으로 옹립하려는 역모를 꾀했다며 고변했다. 영문도 모르고 잡혀 온 계림군은 고문에 못 이겨 소윤 측이 원하는 대로 진술을 했고, 그것을 빌미로 윤임, 유관(柳灌), 유인숙(柳仁淑) 등을 참하라는 명이 내려진다. 계림군은 도망하여 머리를 깎고 절에 숨어 있다가 잡혀서 효수되었으며, 이 사건과 관련하여 많은 사람들이 죽거나 피해를 입었다. 이 사건이 바로 조선 전기 4대 사화 중의 하나인 을사사화다.

문정왕후는 을사사화를 통해 대윤 세력을 완전히 제거했음에도 불구하고, 2년 뒤인 1547년(명종 2) 양재역 벽서사건을 이용해서 을사사화의 변고에서 살아남은 나머지 인사들을 정리한다. 부제학 정언각(鄭彦慤)이 어느 날 양재역의 벽에 붙어 있던 글을 우연히 보았는데 그 내용이 국가와 관련되는 것이라 아뢴다고 하면서 봉서를 올린다. 그 내용은 다음과 같았다. "여자 왕이 정권을 잡고 간신 이기 등이 아래에서 권세를 농간하고 있으니 나라가 장차 망할 것을 서서 기다릴 수 있게 되었다. 어찌 한심하지 않은가."

벽서를 쓴 사람을 적발하기 위해 고심하는 것은 이해가 되지만, 뜻밖에 이 사건은 윤원형, 이기, 정순붕, 임백령 등 소윤 일파에 의해 다른 방식으로 이용된다. 그들은 기존에 처벌을 받았던 역적들 중 가벼운 징계에 그쳤던 사람들이 저지른 것일 터이니, 아예 화근이 될 만한 사람들을 색출해서 문초하고 유배시키자는 밀계를 올린다. 이에 따라 얼마 뒤 이약수는 사형에 처하고, 이언적, 노수신, 유희춘, 백인걸, 권응정, 이천계 등 20여 명의 인사들을 유배시킨다. 게다가 중종의 아들인 봉성군(鳳城君) 역시 역모의 빌미가 된다는 것을 이유로 죽임을 당한다. 그 외에도 많은 사람들이 희생되었는데, 이로써 대윤 일파는 정계에서 완전히 세력을 잃게 된다. 명종 즉위로부터 3년 남짓한 세월 동안 소윤 일파에게 1백여 명이 넘는 사람들이 죽고 그보다 더 많은 사람들이 유배를 당하거나 피해를 입었다.

도대체 문정왕후의 의도는 무엇이었을까. 조선시대에 수렴청정을 한 사례는 더러 있었지만 문정왕후처럼 자신의 권력 의지를 명확하게 드러내면서 행사한 사람은 없었다. 그만큼 그녀는 대단한 여장

부였고 권력가였으며 음모와 계책의 달인이었다. 그녀가 직접 수렴청정을 했던 6년은 물론이거니와 자신이 죽을 때까지, 그녀는 명종을 자신의 치마폭에서 헤어나지 못하게 했다. 그만큼 그녀의 정치적 영향력은 대단했다. 사실 윤원형과 같은 자기 형제를 내세우긴 했지만, 정치권력을 향한 그녀의 열망은 누구보다 강했던 것으로 보인다.

문제는 권력을 유지하기 위한 몇 가지 조건을 어떻게 갖추느냐 하는 점이었다. 중요한 것은, 조정에 자기편이 요직을 차지하고 있어야 했고, 막대한 돈이 있어야 했다. 왕실이라고 해서 언제나 돈이 넘쳐나는 것은 아니었다. 을사사화를 기점으로 윤원형 중심의 소윤이 완전히 정권을 장악했으니 자기편을 권력의 핵심부에 위치시키는 것은 성공적으로 끝난 셈이다. 알다시피 그들은 문정왕후의 형제들이며 명종의 외척이기 때문에, 이들이 중심이 되어 정계를 이끌어 나갔던 것을 훈척정치(勳戚政治)라고 한다. 임금의 인척이 훈구화되어 정권을 행사한다는 의미로 그렇게 부른다. 아는 사람이 요직을 차지하고 있으면 정치적 라이벌들을 제거하거나 적어도 제어할 수 있었고, 더불어 일정 부분까지는 예산을 자기 나름으로 운용할 수 있었다.

왕실 예산을 관리하는 곳은 내수사(內需司)다. 왕이 가장으로서의 사적 신분과 국왕으로서의 공적 신분을 모두 가지고 있는 것처럼, 내수사 역시 공적 재산과 사적 재산을 모두 관리하는 곳이었다. 거기에는 토지 관리는 물론이고 노비, 조세 수입 등이 포함된다. 국가의 재정 관리를 내수사로 일원화한 것은 1445년(세종 27)인데, 그 이후 재산이 계속 늘어난다. 내수사는 재산을 유지, 관리하는 하나의 방법으로 장리(長利)를 놓았다. 환관들을 비롯한 실무자들이 이런 일을 관장했는데, 문제는 장리 운용 때문에 백성들의 피해가 늘어난다는 점이었다. 게다가 연산군, 중종 시기에 혁파된 사찰 소속 토지와 노비들이 모두 내수사로 흡수되면서 그 재산은 엄청나게 늘어난다. 그렇게 볼 때 내수사는 왕실 유지에 필요한 모든 재정을 총괄하는 기관이었으며, 이곳을 장악한다는 것은 막대한 경제적 권력을 틀어쥔다는 뜻이었다.[7]

이 점을 특히 언급하는 이유는, 문정왕후가 아무리 수렴청정을 하는 위치에 있다 해도 국가의 공식적인 예산을 마음대로 쓰기는 어려웠으리라는 점을 지적하기 위해서이다. 따라서 자신만의 의도를 실현하기 위한 예산을 만들어 내는 곳이 필요했는데, 그런 점에서 내수사는 굉장히 중요한 기관이었던 것이다. 문정왕후 시절 활용했던 내원당의 경제력도 모두 여기서 비롯한다.[8] 이렇게 문정왕후는 소윤을 통해 정치권력을, 내수사를 통해 경제권력을 장악하게 된다. 이것은 그녀의 수렴청정이 공식적으로 끝난 이후까지도 그 영향력을 유지하게 하는 힘이기도 했다.

그렇다면 우리는 다시 이런 질문을 던질 수 있을 것이다. 문정왕후가 이렇게 권력을 틀어쥐었다면, 그 권력을 가지고 유학자 집단과 관료 집단을 잘 통어(統御)할 수 있었을 텐데 어째서 불교 세력을 적

---

7 내수사에 대한 자세한 내용은 한춘순, 『명종대 훈척정치 연구』, 혜안, 2006, 171~177쪽을 참조하라.
8 같은 책, 177쪽.

극 지원했던 것일까. 명종 시기에 문정왕후가 보우를 등용하여 불교 교단을 완전히 부활시킨 사태에 대해 지금까지 우리는 대단한 신심으로 칭송해 왔다. 특히 대부분의 한국 불교사에서는 문정왕후를 조선 최고의 호불보살(護佛菩薩)처럼 떠받들어 왔다. 유학자들의 과격한 반대를 무릅쓰고 불교를 다시 역사의 전면으로 불러낸 것은 단순히 문정왕후의 신심(信心) 때문이었을까? 종교적 믿음 때문에 한 개인이 역사의 흐름을 뒤바꾼 경우가 없다는 것은 아니다. 불교사에서도 아쇼카왕을 비롯하여 중국의 호불군주들을 떠올려 본다면 충분히 그럴 가능성이 있다. 그러나 문정왕후는 명종의 뒤에 앉아서 몇 년 동안 수렴청정을 했던 것이고, 그조차도 언제나 관료와 유학자들의 거센 반대에 부닥치지 않았던가. 그녀가 죽자마자 보우는 제주도로 귀양을 갔다가 그곳에서 장살을 당했고 수많은 불교 정책들은 다시 무위로 돌아간 것을 보면, 문정왕후의 종교적 신념 때문에 그 시대의 정책이 만들어져서 시행되었던 점도 부인할 수는 없다. 그렇지만 불교에 대한 깊은 신심을 전제로 한다 하더라도, 이렇게 엄청난 사건이 한 개인의 종교적 취향 때문에만 발생했다고 보는 것은 문제가 있다. 문정왕후는 오직 자신이 믿는 종교를 위해서, 부처님의 진리를 이 땅에 심기 위해서 이렇게 무리수를 두면서까지 불교 교단을 부활시켰던 것일까.

백성들의 숭불과 문정왕후의 호불, 그리고 그 한계

조선의 억불정책에도 불구하고 백성들 사이에서의 불교 신앙은 쉽게 사그라지지 않았다. 사찰에는 여전히 불공을 드리는 백성들이 있었고, 이들을 상대로 많은 승려들의 포교와 설법이 행해지고 있었다. 아무리 진리에 확신을 가지고 있는 승가 집단이 있더라도, 신도가 없다면 그들이 살 방도는 없다. 신도들은 승가 집단을 외호(外護)하는 가장 중요한 집단이다. 그들은 승가 집단의 수행을 경제적으로나 사회적으로 적극 지원하는 집단이기 때문이다. 조선의 승려들 중에 탁발 수행을 하는 경우도 있었지만, 대부분은 신도들의 보시에 절대적으로 의존하고 있었다. 그들이 없다면 승가 집단은 순식간에 무너질 것이고 불교 교단 역시 해체될 것이었다.

조정의 제도적 억압 때문에 불교 교단은 그 수를 계속 줄여 왔다. 급기야 세종 때부터는 선교양종 체제로 줄어들었다가, 연산군 때에 오면 선교를 통합하여 하나의 불교 종단만을 인정하거나 그것마저도 없애는 제도를 시행했다. 명종 때에 들어서서 문정왕후의 호불정책으로 인해 교단이 복설되었다고는 하지만, 그 역시 조선 초기의 다양한 교단과 종파를 회복시키지는 못했다.

어떻든 조선의 척불정책이 계속되면서 승려들의 사회적 지위는 천민으로 떨어지고 있었고, 산중의 사찰은 부역이나 형벌을 피해서 도망을 친 사람들의 소굴로 지목되었다. 관료들을 비롯한 양반 계층은 불교의 막대한 경제 규모를 국가가 몰수하고 승려와 소속 노비들을 양민으로 돌아가게 하거나 군정(軍丁)으로 돌려서 국가 경제를 견실하게 만드는 데 기여해야 한다고 주장했다. 표면적인 현상만으로 보면 불교의 쇠퇴와 교단의 해체로 인해 사찰은 황폐해져야 했다. 그러나 실상은 어떠했는가.

물론 경제 규모는 그 이전 시기와 비교해서 10% 수준밖에 안 될 정도로 현저히 축소되었다. 그렇지만 그 규모를 가만히 살펴보면 명실상부하게 축소된 것인지 의문이 든다. 성종 11년 무렵 선교양종에 소속된 사찰은 9천 5백여 개에 달하고 승려의 숫자는 10만 5~6천 명에 달한다고 했다.[9] 또한 『성종실록』에 의하면 큰 고을 안에는 사찰이 1백여 개소나 되고 작은 고을에는 40~50여 개소나 된다는 기록이 남아 있다. 게다가 조선 중기에 편찬된 대표적인 지리지인 『신증동국여지승람』(新增東國輿地勝覽)을 조사해 보면 사찰의 숫자는 여전히 1천 6백여 개소를 상회하고 있다. 이러한 통계 자료를 통해 볼 때 조선의 억불정책 때문에 불교의 영향력이 대폭 줄어들었다고 주장하는 것은 설득력이 떨어진다는 점을 알 수 있다.

물론 중종 때에 와서 『경국대전』에 규정되어 있던 도승 조항을 없애고, 『신증동국여지승람』에 수록되어 있던 사찰을 철폐하는 등 강력한 척불 조치를 단행함으로써 불교의 상황은 최악의 사태를 맞기도 했다. 그렇게 참혹한 조치 덕분에 문정왕후의 불교 우대 정책은 찬반 양론이 거세게 충돌할 가능성이 높았고, 실제로 유생들의 거센 반발에 부닥쳤던 것이다.

척불정책의 시행에도 불구하고 백성들 사이에서의 숭불(崇佛) 분위기는 아주 높았다. 일반 백성들은 생활 속에서의 의식이나 민속 등에 스며 있던 불교적 요소를 여전히 인정하고 있었으므로 고려 이

---

9 이재창, 「조선조 사회에 있어서의 불교 교단」, 『한국사학』 제7집, 1986.

래로 형성되었던 불교식 삶의 패턴을 바꾸려 하지 않았다. 성현(成俔)
이 『용재총화』(慵齋叢話)에서 기록한 내용은 그 시대의 분위기를 단
적으로 보여 준다.

> 이때부터 사대부 집안에서는 초상이나 기제사를 당해도 모두 유교
> 적 예법에 따라 지내게 되었고, 승려나 부처를 공양하지 않게 되었
> 다. 불교식 장례나 제사를 예전대로 지키며 그만두지 않는 이들은 오
> 직 하층 백성들뿐이었다.

유교적 예법이라고 해야 16세기 초까지는 『소학』(小學)에서 언
급된 수준을 넘지 않았을 것으로 보인다. 물론 집안에 따라서는 『주자
가례』(朱子家禮)와 같은 책을 충실히 수용해서 가법으로 삼는 경우도
있었겠지만, 대부분의 유가에서는 여전히 예법에 대한 이해도가 높지
않았을 것이다. 조선 사림의 종장(宗匠)이라 할 수 있는 김종직(金宗
直)의 제자이자 조광조(趙光祖)의 스승이었던 김굉필(金宏弼)은 누군
가가 시사(時事)에 대해 의견을 물으면 "소학동자(小學童子)가 무엇
을 알겠느냐"라고 하며 회피했다고 한다. 그것은 일종의 겸사로 볼 수
있겠지만, 실제로 김굉필은 생활 속에서의 예법을 『소학』의 기준에 맞
추었다고 한다. 게다가 조선 초기 유학자들 가운데 후대 유림 중에는
불교식 전통 의례에서 벗어나 유교식 예법을 지킨 것 때문에 칭송을
받는 사람들이 있는 것을 보면, 고려시대부터 내려오던 불교식 예법
(특히 혼인·상제례와 같은 의식들)이 조선시대 들어와서도 뿌리 깊이

스며 있었다는 점을 발견할 수 있다. 유학을 공부하는 양반 가문에서도 그러한데, 지식의 세례를 받지 못하고 전통적인 생활 방식만을 지키며 살아가던 일반 백성들에게 새로운 유학의 예법을 지킨다는 것은 대단히 어려웠다.

이것은 제도로서의 억불과 종교로서의 숭불 사이에는 상당한 거리가 있었다는 점을 암시하는 것이기도 하다. 즉 조선을 이끌어 가는 유학자들 입장에서는 자신들의 정치적 이념과 철학적 신념 때문에 불교를 이단으로 공박하면서 배척해야 하는 것이었지만, 고통으로 가득한 세상을 살아가는 백성들(여기에는 사대부가의 여성들도 당연히 포함된다!)에게는 고단한 마음을 쉬게 할 수 있는 마음의 터전이 필요했다. 그것이 바로 불교였던 것이다. 실록을 조금만 살펴보아도 사대부가의 여성들이 사찰에 가서 불공을 드리다가 사회문제로 비화된 기사가 어렵지 않게 눈에 띈다. 게다가 불교와 관련된 설화들이 백성들의 입을 통해서 얼마나 많이 전파되고 있었는지 조선 전기 야담집을 살펴보면 그 흔적을 쉽게 발견할 수 있다. 백성들 사이에 숭불 분위기가 이렇게 두텁지 않았다면 수많은 사찰을 유지·보수하면서 승가 집단을 유지시키는 일은 불가능에 가까웠을 것이다.

어린 명종을 앞세워서 수렴청정을 시작한 문정왕후에게 자신의 든든한 바람막이가 되어 줄 사람들을 찾는 것은 당연한 일이었다. 정치적 동반자인 소윤 일파와 내수사를 통해서 운용되는 막대한 자금이 있었지만, 백성들의 호응을 얻는 것은 중요한 일이었을 것이다. 그런 점에서 볼 때 불교는 백성들의 마음을 자신에게 호의적으로 돌릴 수 있는 요소였다. 이미 천민 수준으로까지 사회적 신분과 그에 따른 대우가 달라진 승려들이었지만, 백성들에게는 여전히 힘든 현실을 버티게 하는 정신적 지도자로서의 역할을 하고 있었다. 조선 태조 시기까지만 해도 승려를 왕사(王師)로 책봉하여 불교적 이념을 존중하던 시절이 있었지만, 얼마 시간이 지나지 않아서 그들의 처지는 급전직하하여 천민에 가까워졌다. 그것만으로도 불교가 조선 건국 이후에 얼마나 급격한 격동의 세월을 지나왔는지 단적으로 볼 수 있다. 게다가 양반이라면 누구나 절에 가서 음식과 숙박을 요구할 수 있었고, 승려들은 양반의 시중을 들어야만 했다. 그것에 항거하는 순간 철저한 육체적 징벌을 받는다 해도 하소연할 도리가 없었다. 오죽하면 문정왕후가 양반들이 산사(山寺)에 가는 것 자체를 법으로 금지하고 그것도 모자라 절 앞에 금표(禁標)를 세우도록 했겠는가.

이런 열악한 상황에서 문정왕후의 불교 정책은 불교도들과 숭불을 하는 많은 백성들의 호응을 받았다. 그 정책 덕분에 조선 전기의 불교는 다시 부활할 수 있는 불씨를 얻었고, 그것은 제도적 차원의 뒷받침을 받기에 이른다. 백성들의 지지를 받는다 해도 문정왕후의 정치적 입장이 공고해지는 것은 아니다. 도움이야 되겠지만 정권을 지탱하는 것은 지식인 계층이었기 때문이다. 그럴 때 불교 세력의 부활은 중요한 배경이 될 수 있었을 것이다.

문정왕후와 윤원형을 거론할 때 야사에서 언제나 빠지지 않고 등장하는 인물이 바로 정난정(鄭蘭貞)이다. 요녀의 대명사처럼 등장해서 명종 시기의 정치를 온통 혼란에 빠뜨린 주범으로 인식되는 것은 아마 야담에서의 기술이 우리에게 준 이미지이리라. 실제로 그녀의 역할이 어떠했는지 모르겠지만, 일설에는 보우를 문정왕후에게 소개해 준 장본인이라고도 전해진다. 사실 여부는 차치하고라도, 보우를 정권의 실력자에게 소개해 줄 정도였다면 그녀의 비중이 상당히 컸던 것은 사실일 듯싶다. 정난정은 윤원형의 첩실이었는데, 윤원형은 그녀를 자신의 정실로 삼고 싶어서 법규를 바꾸기까지 했다고 한다. 어떻든 문정왕후와 보우, 윤원형, 정난정 등의 관계가 워낙 밀접했기 때문에, 이들이 권력을 잃은 뒤에 확인할 수 없는 각종 이야기들이 만들어져서 야담으로 스며들었다.

불교와의 밀월 관계를 누리는 명종과 문정왕후를 향해 유생들의 상소와 항의가 빗발치듯 했던 것은 당연한 일이었다. 불교 교단과 승과가 부활되고 나서 몇 년 사이에 유생들의 상소는 1천여 건을 훌쩍 넘을 정도로 많았으며, 심지어 성균관 유생들은 동맹휴업을 감행할 정도로 극심한 반항을 했다. 그러나 문정왕후는 눈 하나 깜짝하지 않았고, 자신이 생각하는 방향으로 정책을 계속 추진했다. 그렇게 불교 정책이 추진되는 동안 승과를 통해서 서산휴정, 사명유정 등 훗날 조선 불교의 대들보가 될 만한 인물들이 발탁되고, 유생들의 횡포와 정부의 부역에 허덕이던 사찰들이 숨통을 트게 된 것은 다행스러운 일이었다.

이 같은 맥락에서 우리는 문정왕후의 불교 정책이 자신의 종교적 입장을 충실히 반영한 것에서 출발했지만 동시에, 정치적 지지 기반이 필요했던 처지에서 민심을 자기편으로 끌어들이고 불교 지식인들의 지지를 받아 자기 세력화하려는 의도가 일정 부분 들어 있었던 것으로 추정할 수 있다. 유교적 논리에 기대서는 자신의 권력을 도저히 유지할 수 없었던 문정왕후의 입장에서, 자신을 끝까지 지지해 줄 수 있는 세력은 백성들과 불교 세력이었기 때문이다.

그러나 그 한계는 명확했다. 불교 정책이 국가 구성원들의 광범위한 토론과 지지를 통해 세워지고 시행되었던 것이 아니라는 점 때문이다. 문정왕후라는 절대적 권력을 지닌 한 사람에 의해 구상되고 시행되는 바람에, 그의 영향력이 사라지는 순간, 이전에 시행되었던 정책 역시 바람처럼 사라질 운명이었다. 더욱이 이 시기는 조선 유학계가 성리학에 대한 깊은 이해와 실천을 이끌어 내던 때가 아니던가. 그들은 유학 특유의 정합성을 갖춘 논리를 이용하여 불교의 다양한 문제점을 지적하면서 불교를 사회악으로 규정했다.

명종 시기부터 본격적으로 활동했던 대표적인 유학자 율곡(栗谷) 이이(李珥)의 글을 보면 그가 왜 문정왕후 시기의 불교 정책에 반대했는지를 알 수 있다. 그는 문정왕후가 세상을 뜬 해에 보우를 탄핵하는 상소를 올린다. 이이는 간결체의 문장과 논리 정연한 글로 자신의 논지를 정확히 전달하기로 이름난 사람이다. 그는 자신이 임금에게 무언가 간언할 수 있는 위치에 있지 않다는 점과 문정왕후의 죽음으로 복상(服喪)을 하고 있는 임금의 슬픔 등을 들어서, 보우를 탄핵하는 상소를 올리는 것이 적절하지 않다는 취지의 말로 상소문을 시작한다. 그러면서 문정왕후와 명종을 건드리지 않으면서도 조심스럽게 보우를 탄핵한다.

이이가 보우를 탄핵하는 이유는 무엇일까. 어떤 이유에서인지는 모르지만, 당시 유생들은 보우가 '시역'(弑逆)의 죄를 범했다고 생각하고 있었다. 시역이라니, 도대체 이건 무슨 말인가. 원래 '시역'이란 임금을 죽이는 역모를 지칭한다. 그러나 보우가 문정왕후의 세력을 등에 업고 활동했던 5년 남짓의 기간 동안 시역의 죄를 저질렀다는 흔적은 전혀 없다. 그럼에도 유생들이 그렇게 생각한 이유는 아마도, 수많은 탄핵 상소에도 불구하고 그가 건재할 뿐 아니라 오히려 강력한 권력을 누리면서 불교를 일으켰기 때문이 아닐까 싶다. 어떻든 이이 자신은 보우가 시역의 죄까지 저지른 것은 아니라고 하면서, 이렇게 말한다.

보우가 제 뜻을 마음대로 행한 지 지금 여러 해 되었습니다. 죄와 복을 멋대로 베풀어 임금을 속였으며, 궁 안의 재정을 고갈시켜 백성들에게 환난을 끼쳤으며, 교만하고 뽐내 스스로를 성인인 체하여 자신을 높여 사치스럽고 참람되게 하였습니다. 이 가운데 한 가지만 있다 해도 그 죄는 용서하기 어려운 것인데, 전하께서는 오히려 죄가 없다고 생각하시는 것은 무엇 때문입니까? (「논요승보우소」, 『율곡전서』)[10]

이이가 주장하는 보우의 죄상은 세 가지다. 죄와 복의 문제로 임

---

10 普雨之得行其志, 今幾年矣. 廣張罪福, 欺罔君上, 罄竭內帑, 貽患生民, 驕矜自聖, 奉己奢僭. 有一於此, 罪當罔赦, 殿下尚以爲無罪, 何耶? (李珥, 「論妖僧普雨疏」, 『栗谷全書』 卷3)

금을 속인 죄, 궁중의 재정을 텅 비게 만든 죄, 성인인 척하면서 스스로를 높이고 사치를 한 죄다. 물론 큰 죄인 것은 분명하다. 그러나 이 정도의 죄 때문에 많은 유생들이 그에게 시역의 죄를 저질렀다고 비난을 하는 것이라면 그것은 너무 지나치다. 이이의 표현에 의하면, 명종은 "옥체가 본시 약한 데다가, 수척한 모습으로 상복을 입으시고, 헬쑥한 얼굴로 곡읍을 하고 계시는 즈음"이라고 했다.[11] 그런데 이런 정도의 죄상 때문에 몸이 약한 임금이 어머니의 죽음으로 한창 슬픔에 빠져 있을 때를 골라 상소를 올렸단 말인가. 이 문제가 해결되지 않으면 나라가 편안치 않을 것이라고 하면서 상소를 올렸단 말인가.

이 상소문을 더 읽다 보면 이이의 탄핵 의도가 어디에 있었는지 알아차리게 된다.

신이 크게 걱정하는 것은 이것이 아닙니다. 그러면 무엇이겠습니까? 옥당(玉堂)은 전하의 심복(心腹)이며 대간(臺諫)은 전하의 이목(耳目)이며, 태학(太學)의 유생들은 비록 공자를 모두 본받지는 못하고 있다 하더라도 그중에 그런 뜻을 지닌 자는 또한 모두가 공자의 무리입니다. 전하께서 이미 어진 인재를 골라 심복과 이목이 되는 지위에 앉혀 놓았으니, 그들이 직책에 맞는다고 생각되시면 마땅히 그들의 의견을 채용하셔야 할 것이며, 그들이 직책에 적합하지 않다고 생각되신다면 마땅히 그들을 물리치셔야 할 것입니다. 임용하고도 신

---

11 殿下玉體素弱, 黯然衰経, 深墨哭泣之際. (같은 글)

임하지 않고 의심하면서도 쫓아내지 않는 것은 진실로 부당한 처사입니다. …… 설사 보우가 터럭만큼의 죄도 없고 억울한 누명을 쓰고 있는 것이라 하더라도 천하와 후세의 사람들이 장차 전하를 어떠한 임금으로 보겠습니까? 하물며 지금 보우의 죄는 죽어 마땅하고 간언하는 사람들의 말이 그릇된 것이 아닌 데야 말할 나위가 있겠습니까! 이 뒤로부터 아마 나라 사람들은 모두 말하기를 "전하께서 보우를 대우하심이 갈수록 더하여 달라진 것이 없다"고 할 것이며, 중들은 모두 말하기를 "전하께서는 우리 도(道)를 숭상하시니 간하고 비판한다고 해서 이간(離間)될 수는 없다"고 할 것입니다. 이로 말미암아 이단(異端)의 무리들은 뜻을 얻고 선비들의 기개는 더욱 꺾일 것입니다. (「논요승보우소」)[12]

이런저런 죄목을 가져다 붙여도 결국 보우의 죄는 오직 하나, 바로 '이단'이라는 것이다. 앞서 언급한 여러 가지 죄목이 모두 누명을 쓴 것이고 다른 죄상이 하나도 없다 하더라도 보우를 보호한다면 명종은 역사에 더러운 이름을 남기는 임금이 되리라는 것이다. 이단을

---

12 雖然, 臣之所大憂者, 不爲此焉. 何則? 夫玉堂, 殿下之腹心也, 臺諫, 殿下之耳目也, 太學之生, 雖不能盡法孔子, 其中有志者, 亦皆孔子之徒也. 殿下旣擇賢材, 使處腹心耳目之地, 以爲稱其職也, 則當用其言, 以爲不稱其職也, 則當斥其人. 固不當任之而不信, 疑之而不黜也. …… 假使普雨無毫髮之罪, 受暗昧之名, 天下後世, 其將以殿下爲何如主耶? 況今雨之罪足以死, 而諍者之言非妄也哉! 自是厥後, 國人皆將曰: "殿下之待普雨, 有加無替." 緇髡皆將曰: "殿下之崇吾道, 非諫諍之所能閒." 由是而異類得志, 士氣益挫矣. (같은 글)

보호한 임금으로 낙인찍히기 때문이다. 당시 백성들에게 여전히 큰 영향력을 가지고 있는 불교를 이단으로 몰아붙임으로써 유교 국가로서의 조선을 명확하게 규정하고자 한 것이다. 이미 유교 국가인데 어째서 재삼 강조하는가. 유학자들은 성리학적 사유를 정합적으로 구축한 다음, 그것에서 벗어나는 순간 이단으로 규정하는 배타적 태도를 강하게 가지고 있었다. 보우의 경우에도 성리학적 범주 밖에서 사회적·정치적 영향력을 행사하는 한에 있어서 당연히 이단으로 규정되어 배척되어야만 한다. 개인적으로 불교계 인사들과 시문을 주고받으며 교유 관계를 가지는 사람들도, 공적인 문제 때문에 불교를 논의할 때면 열이면 열 모든 사람들이 이단의 문제로 공박했다. 이이의 상소문도 바로 그런 맥락에서 읽어야 한다. 보우를 탄핵한 대부분의 상소문들이 이이의 것과 대동소이하다. 여러 가지 죄상을 들어서 탄핵을 하고 있지만, 그 글의 중심에는 이단으로서의 불교에 대한 강한 부정이 들어 있다.

이런 현실에 처해 있으면서 보우를 비롯한 당시의 불교계는 어떤 논리적 대응도 하지 않았다. 어쩌면 할 수 없었을지도 모른다. 불교는 기본적으로 어떤 입장에서 나온 논의라도 모두 포용할 수 있는 방대한 체계가 구축되어 있었기 때문이다. 물론 이러한 체계가 역으로 어떤 정합적 논리도 만들어 내지 않는 것으로 인식되면서 대응할 수 있는 현실적 방책을 제시하지 못한다는 문제도 가지고 있기는 했다. 그렇다 해도 당시의 불교계는 유교의 논리 앞에서 속수무책으로 당하고 있었다.

이런 어려움은 그동안 좋은 예비 승려군을 길러 내지 못했던 불교의 현실과 직결되어 있었다. 그러기 위해서는 불교적 진리를 구하기 위한 많은 사람들의 열망, 불교에 대한 사회적 인식의 고양, 불교와 사회 사이의 상호보완적인 관계 구축, 불교계의 경제 체제 구축, 다양한 수행 방법의 시행과 그것을 지도할 수 있는 좋은 승려 계층의 형성 등 많은 것들이 전제되어야 한다. 그러나 오랜 척불정책은 어떤 것도 이루어질 수 없도록 만들었다. 그런 현실을 문정왕후를 비롯한 상층 권력 계층의 도움을 받아서 제도적으로 정비를 한다 한들 얼마나 오래 가겠는가. 문정왕후의 죽음과 함께 보우는 유생들의 탄핵 상소에 직면하였고, 명종은 못 이기는 척하면서 보우를 제주도로 귀양 보낸다. 제주로 귀양을 갔던 보우는 결국 제주목사로 있던 변협에게 장살당하고 만다. 게다가 중요한 불교 정책들 역시 문정왕후 이전의 상황으로 속속 돌아가고 있었다.

서산휴정의 고민은 바로 이런 시대 상황 속에서 배태되었다. 더이상 불교 지식인을 양성할 수 없는 성리학자들의 세계 속에서, 이단으로 몰리며 자신의 설 땅을 잃어버린 현실 속에서, 자신들이 나아가야 할 새로운 길을 어떻게 찾을 수 있을 것인가.

예비 승려들을 확보하는 길이 아예 사라졌다가 문정왕후 덕에 겨우 되살려 놓았지만, 여전히 인력이 부족한 상황이었다. 얼마 되지 않는 인력 속에서 좋은 인재를 찾기란 쉽지 않다. 승려 후보군의 수준이 뛰어난 시대와 그렇지 못한 시대는 당연히 불교의 수준에 차이를 보이기 마련이다. 좋은 자원의 확보가 어려워지자 결국 절에는 먹고살기 힘들어서 들어가거나 부득이한 처지 때문에 출가하는 사람들만 많아졌고, 제대로 발심(發心)을 해서 열렬한 구도(求道) 열망을 품은 사람이 들어가는 경우는 극히 드물어졌다.

당연한 말이지만, 어려워진 상황은 어떻게 보느냐에 따라 부정적일 수도 있고 긍정적일 수도 있다. 불교가 1천여 년 동안 최고의 대우를 받는 동안 그것은 자연스럽게 하나의 '습'으로 굳어졌다는 점을 반성해야 한다. 철저한 하심(下心)과 최악의 상황에서도 구도를 향한 열망을 가지는 것이 수행자가 가져야 하는 기본자세가 아닌가. 수행을 하는 것이 '고승'이라는 명예욕을 채우기 위한 수단이라면 그 수행이야말로 악업을 짓는 첩경이다. 그런데 고려 후기 승려들의 타락상을 묘사하는 글에서 가장 자주 등장하는 것은 경제적 비판과 함께 승려들의 명예욕이 아니던가. 그런 점에서 보자면 조선의 암담한 불교계의 사정은 스스로 초래한 하나의 과보(果報)일 뿐이다.

누구도 시비를 걸기 힘든 이들의 명예욕과 오만은, 조선의 건국과 함께 여지없이 깨진다. 최고의 자리에서 최악의 자리로! 그러나 그 현실을 서글퍼하기보다 그것을 새로운 구도의 계기로 삼는 수행자들이 있다면 암담한 불교계의 현실은 오히려 최고의 수행 환경을 제공하는 셈이다. '하심'을 하고 싶지 않아도 할 수 없이 '하심'을 해야만 하고, 겸손하고 싶지 않아도 어쩔 수 없이 겸손해야 하는 현실이다. 먹을 것은 탁발이나 시주에 의해 해결을 한다고 해도, 그것이 거지의 구걸과 다르려면 당연히 수행의 자세를 새롭게 확립해야 한다. 그렇지 않다면 빌어먹는 것과 다를 것이 없다. 이런 점에서 볼 때 조선 불교의 현실은 수행자에게 최고의 환경을 제공했다는 것이다.

　그 환경을 서산휴정은 어떻게 활용했던 것일까. 그는 이전의 불교 지식인들의 학문적·수행적 전통을 어떻게 이어받았던 것일까. 이런 질문을 통해서 서산휴정은 자신의 색깔을 지닌 불교 이론 체계를 만들어 갔다고 할 수 있다.

2부

공격과 방어, 새로운 불교 모색의 계기

1장 | 유교의 대공세

권력이 바뀌면 입장도 바뀐다. 그것은 국가의 이념도 마찬가지다. 불교를 기반으로 하던 고려시대에는 유교의 목소리가 강하게 튀지 않았다. 물론 부분적으로 불교의 문제점을 거침없이 비판하는 사람도 없지는 않았다. 그러나 전체적으로 유교 지식인들의 목소리는 불교의 입장을 암묵적으로 배려하면서 자기 목소리를 드러냈다. 불교 교단의 주요 인물들은 교단뿐만 아니라 고려 지식인 사회에서도 여전히 비슷한 영향력을 가진 인물들이었고, 고려 지식인 사회의 일원이기도 했다. 권력을 가진 관료들 역시 불교 지식인들에 대해 적대적이지 않았다. 그것은 불교가 정치현실에 적극적으로 개입하는 스타일이 아닌 탓도 있었지만, 워낙 오랫동안 불교에 의해 국가와 사회가 구성되었기 때문이다. 고려 지식인들이 태어나기도 전부터 불교는 사회의 사상적 구심점으로서의 역할을 해왔고, 백성들 역시 불교의 테두리 안에서 자신의 믿음을 드러내고 소망을 빌어 왔다. 그런 상황에서 유교를 사상적 기반으로 하는 지식인들이 불교를 정면으로 비판하면서 날카롭게 각을 세우기란 쉽지 않은 일이었다. 고려 말 조선 초기의 유교 지식인들이 불교에 호의적이었던 것도 그런 사정 때문이었을 것이다.

유교의 대공세가 시작된 것은 조선이 건국되고 몇 년 지나지 않은 1398년이라 할 수 있다. 그 이전에도 불교에 대한 정치적 공세와 현실 속에서의 탄압은 싹을 분명하게 틔우고 있었다. 그러나 이들 단편적인 논의들은 대부분 불교의 사회적 폐단이나 승려들의 부정부패, 조선의 정치 이념에 맞지 않는다는 정도의 단편적 언급에 그치고 있었다. 이런 논의들이 불교가 가진 문제점을 분명하게 짚어 내는 측면도 있기는 했지만, 이 정도의 편린으로 불교가 구축해 온 방대한 논리 체계와 사회적 영향력을 일거에 몰아낸다는 것은 불가능한 일이었다.

불교의 논리를 정면에서 비판하면서 조선이 나아가야 할 이념적 푯대를 세운 것은 정도전(1342~1398)의 『불씨잡변』이었다.[1] 이 책은 정도전이 조선의 지형도를 거의 구축한 뒤 마지막으로 저술한 것이었다. 1398년 여름, 그는 이 책의 원고를 완성한 뒤 권근(權近, 1352~1409)에게 서문을 부탁하였다. 그러나 끝내 이 책이 서문을 갖추어 완성되는 것을 보지 못한 채 비극적인 죽음을 맞이하게 된다. 이

---

1 『불씨잡변』(佛氏雜辨)의 '변'은 현재 학계에서 대부분 '辨'으로 쓰고 있다. 이는 조선 후기에 간행된 8권본 『삼봉집』(三峰集)에 의거한 표기이다. 그러나 1456년 초간본에는 '辯'으로 되어 있고, 의미상으로도 이 글자가 더 적합하다고 판단된다. 하지만 학계에서 널리 쓰이는 글자가 '辨'이고, 초간본을 간행할 때의 주역인 윤기견의 글에서도 '辨'으로 표기되었으며, 두 글자는 통용되기도 하는 글자이므로 이 책에서는 '辨'으로 표기하기로 한다. 『불씨잡변』 서지사항에 대해서는 오용섭이 「佛氏雜辯 초간본의 서지적 연구」, 『서지학연구』 제33집, 서지학회, 2006에서 자세히 논구한 바 있다.

방석(李芳碩)을 옹위해서 역모를 꾀했다는 혐의를 받아 그해 9월에 살해당한 것이다. 바로 1차 왕자의 난으로 불리는 무인난(戊寅亂)이었다. 『불씨잡변』이 정도전의 죽음으로 한동안 묻혀 버리기는 했지만, 이 정도 수준의 책이 집필되었다는 것은 정도전의 능력과 함께 조선의 유학적 수준이나 정치적 이념의 향방이 완전히 자리를 잡았음을 의미하는 것이기도 했다.

『불씨잡변』은 여러 가지 점에서 중요한 저작이다. 정도전이 조선의 이념을 보호하기 위한 하나의 방책으로, 그리고 오랫동안 이 땅을 지배해 왔던 불교의 거대한 이념적 힘으로부터 새로운 나라를 만들고 지키기 위해 심혈을 기울여 쓴 것이기 때문이다. 조선의 수많은 유학자들이 불교를 비판하고 대안을 제시해 왔지만, 큰 틀에서 볼 때 이 책이 그려 내고 있는 비판의 지도 밖에서 논의된 것은 거의 없을 정도다. 정교하고 명쾌하게 비판의 칼끝을 들이밀었는가의 여부는 차치하고라도, 조선의 성리학이 제기할 만한 문제는 이 책에 거의 다 언급되었다. 그런 점에서 『불씨잡변』이 비판하는 지점을 살펴보는 것은 중요하다. 여기서 특별히 『불씨잡변』을 자세히 언급하는 것은 조선 유학자들의 불교 비판이 이 범주를 벗어나지 않기 때문이다. 말하자면 조선 유학자들의 불교 비판을 정도전이라는 인물을 통해서 전체적으로 조망하겠다는 의도라고 할 수 있다. 또한 서산휴정의 불교는 바로 이러한 공격을 충분히 감안하면서 구축되는 것이기 때문이다. 뒤에서 살펴보겠지만, 휴정은 이들의 비판을 진심으로 받아들이면서 자신의 불교적 논리와 수행의 경계를 드러내고 있다. 어떻든 정도전의 『불씨잡변』이 조선 지식인들에게 선을 보임으로써 조선의 유교는 엄청난 전통을 가지고 발전해 왔던 불교를 향해 본격적으로 대공세를 시작하게 된다.

　노파심에서 덧붙이자면, 여기서 언급되는 불교 비판은 불교가 받아야 할 정당한 비판에 근거한 것이 아니라는 점을 염두에 두었으면 좋겠다. 즉 여기서 서술한 내용은 정도전의 입장에서 말하는 것이다. 그러므로 읽어 내려 가다가 혹시 논점에서 어긋난 불교 비판이 보인다면, 그것은 필자의 생각이 아니라 정도전의 생각이라는 점을 감안해 주기를 바란다.

1. 정도전의 입장 변화

어떤 사람들은 조선을 '정도전의 나라'라고 부른다. 그는 충청도 단양의 이름 없는 집안에서 태어나 뛰어난 문장과 냉철한 판단, 과감한 정치적 선택을 통해서 최고의 권력을 누린다. 알려진 바로는 부친이 고려 말 유학자 이곡(李穀)과 교유 관계가 있었던 인연으로, 이곡의 아들 이색(李穡)의 문하에서 공부를 한다. 1360년 성균시에 합격하고 1362년 진사시에 합격하여 벼슬을 시작한 이래, 고려조에 성균관박사, 태상박사 등을 역임한다. 당시 그는 정몽주와 함께 근무하였는데, 정몽주의 친원(親元) 정책에 반대하여 친명(親明) 정책을 강력하게 주장하였다. 1375년, 원나라에서 오는 사신에 대한 접대 문제 때문에 친원세력과 의견 대립을 하다가 전라도 나주로 귀양을 간다. 1377년 유배에서 풀려나기는 하지만 여러 해 동안 향리에 은거하면서 세월을 보낸다. 이 시기에 『금남잡영』(錦南雜詠), 『금남잡제』(錦南雜題), 『심문천답』(心問天答), 『팔진삼십육변도보』(八陣三十六變圖譜) 등 중요한 저술들을 남긴다. 특히 『심문천답』은 훗날 그가 불교를 비판하면서 기반으로 삼았던 성리학적 사유가 보이는 글이다.[2]

그의 삶은 함경도 함주(咸州)로 찾아가 이성계를 만나면서 완전히 바뀐다. 그 이전까지만 해도 정도전은 유배와 은거, 방랑의 시기를 보내고 있었다. 어떤 마음으로 이성계를 찾아갔는지 알 길은 없지만, 적어도 고려에 대한 깊은 실망과 개혁에 대한 열망이 분명히 있었을 것이다. 당시 이성계는 여진족을 비롯한 북방 지역 부족들의 침탈로부터 북방을 안정시키는 데 큰 공헌을 해서 백성들에게 신망을 얻고 있었다. 정도전은 함주로 찾아가 이성계를 만나서 그가 자신과 함께 세상을 바꿀 파트너가 되기에 충분하다고 판단하였다. 이 이후의 정도전은 조선 건국으로 향하는 역사적 흐름의 중심인물이 된다.

1392년 조선 건국과 함께 정도전은 조선이 앞으로 나아가야 할 바를 저술과 제도 정비를 통해 차근차근 이룩해 나간다. 조선의 건국이 선포되자마자 개국공신 책봉이 이루어지는데, 정도전은 1등 공신에 오른다. 게다가 주요 요직은 모두 차지한 상태에서 조선의 밑그림을 그린다. 『조선경국전』(朝鮮經國典, 1394), 『심기리편』(心氣理篇, 1394), 『경제문감』(經濟文鑑, 1395) 저술, 「문덕곡」(文德曲)을 비롯한

---

2 정도전의 생애에 대해서는 한영우, 『정도전사상의 연구』, 서울대학교출판부, 1983에 자세히 서술되어 있다.

여러 편의 악장(樂章)과 『고려사』(高麗史) 편찬 등 정치, 법제, 경제, 철학, 문화 등 다양한 방면에서 굵직한 업적을 쌓아 나간다. 그리고 마지막으로 했던 것이 바로 불교 비판서의 결정판 『불씨잡변』 편찬이었다.

조선 초기에 정치와 문화를 이끌고 갔던 대표적인 두 인물을 들자면 정도전과 함께 권근을 들 수 있다. 이들은 10년의 나이 차이가 나는 사이면서도, 라이벌과 같은 묘한 구도를 형성하고 있었다. 정도전이 일찌감치 이성계와 의기투합해서 조선 건국에 큰 힘을 보탰다면, 권근은 조선이 건국하던 1392년에는 향리에 은거하고 있다가 나중에 출사(出仕)한다. 정도전이 조선의 모든 방면에서의 밑그림을 그리면서 야심차게 일을 추진해 나갔다면, 권근은 정도전이 제거된 뒤 그의 일을 이어받아서 정리하는 듯한 느낌을 준다. 물론 권근도 『오경천견록』(五經淺見錄)이나 『입학도설』(入學圖說)과 같은 대표적인 성리학 관련 저작을 남겨서 조선 유학사에 길이 빛나는 성과를 올렸지만, 정도전이 죽은 뒤 그의 벼슬과 업무를 이어받아 여러 방면을 정비한 것은 사실이었다. 권근 역시 불교에 대해서 비판적 태도를 취하기는 했지만 그것을 본격적인 저술로 남기지는 않았다.

그런데 이들이 원래부터 불교와 사이가 나빴던 것이었을까? 그렇지는 않다. 이들의 행적으로 조사해 보면 생애 전반기, 특히 조선 건국 이전에는 불교에 대한 비판적 태도가 노골적으로 드러나지는 않는 것으로 보인다. 정도전이 나주에 귀양 가 있는 동안 쓴 불교 비판적 글들이 보이기는 하지만, 여전히 불교계 인사들과 자주 교유를 했고 시문을 주고받는다. 권근 역시 고려시대에 지은 글들을 통해서 불교 지식인들과 가깝게 지냈다는 점을 보여 준다. 공민왕 대를 전후로 해서 활동했던 유교 지식인이라면 정도의 차이는 있지만 불교와 유교의 중간 단계에서 비교적 너그러운 시선을 가지고 있었다. 여전히 승려 계층은 당시의 지식인 사회를 구성하는 계층이었으므로 기회가 될 때면 서로 시문을 주고받거나 만나서 담소를 나누며 교유를 이어 나갔다. 정도전이나 권근 역시 다를 바 없었다. 이들의 입장이 선회하게 되는 것은 앞서 언급한 것처럼 위화도 회군(1388)이라는 사건을 전후해서이다. 이 점을 선명하게 보여 주는 사람이 바로 정도전이다.

1391년(공양왕 3), 정도전은 불교 교단에 대한 강력한 비판을 제기한다. 그 이면에는 경제적으로 어려움을 겪고 있는 당시 현실이 자리하고 있었다. 사원경제의 무한 확대와 승려 숫자의 증가는 국가 경제를 흔들었고, 국가 재정이 어려워지자 일부 관료들에게 녹봉을 지급하기 어려운 상황에 이른다. 유학을 기반으로 하는 신진 관료들은 경제 현실의 어려움이 불교 경제 확대에 있다고 보고 이를 개혁함으로써 국가 재정을 튼튼하게 만들려고 했다. 그것이 척불운동으로 발전한다.

이런 상황인데도 공양왕은 연복사탑(演福寺塔)을 중수하려는 엄청난 공사를 감행하였다. 이에 신진 관료들이 강력하게 반발하였는데, 특히 김자수(金子粹)는 여러 방면에서 불교의 문제점을 비판하는 척불소(斥佛疏)를 올려서 공양왕 때의 척불운동에 불을 당긴다. 그는 한유(韓愈)의 논리에 기대면서, 조정의 숭불 행위를 비판한다. 이 상소를 신호탄으로 삼은 듯 여러 사람들의 상소가 도착하여 척불운동을 거세게 일으킨다. 심지어 이런 상소도 있다.

> 신은 원하건대, 전하께서는 하늘의 들음을 돌이키고 마음에서 결단
> 하여 출가한 무리들을 몰아서 본업으로 돌려보내고, 오교와 양종을
> 깨뜨려서 군사로 보충하고, 서울과 지방의 사사(寺社)를 그곳의 관
> 사에 나누어 소속시키되, 노비와 재용 또한 모두 그곳에 소속시키며,
> 무당을 먼 지방으로 내쫓아 서울에 같이 살지 못하게 하고, 집집마다
> 가묘를 설치하여 음사를 근절하게 하여 명분이 없는 비용을 막고 부
> 모의 신(神)을 편안하게 하며, 금령을 엄하게 세워 머리털을 깎는 자
> 는 죽이고 용서하지 말며, 음사를 지내는 자도 죽이고 용서하지 말아
> 야 할 것입니다.[3]

『고려사절요』에 수록되어 있는 김초(金貂)의 상소문 중 일부로,
내용은 단순하다. 사찰의 토지와 노비는 몰수하여 국가에 소속시키
고, 승려로 출가하는 자들은 모두 죽이라는 것이다. 용서 없이 죽여야
한다는 이 과격한 상소문의 내용은 조선의 선비들에게서도 반복해서
나타나는 주장이다. 이러한 사건의 중심에 정도전이 위치해 있다. 정
도전의 척불론 자체가 공리(功利)만을 추구하는 이기적 사유 체계로

---

3 臣願回天聽決宸衷, 驅出家之輩, 還歸本業, 破五教兩宗, 補充軍士, 中外寺社, 分屬所
在官司, 奴婢財用, 亦皆屬焉. 放巫覡於遠地, 不與同京城, 使人人設家廟, 而絶淫祀, 以
塞無名之費, 以安父母之神, 嚴立禁令, 剃髮者, 殺無宥, 淫祀者, 殺無宥. (『高麗史節要』
卷35. 김종서 외, 『고려사절요』, 민족문화추진회 옮김, 신서원, 중판; 1985에서 재인용.)

전락한 불교를 비판함으로써 고려가 당면한 민족적 위기와 사회적 모순, 윤리의 타락 등에 대해 문제 제기를 하는 것이기는 하다.[4] 그러나 그의 주장은 불교가 내세우는 교리 체계를 명확히 이해하는 것을 전제로 하지 않고 불교가 사회적으로 보이는 폐단과 문제점을 중심으로 비판을 하였으므로 논쟁의 심급(審級)을 맞추었다고 하기는 어렵다. 그러나 바로 그 점을 지적한 것 때문에 많은 사람들의 호응을 이끌어 낸 것도 사실이다.

어떻든 정도전이 불교계 인사들과 교유할 때의 기록을 정리해 보면 주로 유배와 방랑으로 세월을 보내던 시절에 주고받은 시문들이 대부분이다. 그의 문집에서는 고려 창왕 이후의 불교계 인사와의 교유가 보이지 않는다. 어찌 보면 후대에 문집을 편찬하는 과정에서 의도적으로 제외시켰을 수도 있겠지만, 그렇게 보기에는 너무도 깔끔하다. 자신의 스승이었던 이색을 포함하여 정몽주, 이숭인 등과의 정치적 입장이 달라지고 인간적 관계가 끊어지면서 승려들과의 교류가 자연스럽게 끊어진 것으로도 볼 수 있을 것이다.[5] 사정이 어떻든 간에 정도전은 이성계와 뜻을 함께하면서 유학자로서의 입장을 명확히 하였고, 그것을 토대로 새로운 나라를 구축하는 데 진력했던 것이다.

정도전에 비해 권근은 불교계와 교유했던 기록이 끊어지지는 않

---

4 한영우, 『정도전사상의 연구』를 참고하여 서술했다.
5 이에 대해서는 이정주, 「여말선초 유학자의 불교관」, 고려대학교 박사학위 논문, 1998, 8~23쪽을 참조하라. 이정주는 문집에 등장하는 승려들의 시문을 모두 정리하여 연대순을 보인 다음, 정도전의 승려 교류가 창왕 시기 이후에는 보이지 않음을 언급하였다.

는다. 그러나 그가 승려들을 상대로 써 준 시문을 살펴보면 대부분 비판적인 입장에서 내용을 구성한다. 그의 집안은 대대로 불교도였으며, 그의 중형(仲兄)은 출가했다는 환경을 생각할 때 정도전처럼 완전히 교류를 단절하기는 어려웠을 것이다.[6] 그러나 성리학에 대한 연구를 통해서 불교의 이론적 근거를 간접적으로 비판하는 역할을 했던 점은 염두에 둘 필요가 있다.

2. 「불씨잡변」의 논리

조선의 기틀을 잡느라 동분서주하던 1398년, 정도전은 1차 왕자의 난으로 불리는 무인난에 연루되어 살해당한다. 그는 건국 초기부터 군사 체제를 정비하면서 새로운 진법을 이용하여 군사력을 강화하는 한편 정권의 실력자들이 가지고 있던 사병(私兵)을 무력화하는 것에 골몰하였다. 그 과정에서 정도전과 이방원의 관계는 악화일로를 걷고 있었다. 우여곡절 끝에 태조 이성계는 이방석을 세자로 삼아 다음 세대를 준비하였는데, 세자를 보필할 중심 인물로 정도전을 지목했다. 훗날 태종이 될 이방원은 세자로 발탁되지 못했던 것이다. 그렇게 되자 정도전의 권력이 무거워질 것을 두려워한 이방원 일파는 정도전 일파가 은밀히 신의왕후(神懿王后) 한씨(韓氏) 소생의 왕자들을 죽이려고 한다는 것을 빌미로 병사들을 동원해서 일거에 숙청을 한다.

---

6 같은 글, 23쪽.

흥미롭게도 정도전은 이 사건으로 죽음을 당하기 얼마 전, 불교를 본격적으로 비판하기 위한 책인 『불씨잡변』을 완성한 뒤 그 책의 서문을 권근에게 부탁을 한 상태였다. 그러나 그 서문이 나오기도 전에 정도전은 비명횡사하였기 때문에 그 책은 세상의 빛을 보기가 어려워졌다. 그 사건이 일어난 뒤에도 정도전의 다른 가족들이 크게 피해를 보지 않았다는 점을 감안할 때 책을 내는 것이 어렵지는 않았겠지만, 그래도 정치권력의 소용돌이 속에서 비명에 죽은 정도전의 책을 낸다는 것은 아무래도 어려웠다. 일반적으로 개인 문집은 해당 인물이 세상을 뜬 뒤에 자식들이나 제자들 혹은 인연이 있는 사람들이 원고를 모아서 출판해 주는 것이었다. 그러나 정도전은 살아생전에 이미 문집의 일부를 출판했던 것으로 보인다. 1385년에서 1387년 사이에 썼을 것으로 보이는 권근의 서문이 남아 있기 때문이다. 또한 조선이 개국한 뒤 그의 아들 정진(鄭津)이 1397년 8월에 『금남잡영』, 『금남잡제』, 『봉사록』(奉使錄) 등을 묶어서 문집을 발간하였다(이 문집을 '홍무초본'洪武初本이라고 한다).[7]

그렇지만 『불씨잡변』은 그 뒤에 집필된 것이기 때문에 정도전 생전에는 빛을 보지 못했던 책이다. 원고조차 전하기 어려운 상황에서 이 저술이 세상에 처음 선을 보인 것은 연산군의 외조부인 윤기견(尹起畎)이 양양의 수령으로 있을 때였다. 그는 1438년(세종 20) 성균관

---

7 한영우, 「삼봉집 해제」, 민족문화추진회 엮음, 『국역 삼봉집 1』, 솔, 중판: 1985, 21쪽. 뒤에서 언급하는 『삼봉집』 판본에 관한 내용 역시 이 글에 의거하여 서술한 것이다.

의 동료였던 한혁(韓奕, 정도전의 족손族孫이라고 함)으로부터 이 원고를 처음 보았는데, 그것을 잘 간직하고 있다가 1465년(세조 2)에 책으로 간행하였다. 이것이 바로 『불씨잡변』의 초간본이다. 이 책은 현재 UCLA 동아시아 도서관(East Asian Library)에 소장되어 전한다. 그 뒤에 『불씨잡변』을 포함한 정도전의 글들이 모두 수습되어 『삼봉집』으로 여러 차례 간행되어 널리 읽히게 된다.[8] 판본 문제를 이렇게 언급해 두는 것은, 함허득통의 『현정론』(顯正論)이 정도전의 『불씨잡변』을 상대로 나온 책이 아니라는 점을 드러내기 위함이다.

『불씨잡변』은 『삼봉집』 권5에 수습되어 있다. 정도전은 여기서 모두 19개 조항으로 주제를 나누어 불교를 조목조목 비판한다. 이 비판이야말로 정도전을 비롯한 신진 유학자들이 불교를 배척하고 유학을 기반으로 하는 새로운 나라를 세워야만 했던 이유였던 것이다. 그가 나눈 19개 조항은 다음과 같다.

① 윤회의 변(佛氏輪廻之辨) ② 인과의 변(佛氏因果之辨) ③ 심성의 변(佛氏心性之辨) ④ 작용이 성이라는 변(佛氏作用是性之辨) ⑤ 심적의 변(佛氏心跡之辨) ⑥ 불교가 도와 기에 어둡다는 것에 관한 변(佛氏昧於道器之辨) ⑦ 인륜을 버리는 것에 대한 변(佛氏毁棄人倫之辨) ⑧ 자비의 변(佛氏慈悲之辨) ⑨ 진짜와 가짜의 변(佛氏眞假之辨) ⑩

---

8 『불씨잡변』과 『삼봉집』의 판본 및 간행 연대, 간행 과정에 대해서는 오용섭, 「佛氏雜辯 초간본의 서지적 연구」에서 자세히 논의되었다.

지옥의 변(佛氏地獄之辨) ⑪ 화복의 변(佛氏禍福之辨) ⑫ 걸식의 변 (佛氏乞食之辨) ⑬ 선교의 변(佛氏禪敎之辨) ⑭ 유가와 불가의 같고 다른 것에 관한 변(儒釋同異之辨) ⑮ 불법이 중국에 들어옴(佛法入中國) ⑯ 불교를 섬겨 재앙을 얻음(事佛得禍) ⑰ 천도를 버리고 불과를 말함(舍天道而談佛果) ⑱ 부처 섬기기를 공손히 하면 할수록 시대는 더욱 단축되었음(事佛甚謹年代尤促) ⑲ 이단을 물리치는 것에 관한 변(闢異端之辨)

각각의 조항은 대부분 불경을 인용하여 불교의 주장을 이야기한 다음, 정자(程子)나 한유와 같은 중국 유학자들의 발언을 인용하여 불교의 주장이 터무니없음을 증명하는 방식으로 되어 있다. 분량은 다양해서, 어떤 것은 짧고 어떤 것은 제법 길다. 19개 조항의 내용이 비록 나뉘어져 있기는 하지만 전체적으로 볼 때 크게 네 가지 내용으로 구분된다.

윤회와 인과응보에 의한 화복의 문제

윤회 및 인과응보를 강조하는 것은 불교의 특징이다. 정도전은 가장 먼저 윤회 문제를 거론한다. 그가 파악하는 불교의 윤회론의 요체는 '사람은 죽어도 정신은 멸하지 않는다'[人死精神不滅]이다. 이에 대해 정도전은 성리학이 말하는 음양론에 의한 혼백 문제로 죽음을 설명하면서 불교의 윤회론이 논리적으로 성립되지 않는다고 주장한다. 세상 만물들 각각은 자신만의 특성을 겉으로 드러내서 차이를 만들어 내지만, 그 내부에는 공통적으로 가지는 기본 요소가 있다는 것이다. 예를 들면 나무는 겉으로 보면 다른 것과 구별되는 나무만의 특징을 가지고 있어서 돌이나 물, 불 등과 구별이 되는 것처럼 보이지만, 그 내부에는 불이 들어 있기 때문에 나무와 나무를 서로 비비면 불이 발생하게 된다는 것이다. 이는 마치 인간의 정신 안에 있는 백(魄) 가운데에 혼(魂)이 있어서 백을 따뜻하게 하면 혼이 되는 것과 같은 이치라고 하였다. 혼과 백이 서로 결합되어 있을 때에는 인간의 생명이 활동하지만, 사람이 죽으면 혼은 하늘로 올라가고 백은 땅으로 내려간다. 이는 마치 나무에 불이 붙어서 타오르다가 불이 꺼지면 연기는 하늘로 올라가고 재는 떨어져 땅으로 내려가는 것과 같은 이치다. 연기와 재를 다시 합쳐서 불이 붙은 나무를 만들어 낼 수 없듯이, 이미 사라진 혼과 백을 합쳐서 사람의 생명을 되살릴 수 없다. 이치가 이렇게 명백한데 불교는 사람이 죽은 뒤에도 정신이 남아서 다시 새로운 생명으로 태어난다고 하니 허황되다고 했다(「윤회의 변」, 『불씨잡변』).

윤회의 바탕에는 인과응보의 논리가 깔려 있다. 원인이 있으면 그에 상응하는 결과가 나타난다는 것이 주장의 요지다. 복잡한 불교 교학을 따지고 들어가면 이해하기 어려운 깊이까지 들어갈 수 있지만, 일반적으로 사람들이 윤회와 인과응보를 연결하는 것은 이승에서의 삶이란 무한한 중생계(衆生界) 안에서는 찰나와도 같은 순간에 불과하다는 것을 염두에 둔 논리다. 내 삶을 넘어서는 또 다른 세계가 무수히 존재하고, 이승에서의 삶이 하나의 원인이 되어 내생에서 다른 세계의 삶을 살아가게 되는 결과를 낳는 것, 이것이 바로 윤회와 인과응보를 연결하는 논리적 끈이다. 이승에서 착하게 살아야 하는 이유는 윤리적으로 혹은 정치적·사회적으로 다양하게 설명될 수 있겠지만, 그런 것을 차치하고 쉽게 설명할 수 있는 것은 바로 이승에서의 삶에 대한 보답으로 다음 생에서의 삶이 주어진다는 논리이다. 힘들게 한세상 살아가는 필부들에게 그 이상의 희망이 어디 있겠는가. 너무 암담하고 아득하여 어디로 가야 할지 모르는 절망에 찬 백성들에게 이승에서의 고난이 모든 것의 끝이 아니라는 것, 이 고난이 내생에서의 행복을 보장해 준다는 논리는 험한 세상을 살아가는 데 큰 힘이 아닐 수 없었다. 어찌 그들만 그렇겠는가. 부귀영화를 누리는 사람에게도 이 논리는 그대로 적용된다. 내가 가진 권력을 이승에서뿐만 아니라 내생에서도 여전히 누리고 싶은 것은 인지상정이다. 그러기 위해서 그들은 눈에 보이는 세계 저편 어딘가에 있을 절대자를 찾아 방황한다. 신령스럽다고 소문난 곳을 찾아 치성을 올리거나 부처님 전에 막대한 공양을 올림으로써 이승에서의 부귀영화가 내생까지 연결될 수 있기를 간절히 바란다. 그래서 막대한 돈과 재물을 절에 시주하고, 고승들의 기도와 축원에 의지하여 그 부귀가 이승과 내생에 이어지기를 소망한다. 그러니 윤회와 인과응보의 논리는 부자든 가난한 자든, 권력을 누리는 자든 천민이든, 누구나 자기 방식대로 활용하여 마음의 안정을 얻는다.

이러한 논리에 대해 정도전은 환자와 의사의 관계로 문제점을 지적한다. 의사가 병을 진찰할 때 오행이 서로 감응하는 것을 근본으로 하여 치료 방법을 추구한다. 오행으로 병의 원인이 밝혀지면 그에 따라 약을 쓰게 되고, 약재의 성질과 병이 근거하는 오행이 서로 잘 부합되도록 조제를 한다. 사람과 만물은 음양오행의 기를 얻어서 태어났기 때문에 이렇게 하는 것이 당연하다는 것이다. 그런데 불교의 인과응보설에 의해 설명한다면, 병이 난 것은 오행과 관계없이 각각의 원인을 가지고 있는 것이어서 그와 같은 병으로 결과가 나타나는 것은 당연한 일이 된다. 인과응보설이 맞다면 왜 불교는 사람의 병을 인과응보설에 맞추어 치료하지 않느냐는 것이다(「인과의 변」, 『불씨잡변』).

정도전의 논지 전개가 마음에 썩 와 닿는 것은 아니다. 그것은 불교의 주요 논리를 표면적인 차원에서 해석하여 이용하고 있기 때문이리라. 지나친 단장취의(斷章取義)라서 불교 논리의 맥락에서 벗어나는 경우가 꽤 있다. 그러나 정도전은 아주 기본적이고 일상적인 예를 제시하면서, 사소한 인간의 문제를 해결하지 못한다면 불교의 논리는 문제가 있다고 생각한 것이다. 지옥의 문제, 화복(禍福)의 문제도 마찬가지 이치다. 이 논리가 비록 백성들을 쉽게 착한 길로 인도하려고 만들어 낸 가상의 것이라 해도, 진정한 진리에 의해 백성들을 교화하지 않는다면 그것도 문제라고 하였다. 이는 유교의 가르침이야말로 천하 유일의 진리라는 확고한 믿음에서 나온 정도전의 생각이라 하겠다.

윤리의 문제

불교를 무부무군(無父無君)의 종교라고 비난하는 말은 조선의 선비들에게는 거의 관용어나 다름없었다. 속세의 모든 인연을 끊고 출가하는 순간 그들은 부모 자식 간의 관계를 거부하는 것이었다. 게다가 임금의 권력을 아래로 보면서 방외(方外)에 유유자적 수행을 한다. 부모도 거부하고 권력도 우습게 보는 불교는 유교가 지향하는 사회적 규범에 정면으로 위배되는 것이었다. 정도전은 「인륜을 버리는 것에 대한 변」에서 정명도(程明道)의 말을 인용하여 불교의 윤리적 태도를 비판한다. 아쉽게도 분량도 짧고 정명도의 말을 인용하기만 해서 정도전의 생각이 어떤지 알 수 없기는 하지만, 불교에 대한 윤리적 비판 의식을 가지고 있었던 점을 분명히 확인할 수 있다.

사회적 규범을 지키지 않는 것에 대한 비판은 다른 조항에서 잘 나타난다. 그는 「자비의 변」에서 부모와 자식 사이는 같은 기(氣)를 가지고 있다고 하면서 그들이 서로 인애(仁愛)하는 것은 당연한 이치라고 하였다. 사람이나 사물들 사이에 서로 비슷한 성향을 가지는 것은 기를 공유하는 부분이 많기 때문인데, 공유하는 정도에 따라 친애의 등급도 구분될 수 있는 것으로 보았다. 그런데 불교는 승냥이와 호랑이 같은 표독한 것부터 모기와 같이 하찮은 미물에 이르기까지 모두 사랑하고, 모르는 사람이라도 추위에 떠는 모습을 보면 자기 옷을 벗어 주는 짓을 하면서, 왜 부모와의 관계는 끊느냐며 비판한다. 부모를 인애하지 못하는 자가 다른 사람, 다른 짐승들을 인애할 수 있다는 것은 논리적으로 문제가 있다는 것이다.

본말과 선후를 중시하는 유교의 입장에서 볼 때, 불교의 윤리적 태도는 본말선후를 잃어버린 셈이다. 사실 이 문제는 불교가 하나의 종교로 기능하기 위해 넘어야 할 문제이기도 했다. 불교계 쪽에서도 사회적 규범과 어긋나는 부분에 대한 고민을 언제나 가지고 있었다.

출가 행위가 속세의 삶을 일정 정도는 벗어나는 것이었으므로, 사람들이 어울려 살아가며 만들어 내는 예법과 제도를 어떻게 처리할 것인가 하는 고민은 늘 있었다. 더욱이 출가인들의 현실적 삶은 세속의 경제적 후원에 기대 있기 때문에 일방적으로 그들을 거부하거나 부정하는 것은 애초에 불가능한 시스템을 가지고 있었다. 조선의 유학자들이 불교를 비판하면서 관용적으로 '임금도 없고 부모도 없는 자들'이라는 표현을 쓰는 것은 가족과 국가의 기반이 되는 윤리적인 문제가 그만큼 불교의 약한 고리로 작동했기 때문이었을 것이다.

부모 자식 간의 자애(慈愛)나 임금과 신하 사이의 충의(忠義), 부부간의 애정(愛情), 친구 간의 신의(信義) 등이 사회를 구성하는 가장 기본적인 덕목이지만, 불교의 입장에서 보면 수많은 명목으로 얽힌 번뇌일 뿐이었다. 인간이라면 누구도 쉽게 버리지 못할 저 애증의 그물을 끊어야 불교가 말하는 진리의 경계로 조금씩 다가갈 수 있다. 그렇게 보면 유교와 불교는 서로 반대 방향을 향해 달리는 기차와 같지 않은가. 그런데 불교가 사회적으로 막강한 권력을 가지고 세속 권력을 지도할 때에는 문제가 크게 불거지지 않지만, 불교의 종교 권력이 약화되고 심지어 조선시대처럼 배척을 받는 시대가 되면 그것은 불교계가 유지되기 위한 핵심 요소를 해체시키는 위험한 요소로 부상한다. 정도전은 바로 이런 점을 지적하고 있다. 도대체 인간으로서의 가장 기본적인 덕목도 지키지 못하는 인간들이 세상의 온갖 미물들을 사랑해야 한다고 말하는 것은 정말 뻔뻔한 일이 아니냐며 비판하는 것이다.

불교계가 그 정도의 물음과 비판에 답변을 못하는 것은 아니다. 그것은 정도전이 불교의 논리를 제대로 이해하지 못했기 때문에 제기되는 것이기 때문이다. 그렇지만 앞서 언급한 것처럼, 유교는 인간과 인간 사이의 덕목이 세계의 윤리를 구성하는 출발점이라고 여기는 입장이기 때문에 당연히 친애(親愛)의 농도에 따라 등급을 매길 수 있다고 생각하고 있었다. 부모와 나 사이의 애정이 어찌 동네 어른과 나 사이의 애정의 농도와 같을 것이며, 우리 집 강아지와 나 사이의 애정의 농도와 같을 것이며, 파리와 나 사이의 애정의 농도와 같을 것인가. 그런 사이의 구분을 하지 못한다면 사회는 정합적으로 구성되어 운용되는 것이 불가능하다. 우주에 존재하는 모든 유정(有情)들의 무게는 똑같다는 불교의 입장에서 보면 유교가 주장하듯 생명 사이의 등급이 말도 안 되는 것이지만, 유교 입장에서 생각해 보면 반대의 이치로 불교가 말이 안 되는 것이다. 도저히 합의가 불가능한 두 개의 논리가 힘겨루기를 하는 셈이다. 정도전이 불교를 제대로 이해하지 못하고 문제를 제기했다고 하기 전에 우리는 유교의 출발점에 입각해서 조선을 구성하려는 그의 노력을 기억해 둘 필요가 있다.

교리상의 문제

정도전의 불교 비판 중에서 가장 부실한 것은 역시 교리를 논파하는 부분이다. 불교에 대한 해박한 공부와 수행이 전제되어야 함은 물론이거니와 유교에 대한 깊이 있는 공부가 동반되어야 하기 때문이다. 그렇지만 정도전은 단양 출신의 한미한 지방 유학자 출신이었고, 불교에 대한 공부를 깊이 접할 기회가 없었다. 그렇지만 당시의 지식인이라면 일반적으로 불교에 대한 기본적인 소양을 가지고 있었으므로 비판의 출발점을 마련하는 것은 어렵지 않았다.

『불씨잡변』에서 문제로 삼은 불교 교리는 심(心), 성(性), 기(氣), 리(理) 등의 개념에 관한 것이었다. 정도전은 불교가 사람의 마음을 깊이 있게 탐구한 것 같지만 사실은 그 개념을 완전히 잘못 이해하고 있다고 하였다. 그는 『대학』이나 『중용』의 기본 논점에 근거하여 이렇게 말한다. "마음[心]이라는 것은 사람이 하늘에서 얻어 가지고 태어난 기(氣)로서, 허령(虛靈)하여 어둡지 않아 한 몸의 주인이 되는 것이요, 성(性)이라는 것은 사람이 하늘에서 얻어 가지고 태어난 리(理)로서, 순수하고 지극히 착하여 한 마음에 갖추어져 있는 것이다." "마음이라는 것은 신명(神明)의 집[舍]이요, 성(性)은 그 갖추어진 바의 이치[理]다"(「심성의 변」, 『불씨잡변』).

그는 심을 기와, 성을 리와 연결시킴으로써 겉으로 드러나는 부분과 그 이면에 존재하는 이치의 측면을 분리시킨다. 물론 널리 알려진 발언인 "마음은 정(情)과 성(性)을 모두 통합한 것"이라는 말도 덧붙인다. 그러나 이런 발언을 인용한 것은 전반적으로 마음의 두 측면, 이치와 작용을 구분하면서도 그것들이 하나로 연결되어 떼려야 뗄 수 없다는 점을 드러내려는 것이었다. 어떻든 정도전의 성리학 체계 안에서의 심(心)은 인간의 모든 것을 주재하는 허령불매(虛靈不昧)한 작용자이거, 그 안에서 모든 이치를 갖추고 있는 것을 성(性)이라 하고, 그것이 외부의 것과 상응하여 만물에 응대하는 것을 통틀어 정(情)이라고 할 수 있다. 이 정도라면 성리학의 기본적인 개념을 잘 정리한 셈이며, 그의 학문적 수준 역시 소박한 교양 수준은 애초에 넘어선 것이었다.

이런 점을 전제로 정도전은 불교의 성(性) 개념을 비판한다. "마음 밖에 부처[佛]가 없으며 성(性) 밖에 법(法)이 없다"라는 보조지눌(普照知訥)의 말을 인용하면서, 이 같은 말은 '불'과 '법'을 나누는 불교식 논법이라고 했다. 또한 "마음을 관(觀)하면 성(性)을 보나니 마음이 곧 성이다"라는 발언을 들면서, 하나의 마음을 가지고 또 다른 하나의 마음을 본다는 말이기 때문에 결국 불교는 마음이 두 개라고 주장하는 것과 같다고 했다. 그것은 '심통성정'(心統性情)이라는 유교의 입장에서 보면 당연히 말이 안 된다. 그렇지만 불교에서의 성 개념을 단순히 인간의 마음을 구성하는 한 부분으로 파악한 것에서 그의 논의가 어긋나기 시작한다. 말하자면 정도전의 지식 체계 안에서 불교의 성 개념은 그릇된 것이었으므로 비판의 논점 역시 어긋난 것이다.[9]

---

9 정도전이 불교의 의미를 잘못 파악하거나 단장취의하는 바람에 불교가 왜곡되어 해석되었고, 그것을 바탕으로 불교 비판이 이루어졌기 때문에 『불씨잡변』의 비판 중에 교리와 관련된 내용은 상당 부분 근거가 없다는 것은 이전의 연구에서 많이 지적되어 왔다. 다만 여기서는 정도전이 불교를 비판함으로써 유교 논리의 정합성을 보여 주었고 그를 통해서 조선 건국의 이념적 방향을 드러내려 했다는 점 때문에, 그의 비판 역시 무시할 수만은 없다는 점을 지적해 두고자 한다. 정도전의 불교 비판에 관한 문제에 대해서는 송창한, 「정도전의 척불론에 대하여」, 『대구사학』 제15·16집, 대구사학회, 1978; 김용옥, 『삼봉 정도전의 건국철학』, 통나무, 2004; 윤사순, 「삼봉 척불설의 철학적 함의」, 『성리학자 정도전의 국제적 위상』, 경세원, 2008을 참조하라. 이와 함께 정도전의 성리학 이해에 대해서는 안재호, 「불씨잡변에 드러난 정도전의 불교비판 분석: 주자학에 대한 이해를 기초로」, 『동서철학연구』 제53호, 한국동서철학회, 2009를 참조하라.

불교의 교리에 대한 비판은 『불씨잡변』의 항목으로 구체화된 것은 별로 없지만, 어느 항목에서나 단편적으로 논의되고 있다. 그러나 정도전이 목표로 하고 있는 불교 비판의 가장 밑바탕에서는 불교를 '이단'으로 규정하고 있다는 점을 염두에 두어야 한다. 즉 그의 논리 속에서는 불교를 포용할 공간도 없었고 그럴 마음도 전혀 없었다. 불교는 오직 배척되어 마땅한 것이었다. 특히 논리적 정합성을 정교하게 추구하는 유교는 자신들이 구축한 논리의 범주에서 조금이라도 벗어나는 순간 모든 것을 이단으로 지목해 왔다. 정도전이 『불씨잡변』에서 되도록 논리적으로 불교를 비판하는 한편 그들의 현실적 문제점을 함께 지적한 것은, 불교의 이단적 성격을 명확하게 드러내려 했다는 점과 관련이 있어 보인다. 강한 폐쇄적 배타성으로 동아시아 지식인들의 사유를 지배해 온 유교는 이처럼 강한 어조로 불교에 대해 문제제기를 하고 있었다.

이단으로 인한 사회적 폐해의 문제

윤리 문제와 함께 조선의 유학자들이 불교에 대해 가장 자주 비판의 화살을 돌리는 것은 불교가 사회적으로 폐를 끼친다는 점이었다. 앞서 언급한 것처럼, 정도전을 비롯한 유학자들이 불교를 '이단'이라는 이름으로 지목했던 것은 교리가 잘못 구성되어 있다고 생각했기 때문이다. 고리가 어긋나니 그들이 하는 행동에 문제가 있고, 행동에 문제가 있으니 그들이 만들어 나가는 사회적 태도에 잘못이 생기고, 그렇게 되니 자연스럽게 다른 사람들에게 폐를 끼치며 사회악이 된다는 것이다. 따라서 조선의 유학자들은 공부를 하는 중요한 이유 중의 하나로 이단을 물리치는 것을 들기도 했다.

정도전 역시 이단으로서의 불교를 어떻게 물리칠까를 고민했던 인물이다. 이단을 물리치겠다는 확고한 의지를 보이는 그의 발언은 자못 비장하기까지 하다.

> 내 어둡고 용렬하면서도 힘이 부족함을 알지 못하고 이단을 물리치는 것을 나의 임무로 삼은 것은, 앞서 열거한 여섯 성인과 한 현인의 마음을 계승하고자 함이 아니라, 세상 사람들이 이단의 설에 미혹되어 빠져서 사람의 도가 없어지는 데 이를까 두려워하는 까닭이다. 아아! 난신(亂臣) 적자(賊子)는 사람마다 잡아 죽일 수 있으니 반드시 사사(士師, 형벌을 다스리는 관리)를 기다릴 필요가 없는 것이며, 사특한 말이 횡행하여 사람의 마음을 무너뜨리면 사람마다 물리칠 수 있으니 반드시 성현을 기다릴 필요가 없는 것이다. 이것은 내가 여러 사람에게 바라는 바이며 아울러 내 스스로 힘쓰는 것이다. (「이단을 물리치는 것에 관한 변」)[10]

이 글은 『불씨잡변』의 마지막 항목 중에서도 마지막 부분이다. 내

---

10 以予惛庸, 不知力之不足, 而以闢異端爲己任者, 非欲上繼六聖一賢之心也, 懼世之人惑於其說, 而淪胥以陷, 人之道至於滅矣. 嗚呼! 亂臣賊子, 人人得而誅之, 不必士師, 邪說橫流, 壞人心術, 人人得而闢之, 不必聖賢. 此予之所以望於諸公, 而因以自勉焉者也. (「闢異端之辨」, 『佛氏雜辨』)

용으로 보아 전체 글의 결론쯤에 해당한다. 여기서 서술하고 있는 정도전의 어조는 이단으로서의 불교를 물리치려는 확고한 의지를 함축하고 있다. 자기의 능력이 부족하다 할지라도, 유교가 지향하는 도리를 왜곡하고 사람들의 마음을 무너뜨리는 불교를 누구나 자기 힘이 닿는 만큼 싸워서 없애자는 것이 글의 요지다. 반드시 성현을 기다려 그가 물리쳐 주기를 바라지 말고, 모든 유학자들이 자기의 능력과 범위 안에서 이단으로서의 불교를 물리치는 전선에서 열심히 싸우자는 독려의 글이면서 동시에 자기 자신에 대한 강한 다짐이다.

그런데 왜 불교가 지목되었을까. 양자(楊子)나 묵자(墨子) 등도 이단으로서 배척해야 마땅하지만, 불교의 글이야말로 가장 진짜처럼 보이기 때문에 사람들이 쉽게 미혹된다는 것이다. 사람들이 진짜인 줄 알고 쉽게 속아 넘어가도록 불교의 논리가 정교하다는 뜻이다. 그러한 이단이 사악한 논의를 펴서 사회를 휩쓸게 되면 인간의 이성으로는 도저히 해명할 수 없는 일들이 일어난다는 것이 정도전의 생각이다. 그는 역사에서 그러한 사례를 들어 이렇게 설명한다.

불교는 인간의 사정(邪正)이나 시비(是非)는 논하지 않고 누구든지 부처만 믿으면 재앙을 피하고 복을 받을 수 있다고 주장한다. 이런 식의 논리 때문에 사람들은 온갖 죄를 저지르고도 부처 앞에 가서 자기 죄를 빌면 용서를 받을 수 있다고 생각한다. 그렇게 되면 세상에 무수한 악행들은 무한 반복될 것이며, 아무런 부끄러움이나 죄의식 없이 나쁜 짓을 자행하리라는 것이다. 사회를 유지하기 위해서는 사람마다 공적인 도리를 지켜야 하는데, 모두 자기의 이익과 평안만을 위해 사심(私心)을 앞세운다면 어떻게 우리 사회가 평화롭게 유지될 수 있겠는가. 이런 식으로 생각하다 보니 역사상 수많은 황제들이 불교에 빠져서 백성들을 도탄에 빠뜨리고, 심지어 나라를 망하게 만들었다는 것이다.

정도전은 부처를 깊이 믿는 황제가 다스렸던 시대 치고 번성했던 시대가 없었을 뿐 아니라 오히려 왕조의 운명도 급격히 쇠락했노라고 하였다. 『불씨잡변』에서 가장 자주 변주되는 논리가 바로 이것이다. 조선이라는 새로운 나라를 건설한 주체 세력으로서, 정도전은 이 나라의 무궁함을 꿈꾸었을 것이다. 그런데 불교를 믿고 그것 때문에 왕조의 운명이 쇠약해진다면 얼마나 가슴 아픈 일이겠는가. 따라서 불교를 철저히 배척함으로써 왕조의 건강함을 빌고자 했던 것이다. 불교의 성행과 국운의 상승은 반비례 관계에 있다는 논리는 『불씨잡변』 중에 「화복의 변」, 「불법이 중국에 들어옴」, 「불교를 섬겨 재앙을 얻음」, 「천도를 버리고 불과를 말함」, 「부처 섬기기를 공손히 하면 할수록 시대는 더욱 단축되었음」 등의 조항에서 두루 발견된다. 그만큼 정도전의 뇌리에는 불교가 나라를 쇠약하게 하는 위험한 사상이며 이단이라는 생각이 박혀 있었던 것이다. 그것은 고려 말기를 온몸으로 겪었던 그의 경험에서 비롯된 것이었다.

현실 속에서 불교가 사회에 끼치는 해악으로 정도전은 몇 가지 사례를 거론한다. 걸식, 무위도식 등의 문제가 그것이다. 즉 불교가 경제적으로 사회에 어떤 기여도 하지 않는 것을 비판하는 것이다. 사지육신 멀쩡한 사람들이라면 당연히 노동을 통해서 무엇인가를 생산해야 한다. 그런데 수행을 한답시고 절에 틀어박혀서 어슬렁거리기나 하고 다른 사람에게 얻어먹기만 하니, 이는 다른 사람이 가져야 할 노동의 대가를 훔치는 것이나 다름없다. 게다가 가난하게 살아야 할 수행자의 처지에 화려한 옷과 맛있는 음식을 공양받아서 보통의 백성들보다 훨씬 화려하고 멋지게 살아가니, 이는 사회에 해악을 끼치는 짓이라고 하였다. 이런 문제를 정도전은 이렇게 말한다.

> 불씨는 처음부터 걸식(乞食)하여 먹고살 뿐이었다. 군자(君子)는 이것을 의(義)로써 책망하여 조금도 용납함이 없었다. 그런데 오늘날에는 저들이 화려한 전당(殿堂)과 큰 집에 사치스러운 옷과 좋은 음식으로 편안히 앉아서 누리기를 왕자(王者) 받듦같이 하고, 넓은 토지와 많은 노복을 두고 문서는 구름처럼 쌓여 공문서보다 많고 바삐 오가면서 공급하기는 공무(公務)보다도 엄준하니, 불도(佛道)에서 말하는 것과 같이 번뇌를 끊고 세간을 떠나 청정(淸淨)하고 욕심 없이 한다는 것은 도대체 어디 있단 말인가? 가만히 앉아서 옷과 음식을 소비하기만 할 뿐 아니라, 좋은 불사(佛事)라고 거짓으로 핑계를 대서 갖가지 공양에 음식이 낭자하고 비단을 찢어 불전(佛殿)을 장엄하게 꾸미니, 대개 평민 열 집의 재산을 하루아침에 써 버린다. 아아! 의리를 저버려 이미 인륜을 해치는 해충이 되었고, 하늘이 내어주신 물건을 함부로 쓰고 아까운 줄을 모르니, 이는 실로 천지에 큰 좀벌레로다. (「걸식의 변」)[11]

당시 불교계의 처지가 요즘과 별로 달라진 것 없어 보인다. 청정하게 살아가는 척은 혼자 다 해놓고 정작 그들 자신은 화려한 전각에서 편안히 지낸다. 허드렛일은 종들이 모두 처리하며, 재산 규모는 상상 초월이다. 절에 딸린 식구는 물론 절 밖에서 찾아오는 신도들도 승려들을 하늘처럼 떠받든다. 세상에 등 따뜻하고 배부른 사람치고 변변히 공부하는 사람 없다고 했다. 자기 몸을 조복(調伏)시켜 인간의 욕망을 철저히 살펴야 할 수행자가 세속 사람들보다 더 사치스럽게 살아가니, 수행에는 게을러지고 세속의 욕망을 추구하는 데에는 눈치가 빠르다. 세상에 이런 좀벌레가 어디 있단 말인가.

정도전의 눈에 비친 당시의 불교는 천하에 쓸모없는 한량들이 모여서 남의 돈으로 사치를 부리는 곳이었다. 추악한 욕망이 청정한 탈을 쓰고 백성과 나라의 경제를 좀먹고 있는 곳이었다. 고려 후기 불교 교단이 막대한 경제력과 엄청난 정치권력을 잡고 있었음을 감안하면 정도전이 말하는 맥락을 짐작할 만하다. 그러한 현실을 목도한 경험이 『불씨잡변』의 날카로운 비판으로 서술되었던 것이다.

『불씨잡변』의 사례에서 볼 수 있듯이, 조선 전기의 유학자들이 비판했던 불교의 문제점들은 인간으로서의 기본적인 성정을 무시하면

---

11 佛氏其初, 不過乞食而食之耳. 君子尙且以義責之, 無小容焉. 今也華堂重屋, 豐衣厚食, 安坐而享之, 如王者之奉. 廣置田園藏獲, 文簿雲委, 過於公卷, 奔走供給, 峻於公務. 其道所謂斷煩惱出世間, 淸淨寡欲者, 顧安在哉? 不惟坐費衣食而已, 假托好事, 種種供養, 饌食狼藉, 壞裂綵帛, 莊嚴幢幡, 蓋平民十家之産, 一朝而費之. 噫! 廢棄義理, 旣爲人倫之蟊賊, 而暴殄天物, 實乃天地之巨蠹也. (「佛氏乞食之辨」, 『佛氏雜辨』)

서 사회의 질서를 어지럽힌다는 점, 승려를 포함한 불교계가 청정과
욕(淸淨寡欲)을 내세우면서도 실상은 욕망에 끄달려서 사치와 향락을
일삼는다는 점 등으로 요약된다. 그러나 가장 큰 문제는 역시 유교가
내세우는 진리를 거부하고 전혀 다른 주장을 한다는 점이었다. 때문
에 이단으로 지목하여 철저하게 제거하려는 척불론을 내놓았다고 하
겠다

2장 | 불교가 살아남는 방법

1. 논쟁에 소극적인 불교

조선이 건국되자마자 정도전에 의해 본격적인 불교 비판이 시작되면서, 불교계에서도 그에 대한 대응책을 마련한다. 그러나 고려의 불교를 이끌던 고승들은 열반에 들었고, 시대의 거센 압력에 맞설 만한 후속 세대는 아직 모습을 드러내지 못했다. 더욱이 유교의 나라 조선은 이단을 배척하는 것을 자신의 이념적 행보로 삼았으므로 불교계는 잔뜩 긴장하고 있었다. 이성계를 도와 조선의 건국에 기여한 무학자초가 있었으나 유학자들의 강한 견제와 비판 때문에 자기 역할을 온전히 할 수 없었다.

우리 역사에서 유교와 불교는 동일한 역할을 한 적도 없었고 할 수도 없었다. 자기 수양에서 출발하여 백성을 다스리는 통치자의 학문이 유교라면, 수행을 통해 중생을 제도하지만 중생 제도의 목적이 깨달음에 있는 것이 불교였다. 현실에서 당면하는 수많은 문제들에 관심을 가지는 것은 유교와 불교가 마찬가지였지만, 그것에 대응하여 도달하고자 하는 지점은 전혀 달랐다. 따라서 불교가 이 땅에 들어온 이래 둘 사이의 역할은 언제나 달랐거나 상호보완적이었다. 불교를 국교로 삼았던 고려에서도 여전히 현실 정치는 유교적 사유에 상당 부분 의존하고 있었던 것을 보면, 이 둘의 관계 역시 배치되는 것만은 아니었음을 알 수 있다.

앞서 언급한 것처럼, 문제는 유교가 가지고 있었던 폐쇄적 정합성에서 비롯한다. 유교는 자신의 논리와 다른 것이면 무엇이든 이단으로 지목하여 철저히 배격하였다. 심지어 유교 내부에서도 공맹(孔孟)과 주희(朱熹)의 논리에서 벗어나는 해석이 등장하면 어김없이 사문난적(斯文亂賊)으로 몰아서 제거하곤 했다. 해석상에 있어서 넓고 깊은 포용력을 가진 불교는 유교의 어떤 논의라도 받아넘길 수 있었지만, 유교는 그런 점이 어려웠다. 고려가 불교 위주의 사회였을 때는 문제가 불거지지 않았지만, 유교가 사회적·정치적 권력을 잡자 불교를 향해 이념적 권력을 행사하기 시작했다.

그럼에도 불구하고 불교계는 유교의 비판과 공격을 넘어서려는 노력을 쉽게 보이지 않았다. 물론 유학자들의 제도적·정치적 탄압에 대하여 상소문을 통해 억울함을 호소하려 했던 조선 초기의 고승들이 없었던 것은 아니다. 그러나 그 하소연은 묵살되기 일쑤였고, 그들 중 여러 사람은 참혹한 말년을 맞기도 했다. 불교가 본격적으로 탄압을 받기 시작하던 태종 시기부터 많은 승려들의 상소가 올라갔지만, 그에 대한 정당한 처리는 거의 없었다. 이들이 호소하는 내용은 주로 승려들과 사찰에 부과되는 요역(徭役)이나 세금이 너무 많으니 줄여 달라는 것, 국가 관련 사찰의 보수를 도와 달라는 것, 승려들의 부정부패를 엄금해 달라는 것 등이었다. 이 중에서 부정부패 문제를 제외하면 대부분은 사찰과 승려들의 현실적 어려움을 해소하려는 것이었는데, 그 또한 척불정책에서 비롯하는 것들이 많았다. 특히 태종 때 조계사의 승려였던 성민(省敏)은 여러 스님들을 데리고 궁궐 앞으로 가서 불교계 탄압 시책을 중단해 달라고 신문고를 쳐서 호소하기까지 했다.[1]

이 같은 태도는 불교계가 탄압받고 있는 현실을 타개하기 위한 적극적인 노력의 일환이기는 했지만, 문제는 '이단으로서의 불교'라는 인식이 사라지지 않는 한 꾸준히 반복될 수밖에 없는 것이었다. 더 큰 문제는 불교 교리 비판에 대한 적극적인 대응이었다. 이미 고려 후기부터 시작된 신흥사대부들의 단편적인 불교 비판의 성과가 상당히 쌓여 있었고, 그들의 논리는 유교 지식인들 사이에서 상당한 호응을 받거나 잘 알려져 있었다. 그런 상황에서 조선이 건국되자 척불론은 일종의 국론처럼 되었고, 너도나도 불교의 문제점을 비판하기 시작했다. 그들의 비판이 대부분 근거가 없거나 오해에서 비롯한 것일지라도, 반복되는 논리는 사람들을 세뇌시키기에 충분했다.

불교는 마땅히 새로운 논의를 통해 자신의 입장을 밝혀야만 했다. 그러나 그런 작업을 할 수 있는 인력이 많지 않았다. 많은 승려들

---

1 황인규, 「불교계 고승의 상소와 대응」, 『조선시대 불교계 고승과 비구니』, 80~81쪽을 참조하라.

은 현실적 탄압을 어떻게 이겨 낼 것인가에 골몰하고 있었고, 또 많은 승려들은 현실의 압력에 굴복하여 불교계를 떠나 세상 속으로 돌아갔다. 그러나 『불씨잡변』으로 대표되는 조선 유학자들의 불교 비판이 그 강도를 더해 갈 때 불교에서도 자기 목소리를 담은 불교의 입장을 저술로 나타냈다. 그것이 바로 함허득통의 『현정론』과 작자 미상의 『유석질의론』(儒釋質疑論)이다.

2. 함허득통의 반격

기화 함허득통(1376~1433)은 충주 사람으로 속성(俗姓)은 유씨(劉氏)다. 1396년 관악산 의상암에서 출가하여 처음으로 얻은 법명은 수이(守伊), 첫 법호는 무준(無準)이었으나, 후에 강원도 오대산 영감암(靈鑑庵)에서 수행할 때 나옹(懶翁)의 진영에 제사한 뒤 꿈에 나타난 신승(神僧)이 알려 준 것을 따라 법명을 기화, 호를 득통으로 바꾸었다.[2] 함허는 그의 당호(堂號)이다. 무학자초의 법을 이었으며, 저서로는 『함허화상어록』(涵虛和尚語錄), 『금강경오가해설의』(金剛經五家解說誼), 『현정론』 등이 있다.

불교는 청정과욕을 지향하는데도 어째서 세속의 부귀영화에 이끌리게 되었을까. 그것은 불교의 논리가 세간과 출세간의 구분 자체

---

2 함허의 법명을 기화(己和)가 아니라 '이화'(已和)로 읽어야 한다는 주장이 있으나, 여기서는 관례에 따라 '기화'로 읽고 표기하기로 한다. 이화로 읽어야 한다는 주장에 대해서는 이종찬, 「함허의 문학세계」, 『한국불가 시문학사론』, 불광출판부, 1993, 228쪽을 참조하라.

를 무화시키는 부분을 가지고 있기 때문이다. 이 점은 이미 정도전에 의해서 제기된 바 있다. 그는 『불씨잡변』에서 '불교가 사물이 스스로 하는 것에 따르기만 하고 그 시비를 가려서 처리하지 못하기 때문'이라고 한 바 있다. 요컨대 자기가 중요하게 생각하는 청정과욕을 앞세우다 보니 자기 밖의 세계가 어떤 모습으로 다가와도 흔들림이 없이 살아가는 것이 중요하다고 여기게 된다는 것이다. 즉 세속의 시비에 관계없이 청정과욕의 기준만을 내세우면서 자신의 마음만을 믿는 것이다. 불교계가 의도하지는 않았겠지만, 그렇게 되는 순간 세속의 온갖 욕망 역시 청정한 것으로 치부된다. 참 이상한 논리다. 이것은 정도전이 지적한 것처럼, 선불교가 내세우는 '불립문자'(不立文字)와 '언어도단'(言語道斷) 논리에 그 책임이 있다. 깨달은 사람의 눈으로 보면 출세간은 물론이고 세간조차도 텅 비어 있는 것이므로, 그것 자체로 인정하고 깨달음의 계기로 삼아야 한다. 문제는 '깨달음'이라는 전제다. 깨달은 사람이 내세우는 언어적 논리는 철저히 깨달음의 경계에서만 이해될 수 있는 것인데, 깨닫지 못한 대부분의 중생이 그 말이나 논리를 듣는 순간, 해석하는 수준이나 현실에 적용하는 방식은 완전히 달라지게 된다. 예컨대 '평상심이 도'(平常心是道)라는 선어(禪語)를, 깨달은 사람이 들으면 우주에 가득한 어떤 것도 깨달음 아닌 것이 없다는 방식으로 받아들여지지만, 그냥 평범한 사람이나 거짓 수행자가 들으면 일상생활에서의 온갖 욕망을 적극적으로 긍정하는 것 외에는 아무 의미도 없게 되어 버린다는 것이다. 그래서 수많은 기행과 탐욕과 어리석은 짓을 저지르면서도, 다른 사람이 비판을 하면 자기 행위를 깨달은 사람의 무애행(無碍行)으로 합리화하게 된다. 여기서 심각한 문제가 발생한다.

더 나아가 이런 식의 논리로 자신의 욕망을 덧칠하기도 한다. 중생계의 모든 일과 사건은 인연에 의한 것이고 부처의 뜻이기 때문에 우리는 세속을 있는 그대로 인정해야 한다. 우리 눈앞에 펼쳐진 활발발(活潑潑)한 생명들이 존재하는 그대로 우주의 진리를 표현하고 있기 때문이다. 이런 식의 논의가 결국은 윤리적 선악의 척도 자체를 세속적인 것이라고 치부하면서, 모든 것에서 자유롭게 노니는 무애행을 빙자해서 사회적 척도를 무시하게 된다. 깨달음에 대한 왜곡과 그것을 추종하는 거짓 수행자들의 행태는 결과적으로 불교의 타락과 권력에의 추종을 불러왔다.

이런 흐름 속에서 기화는 불교의 입장을 적극적으로 보여 주고, 이를 통해 유학의 척불론에 반박하고자 했다. 그 성과는 그의 『현정론』에 오롯이 담겨 있다.

앞서 언급한 바 있듯이, 『현정론』은 『불씨잡변』을 보고 나서 쓴 저작이 아니다. 『불씨잡변』이 간행되어 세상에 모습을 처음 드러낸 것이 1465년인데, 기화는 1433년 열반에 들었으므로 그 책을 본 적이 없다. 그럼에도 불구하고 『현정론』은 『불씨잡변』이 제기하고 있는 문제에 대하여 상당 부분 응대를 하고 있다. 그만큼 그들의 문제 제기가 지식인 사회에서는 큰 관심을 가지고 논의되는 것이었다.

『현정론』은 불교의 우위를 전제로 하여 유교의 가르침과 대비시키는 방식으로 저술되었다. 즉 불교의 가르침은 넓고 커서 유교의 가르침을 모두 포괄하고 있다는 것이다. 노골적으로 이렇게 말하지는 않았지만, 유교에서 말하는 것이 대체로 인간의 차원에서 논의되었다면 불교는 인천(人天)을 포함하여 우주 전반을 포괄하여 논의되었다는 것이다. 기화는 "구름에는 짙고 맑음의 차별이 있지만 하늘의 광명을 가리는 것은 마찬가지며, 정(情)에는 두터움의 다름이 있지만 성품의 맑음을 막는 것은 마찬가지"라고 하면서 "불교를 여기에 비유하면 맑은 바람이 큰 구름을 쓸어 내는 것과 같다"라고 하였다.[3] 성(性)에는 원래 정(情)이 없지만 성이 미혹해지면 정이 생긴다는 말로 시작되는 『현정론』은, 명시적으로 언급하지는 않았지만 유학의 범주는 '정'을 다루는 것에 있으며 그것을 넘어서 '성'의 경계로 가야 비로소 도(道)라고 할 수 있다는 점을 암시하고 있다.

　불교 우위에 입각하여 유교의 논리와 비견하는 기화는 유교의 불교 비판에 대하여 유교의 논리를 반박함으로써 그 모순을 지적하는 방식을 사용한다. 즉 유교의 논리를 먼저 하나의 전제로 제시한다. 그리고 그 말에 모순되는 유교의 다른 주장을 거론한다. 그러고는 불교의 교리가 유학의 실천보다 더욱 투철하다는 점을 강조한 뒤 그것을 다시 유교의 저술들에 근거하여 입증한다.[4]

---

3 기화·장상영, 『현정론·호법론』, 김달진·현명곤 옮김, 동국역경원, 1988, 11쪽. 이 글에서 인용하는 기화의 『현정론』은 모두 이 책에 의거하였다. 다만 문맥에 따라 약간의 손질을 가한 부분이 있다.

4 이 점에 대해서는 유정엽, 「현정론과 유석질의론의 호불논리 비교」, 『원불교사상과 종교문화』 제36집, 원광대학교 원불교사상연구원, 2007, 225쪽을 참조하라.

유교가 가장 자신 있게 내세우는 인(仁)의 문제를 예로 들어 보자. 인간이 태어나면서부터 마음속에는 '인'을 가지고 태어나니, 당연히 이것은 성(性)과 직결되는 요소다. 『맹자』에서 인용되어 널리 알려진 것처럼, 우물에 빠지려고 하는 아이를 얼른 가서 구하는 행위에서 우리 마음속에 '인'이 있다는 점을 추론할 수 있다고 했다. 이처럼 인은 인간의 마음속에서 발현되는 가장 근원적인 생명 사상이다. 그런데 불교는 이러한 인간과 만물에 대한 애정을 거부하고 속세를 떠났으므로 이단이라는 것이다. 이에 대해 많은 수행자나 불교에 호의를 가진 인사들은 불교의 자비야말로 유교에서 말하는 인과 같은 것이라고 주장했다. 그렇지만 정도전의 예에서 보았듯이, 부모 자식 간의 사랑은 도외시하면서 모기와 같은 미물들에는 과도하게 애정을 쏟는 행위에 대한 비난에는 쉽게 대응하지 못했다. 그렇다면 기화는 어떻게 대응하였을까.

그는 먼저 유교 경전의 구절을 몇 가지 인용한다.

- 한 번 쏘아 다섯 마리 돼지를 잡았네(『시경』).
- 고기를 낚기는 하여도 그물을 치지는 않으며, 주살로 잠을 자는 새를 쏘지 않는다(『논어』).
- 군자가 주방을 멀리하는 것은 그 죽는 소리를 듣고 차마 그 고기를 먹을 수 없기 때문이다(『맹자』).
- 촘촘한 그물을 못에 넣지 않으면 물고기를 이루 다 먹을 수 없다(『맹자』).

위의 구절들은 모두 인(仁)을 행하는 것을 의미한다. 즉 그물로 물고기를 잡으면 큰 것이든 작은 것이든 마구 잡아들여서 수많은 생명을 죽이는 일이며, 잠을 자는 새를 쏘는 것은 도리에 어긋난다는 것이다. 다음으로 기화는 『중용』의 구절, "말은 행동을 돌아보고 행동은 말을 돌아보아야 하는 것이니, 군자로서 어찌 독실하지 않으랴" 하는 부분을 인용한다. 즉 말과 행동이 일치되어야 군자로서의 도리를 모두 지켜서 도(道)의 경지에 이른다는 것이다. '인'에 대하여 말했다면 행동으로 인을 실천해야 인을 진실로 발현한 셈이다.

그렇지만 유자(儒者)들은 말과 행동이 다르다. 촘촘한 그물이든 성긴 그물이든 기본적으로 살아 있는 물고기를 잡아들이기 위한 것이다. 잠을 자는 새가 불쌍해서 죽이지 않는다면, 살아 있는 새는 왜 불쌍하지 않단 말인가. 짐승 죽이는 소리가 싫어서 주방을 멀리 두는 것이라면, 자기 귀에 소리가 들리지 않으면 생명을 죽여도 된다는 말인가. 어차피 생명을 존중하기로 했다면 철저한 실천으로 보여야 한다. 그러고는 불경의 구절을 인용하였다. "고기를 먹는 사람은 자비를 충분히 행하지 않으므로 언제나 수명이 짧고 병이 많은 몸을 받아 생사에 빠져 성불하지 못한다." 기화는 이 말에 대해 어떤 비구(比丘)의 예를 든다.

옛날 두 비구가 부처님을 뵙기 위해 넓은 들판을 지나게 되었다. 마침 목이 말랐던 두 사람은 벌레가 있는 물을 발견했다. 그중의 한 비구는, "부처님을 뵈올 수만 있다면 벌레가 있는 물을 마신들 무슨 죄가 되랴" 하면서 물을 마셨고, 또 한 비구는 "부처님은 생물을 죽이지 말라 하셨는데 만일 부처님의 계율을 깨뜨리면서 부처님을 뵈온들 무슨 이익이 있겠는가" 하면서 물을 마시지 않았다. 결국 물을 마시지 않은 비구가 부처님의 찬탄을 들었다고 한다.

그리고 기화는 자기의 경험을 덧붙인다. 그가 출가하기 전에 해월(海月)이라는 스님에게 『논어』를 가르친 적이 있었다. 하루는 '널리 사랑과 은혜를 베풀어 뭇사람들을 구제한다는 것은 요순 임금도 부족하게 여긴다'라는 구절의 주석에 '어진 사람은 천지만물을 한 몸으로 생각한다'라는 부분을 읽고 있었는데, 해월이 기화에게 물었다.

"맹자는 어진 사람입니까?"

"그렇네."

"닭이나 돼지나 개는 만물입니까?"

"그렇네."

"어진 사람은 천지만물을 한 몸이라 생각한다고 하니, 이것은 참으로 이치에 맞는 일입니다. 그런데 맹자가 진실로 어진 사람이며 닭이나 돼지나 개가 만물이라면, 어찌하여 닭이나 돼지나 개를 기르는 데 있어서 그 때를 놓치지 않으면 일흔 살 되는 노인도 그 고기를 먹을 수 있다고 했습니까?"

결국 기화는 아무 대답도 하지 못했다고 한다. 천지만물과 내가 한 몸이라면 어떻게 가축을 길러서 먹을 수 있겠는가. 만약 그렇게 먹는다면 자기 형제를 먹는 것과 같은 것이 아니냐는 뜻이다. 게다가 백정이 든 칼 앞에서 짐승들이 슬프게 우는 것은 사람을 원망하는 그들의 외침인데, 사람들은 알아듣지 못하고서 고기를 먹는 즐거움만 생각한다. 인과응보를 생각해 보라. 다른 생명의 아픔과 희생을 통해서 나의 즐거움과 배부름을 추구하는 행위는 미래에 과보가 되어 나의 아픔과 희생으로 돌아올 것이다. 죽어 가는 생명을 깊이 살피고 그 아픔을 함께 느끼는 행위야말로 어진 사람이라면 당연히 해야 할 일이고, 그래야만 인(仁)의 경계에서 살아가는 것이리라. 하물며 인과응보와 윤회의 설이 명명백백하다면 절대 살생의 죄업을 지어서는 안 될 것이다. 이것이 바로 불경에서 말한바 '모든 계율 중에서 살생을 하지 않는 것이 첫번째'라는 것이다.

물론 『현정론』의 논리는 불교가 유학이 미처 도달하지 못한 점을 보완해 줄 수 있으리라는 '보유론'(補儒論)의 관점을 견지하고 있기는 하다. 또한 출세간을 지향하는 종교가 왜 세속의 문제에 개입해야 하는지, 그리고 그러한 세속적 개입이 초래한 교단의 병리를 어떻게 치유할 것인지에 대해서는 답변하지 않았다. 그 결과 조선 초기의 유불논쟁은 세간과 출세간을 정합적인 체계로 구성한 유학의 일방적 승리로 끝났다. 그러나 결과는 그것으로 그치지 않았다. 기본적으로 현세의 이념인 유학이 출세간의 영역까지 관장하는 독점적이고 배타적인 담론으로 구축되면서 정치이념은 더욱 교조화될 가능성이 높아졌다.[5]

그 외에도 반야(般若)의 개념으로 유교와 도교를 포괄하여 설명하려 했던 점, 오랑캐의 개념이 상대적이라는 점, 인과응보와 삼세윤

---

5 최연식, 「성과 속의 대립: 조선 초기의 유불논쟁」, 『정치사상연구』 제11집 1호, 한국정치사상학회, 2005, 57쪽을 참조하라.

회의 논리는 어느 사상에서나 존재하며 그것을 통해서 사람들을 선(善)으로 이끌 수 있다는 점 등 흥미로운 논점을 다수 제시하였다.

어떻든 기화는 유교 경전을 이용하여 그들의 모순을 저절로 알아차릴 수 있도록 글을 배치함으로써, 불교야말로 유교가 주장하는 진리를 유교보다 더욱 철저하게 실천하는 종교라는 점을 드러낸다. 그러니 유교가 불교를 배척해서도 안 되지만, 불교를 통해서 유교는 더욱 깊은 공부에 도달할 수 있음을 은밀히 드러냈던 것이다.

3. 설잠, 논쟁에서 한 발 비껴 서기

설잠(1435~1493)의 속명은 김시습(金時習)이다. 강릉 사람으로, 자는 열경(悅卿), 호는 매월당(梅月堂), 동봉(東峯), 췌세옹(贅世翁), 청한자(淸寒子), 벽산청은(碧山淸隱) 등이다. 한미한 가문에서 태어났으나 어렸을 때부터 신동으로 이름이 나서 사람들의 주목을 받았다. 1455년, 세조의 왕위 찬탈 사건이 일어났을 때 그는 삼각산 중흥사에서 글을 읽고 있었다. 세상이 뒤바뀌었다는 소식을 듣고, 읽던 책을 불사른 뒤 출가하여 방랑의 길로 나선다. 전국을 돌아다니던 그는 1481년 환속하고 결혼도 해서 속세에서의 삶을 이어 가는가 싶더니, 다시 승려의 신분으로 돌아가 떠돌아다니다가 충청도 홍성 무량사에서 입적한다. 『매월당집』(梅月堂集)을 비롯하여 우리나라 최초의 소설로 알려진 『금오신화』(金鰲新話)를 남겼으며, 불교 저술로 『법화경별찬』(法華經別贊), 『화엄석제』(華嚴釋題), 『대화엄일승법계도주』(大華嚴一乘

法界圖註), 『십현담요해』(十玄談要解), 『조동오위요해』(曹洞五位要解) 등을 남겼다. 또한 세조 때 불경 언해 사업에도 일정 부분 관계한 흔적이 남아 있다.

앞서 거론한 기화도 마찬가지지만, 김시습 역시 출가 전에는 유학을 공부하던 사람이었다. 특히 주변 사람들에게 촉망받던 처지였는데, 어머니가 돌아가신 데다 세조의 찬탈 사건으로 자신의 미래가 불투명해지고 학문적 신념을 지키기 어려워지자 모든 것을 버리고 출가한 것이다. 이것은 그가 유학에도 상당한 식견을 가지고 있었다는 증거이기도 하지만, 그의 불교는 언제나 유학을 상대편에 두고 이해되었으리라는 점을 짐작케 한다. 현재 남아 있는 글 중에서 불교에 비판적인 입장을 드러내고 있는 작품이 여러 편 있는데, 이는 아마도 출가 전에 집필되었거나 혹은 그런 시기의 생각을 반영하고 있는 것으로 여겨진다. 예를 들면 그는 「이단변」(異端辨)이라는 글에서, 불교가 인연과 업보를 논하는 것은 교묘한 말[巧言]이요 세상의 법도를 빠져나가는 것은 얼굴빛을 꾸민 것[令色]이라고 하였다. 이는 유학의 입장에서 불교를 비판하는 당시 유학자들의 생각을 전형적으로 보인 것이다. 그렇지만 출가한 뒤에는 유교와 불교의 조화를 통해 현실적 규범을 이해하고 불교가 그것에 맞추는 방향으로 생각을 전환시킨다.

설잠의 불교 옹호론 관련 글들은 송나라 때 승상을 지낸 장상영(張商英)이 지은 『호법론』(護法論)의 영향을 받아서 저술된 것으로 추정된다.[6] 현재 남아 있는 글 중에서 흔히 '십장문'(十章文)으로 불리는 글들이 설잠의 불교 옹호론을 잘 보여 준다.[7] 『매월당집』 권16에 수록되어 있는 일련의 글들이 바로 그것인데, 다양한 주제를 이용해서 불교가 유교의 논리를 배척하거나 그것과 배치되지 않는다는 점을 논증하려 한다.

손님과 주인 사이의 문답 형식을 빌려서 유교와 불교 사이의 다른 점과 같은 점을 따지는 것이 '십장문'에 들어 있는 글들이다. 설잠은 기본적으로 유교의 도와 불교의 도가 서로 다른 범주를 가지고 있다고 했다. 유교가 말하는 도는 재야에서 열심히 공부한 것을 통해서 벼슬길에 나아가 임금을 보좌하고 백성을 평안하게 만드는 데 소용되는 것들이다. 그렇지만 불교의 도는 "맑고 깨끗하여 욕심이 없고 모든 사물에 대하여 다투지 않는 데 있는 까닭에 산속에 있으면 그 도가 높고 인간 세상에 행해지면 그 법이 엄한 것"이어서 세상이 혼탁하든 태평하든 도를 즐기는 마음에 변함이 없다. 게다가 불교의 도를 가지고 세상의 변화에 응하는 것이기 때문에 임금 앞에서 경전을 강론하더라도 "넉넉하고 화평하여 어디에도 구애되는 바가 없다"라고 했다.[8]

현실적 문제에 초점을 맞춘 유교에 비해 불교의 관심사는 현실을 넘어서 삼세(三世)에 이어지기 때문에 불교의 도가 더 깊고 넓다는 것은 앞서 언급한 기화의 입장과 비슷하다. 그러나 기화에 비해 설잠의

---

6 심경호, 『김시습 평전』, 돌베개, 2003, 451쪽을 참조하라.
7 여기서는 설잠의 불교사상을 논구하는 것이 목적이 아니라 유교의 비판에 대응하는 승려의 입장을 보고자 하기 때문에, 그의 불교 관련 저작을 살피지는 않는다.
8 김시습, 「삼청」(三請), 『매월당집』 권16. 본문에 제목만 표기되어 있는 김시습의 글들은 모두 그의 '십장문'에 수록된 것이며, 본문에 인용된 십장문은 모두 『국역 매월당집』, 김풍기 외 옮김, 강원도, 2000을 참고한 것이다.

태도는 현실에 참여하는 문제에 훨씬 너그럽다. 그것은 설잠 자신의 이력과 관련이 있는 것으로 보인다. 출가 과정에서도 세상의 급격한 변화와 관련을 가지고 있었고, 출가 이후에도 꾸준히 세상의 손길을 받았던 것 때문에 설잠의 입장은 비교적 유교와 불교의 중간 지점에서 서성거리는 태도를 드러낸다. 불교의 논리가 훨씬 방대하다는 점을 충분히 인정하면서도, 여전히 사회의 규범과 나라의 법도를 무시하거나 일방적으로 폄시하지 않는 태도에서 그런 점을 느낄 수 있다.

이런 탓인지 불교에 미혹되어 나라를 망친 왕조에 대한 논설에서는 그의 정밀한 논지가 돋보이기도 한다. 십장문 중에서 「양무」(梁武), 「인주」(人主), 「위주」(魏主), 「수문」(隋文), 이 네 편이 과거 역사를 통해서 불교의 문제를 논의하는 글이다. 이들은 불교를 지극정성으로 모시면서 방대한 불사를 행하였는데, 오히려 국력이 쇠퇴하여 급기야는 망국에 이르도록 한 인물들이다. 이들의 예를 자세하게 논구하면서 설잠은 불교를 숭상하는 이면의 개인적인 욕망을 경계하였다. 예컨대 양무제(梁武帝)와 같은 이는 불교를 숭상하였는데 왜 자비심으로 백성들을 대하지 않았는가 하고 손님이 묻자 설잠은 이렇게 말한다. "부처를 섬기려면 마땅히 인애(仁愛)를 다하여 백성을 편안히 하고 중생을 제도하는 것이 근본이며, 지혜를 배워서 사물의 기틀을 투철히 보는 것으로 불법을 구해야 한다. 그것은 생명을 사랑하고 북돋우는 것이어서, 불살생의 계율에 직결된다"(「인주」). 문제는 불살생의 계율만을 생각하면서 황제가 궁궐에 가만히 앉아서 명령만 내린다면 수많은 백성들의 삶이 평안해지지 않는다는 점이다. 불법의 지혜를 기준으로 백성을 친애하고, 상벌을 규모 있게 하며, 자신을 수행해야 비로소 나라가 태평해진다. 걸핏하면 목욕재계하고 반나절 동안 채식을 하면서 고승의 법문을 듣더라도, 중요한 것은 그 마음에 불법이 스며들어 행동으로 나타나야 하는 것이 아니겠는가. 설잠은 문중자(文仲子)의 말을 인용하여 자신의 심중을 드러낸다. "시서(詩書)가 성행하여 진(秦)나라가 멸망했지만 그것은 공자의 죄가 아니고, 재(齋) 올리기를 힘쓰다가 양(梁)나라가 망했지만 그것은 석가의 죄가 아니다"(「인주」). 이는 유교 체제의 사회 속에서 유교가 기여하는 것 이상으로 불교도 기여할 수 있는 바가 있다는 점을 강조하는, 일종의 "유불병행론"[9]이라고 할 수 있다.

설잠은 유교의 도가 현실 문제를 해결하는 중요한 열쇠라고 생각하고 존중했으며, 동시에 불교 역시 유교가 비난하듯 터무니없는 수준은 아니라고 생각했다. 오히려 자신의 공부를 통해 얻는 지혜로 세상을 공정하게 대하는 것이 중요하다고 여겼다. 불교를 지나치게 믿는 바람에 나라가 망했다고 해서 그것을 불교의 논리적 구성이 잘못되었기 때문이라며 책임을 돌리는 일은 논리적 비약이다. 오히려 불교의 지혜를 깊이 체득한 사람일수록 세상에 나아갔을 때 더욱 훌륭한 업적을 쌓을 수 있다고 보는 것이 설잠의 입장이다. 이런 식의 논의는 불교적 수행이 튼튼하고 그것을 현실 속에 공정하게 적용할 수 있는 능력을 전제로 하였을 때 가능하다는 점을 염두에 두어야 한다.

---

9 금장태, 『한국유교와 타종교』, 박문사, 2010, 59쪽.

4. 보우, 정치권력과 불교 사이에서 줄타기

요승(妖僧)과 성승(聖僧) 사이에서 미묘한 이미지를 가지고 있는 사람이 허응당 보우다. 이이의 유명한 상소문 「논요승보우소」에서도 이미 보인 것처럼, 요승으로서의 이미지는 유학자들을 중심으로 보우 생전에 형성되어 있었다. 백성들 사이에 퍼져 있는 불교도 모두 척결해야 하는 유학자들 입장에서 볼 때, 문정왕후를 등에 업고 온갖 세력을 마구 부리면서 불교를 중흥시키는 보우는 그야말로 이단의 수괴였다. 논리적인 글을 쓰기로 이름난 이이조차도, 그의 글에서 보우를 탄핵하는 가장 핵심적인 이유는 불교가 이단이라는 것이었다.[10]

성종 때 도승법이 금지되면서 승려들의 출가가 불가능해졌고, 연산군 때에는 승과가 정지되었으며, 중종 때에는 『경국대전』에 규정되어 있던 도승 조항을 아예 삭제하고 『동국여지승람』에 수록되어 있던 사찰을 철거하는 등 불교 탄압의 기세가 날로 험악해지고 있었다. 그런 시점에서 문정왕후와 보우 두 사람의 등장은 꺼진 것처럼 보였던 불교의 불씨를 되살리는 사건이었다. 불교도로서는 기사회생의 시기였고 유학자들로서는 이단의 암흑기로 되돌아가는 것이었다.

그 험악한 분위기를 보우라고 해서 어찌 몰랐겠는가. 온몸으로 느끼던 날카로운 시선과 수많은 탄핵 상소 속에서도 보우는 불교의 중흥을 위해 진력했다. 보우에 대한 기록 중에는 권력과 결탁하여 사

---

10 이미 1부 2장 57쪽 이하에서 소개한 바 있다.

치와 향락을 누렸다는 비난이 꽤 많다. 특히 신분에 걸맞지 않은 화려한 옷을 입고 가마를 타고 궁궐을 드나들었다는 것은 많이 알려진 사실이다. 곳곳에서 그런 발언이 등장하는 것을 보면 유학자들의 눈에 보우의 행색이 눈꼴사나웠던 모양이다. 어쩌면 그런 빌미를 보우 자신이 제공했을 가능성도 충분히 있다. 그러나 온갖 모함과 비난과 탄핵을 받는 상황에서도 불교가 살아갈 수 있는 방도를 찾는 일은 게을리해서는 안 되는 것이었다.

겨우 얻은 기사회생의 기회를 살리려면 어떻게 해야 했을까. 윤원형의 첩실이었던 정난정이 보우를 문정왕후에게 소개했다는 야담 기록이 있기는 하지만, 어떤 과정을 거쳐서 그가 권력 핵심부에 접근했는지 알 길은 없다. 그러나 문정왕후를 비롯한 당시 권력 핵심부인 소윤 세력은 보우에게 천군만마와도 같은 후원 세력이었다. 그 힘을 이용하여 그는 수많은 승려들에게 도첩을 발급하였고 승과를 부활시켰으며 큰 불사를 일으킬 수 있었다. 단기간 안에 불교 교단의 최고 지위에 오른 보우는 불교를 이끌어 갈 후속 세대를 발탁하고 인력을 보충하는 데 힘을 다했던 것으로 보인다.

권력을 누리는 것은 달콤하지만 그 권력은 다시 거대한 족쇄로 되돌아오기 일쑤다. 보우의 권력은 전적으로 문정왕후를 비롯한 소윤 세력의 정치적 향배에 달려 있었다. 실제로 문정왕후의 죽음과 함께 소윤 세력이 몰락하자 보우는 바로 제주도 유배형에 처해졌고, 그곳에서 죽음을 맞는다. 당시 제주목사였던 변협은 당대 최고의 권력을 누리던 고승 보우에게 매일 객사의 청소와 같은 일을 시켰으며, 힘센

사내들에게 보우를 매일 구타하도록 하였다고 한다. 그런 횡포에 못이겨 보우는 죽음에 이른 것이다. 그의 죽음은 왕명에 의한 것이 아니었다. '장살'이라는 말로 표현되기는 하지만 그 이면에는 죽음 직전에 마주했던 엄청난 폭력이 있었던 것이다.[11]

이런 현실을 보우도 충분히 알고 있었기 때문에 그의 불교는 기본적으로 '왕즉불'(王卽佛)의 논리에 기대어 있었다. 알려진 것처럼, 인도에 불교 교단이 처음 형성되었을 때 그것은 세속적 권력, 특히 정치권력에서 독립된 것이었다. 불교와 정치 둘 사이에 어떤 관계도 없었다. 그냥 수행을 열심히 하거나 정치에 전념하면서 자기 역할에 충실하기만 하면 됐다. 그러다 보니 아무리 왕이라 해도 출가수행자에게 예를 갖추는 것은 당연한 일이었다. 설령 천민 출신 수행자라 해도 왕은 그를 천민으로 보는 것이 아니라 수행자로 보기 때문에 깍듯이 예를 갖추어야 했다. 그런데 이런 논리가 중국으로 들어오면서 논쟁거리가 된다. 중국에서의 천자(天子)는 하늘을 대신해서 백성을 다스리는 절대 권력이었기 때문에 누구에게도 머리를 숙이면 안 되었다. 반면 수행자 역시 세속의 권력에게 머리를 숙이면 안 된다고 하면서 왕에게 공경한 예를 드리지 않아도 된다고 주장한다. 수행자들은 세

---

11 보우의 죽음과 관련하여, 왕명에 의한 것이 아니며 변협이 그를 폭압적으로 대우했다는 식의 이야기들은 『석담일기』, 『지봉유설』, 그리고 『연려실기술』 권11의 명종조 고사본말(明宗朝 故事本末)조 등에 단편적으로 기록되어 있다. 이와는 달리 박영기, 『순교자 보우 선사』, 한길사, 2000에서는 장살된 것이 아니라 건강이 급격히 나빠져서 죽었으리라는 추정을 하기도 한다. 어느 쪽이든 알 길은 없지만, 『명종실록』에서 변협이 '주살'(誅殺)했다고 기록한 것을 보면 공식적으로는 죽음을 당한 것으로 보아야 할 것이다.

속을 떠났기 때문에 세속의 법규에 의해 재단되어서는 안 된다는 것이었다. 남북조 시대의 고승이었던 혜원(慧遠)이 지은 『사문불경왕자론』(沙門不敬王者論)이 바로 이에 관한 대표적인 저작이다.

그러나 남조(南朝)와는 달리 북조(北朝)의 상황은 그리 좋지 못했다. 북부 지역은 수많은 나라들이 난립하면서 명멸을 거듭하고 있었고, 왕 역시 나라를 보존하는 것 자체가 어려운 형편이었다. 이런 상황에서 백성들에게 불교를 전파해야 하는 수행자들은 자신의 활동을 원활하게 하기 위해 권력과 친하게 지내야만 했다. 그에 대해 권력자들은 불교 수행자나 교단의 지도자들에게 정치, 외교, 군사 등의 분야에 대해 자문을 구했고, 그들이 가진 종교적·주술적 능력으로 자신들을 위해 기도해 주기를 원했다. 그러기 위해 불교 교단에서는 왕이 바로 부처라고 하는 '왕즉불' 사상이 싹트게 되었다.[12]

우리의 역사 속에서는 불교가 정치권력의 후원에 의해 발전해 온 경향이 짙다. 고려에서는 국왕이 스스로를 '보살계제자'(菩薩戒弟子)라고 하여 불교 신도의 입장을 드러내는 표현을 쓰기도 했지만, 현실 속에서 불교는 언제나 국왕 권력을 보좌하는 역할이 그 중심이었다. 그것은 불교 교단이 정치권력에 예속되는 결과로 나타난다. 고려 때부터 실시된 승과 역시 불교의 인재를 국가가 선발하는 형태를 취하고, 그에 따른 계급 역시 국가가 보증하는 방식을 택하였다. 이 자체가

---

12 이 점에 대해서는 케네스 첸, 『중국불교 上』, 박해당 옮김, 민족사, 1991; 심재룡 엮음, 『중국 불교 철학사』, 철학과현실사, 1998; 최연식, 「성과 속의 대립: 조선 초기의 유불논쟁」을 참조하라.

이미 권력과 밀착된 불교를 보여 주는 것이다.

그런데 현실에서 왕권이 위약할 경우 때때로 불교에 의지하게 되는데, 그때 가장 널리 나타나는 것이 바로 '호국불교'(護國佛敎)다. 불교 입장에서는 왕을 부처로 보는 왕즉불 논리를 내세워서 외부의 폭력으로부터 '왕=부처'를 지키는 것이 중요하다. 그런 과정 속에서 불교는 세속적 권력에 대한 영향력을 강화시키지만, 이 때문에 역으로 불교의 세속화와 정치적 예속화를 가중시키기도 한다. 그런 점에서 보우의 불교는 흥미롭다.

보우는 불교에서 선과 교의 일치뿐 아니라 '왕이 곧 부처'[王卽佛]의 논리로 승려들이 군왕과 국가에 충성할 것을 강조하여 유교체제에 순응하는 유불동조론(儒佛同祖論)을 만들어 낸다.[13] 그에게 있어서 왕이 부처이므로 문정왕후는 마야부인(摩耶夫人)이 되는 셈이다. 그가 올린 축원문을 보면 이런 식으로 서술되어 있다. "왕비전하에게는 때로 일어나는 온갖 해로운 재앙 없어지고 날마다 천 가지 상서로운 경사가 있으시며, 도는 문후(文后)와 같고 덕은 마야(摩耶)보다 뛰어나시며, 수명은 신령한 참죽나무보다 길고 휘음(徽音)은 성세(盛世)에 드러나시며, 거룩한 아드님은 끊이지 않고 신령한 손자님도 계속 이어지게 하소서."[14] 비록 궁중의 건물을 낙성하는 곳에서 사용된 글

---

13 금장태, 『한국유교와 타종교』, 61쪽.

14 보우, 「자수궁을 중수하여 낙성하는 경참법석의 소」(重修慈壽宮落成慶懺法席疏), 『나암잡저』(懶庵雜著), 654쪽. 이 책에 인용된 보우의 『나암잡저』와 『허응당집』(虛應堂集)은 모두 『한글대장경』 제139권, 김상일 외 옮김, 동국역경원, 중판; 1996을 참고한 것이다.

이지만, 왕즉불 사상의 토대에서 서술된 분명한 증거로 여겨진다.

뿐만 아니다. 그는 유교가 주장하는 충효 문제에 대해서도 비슷한 입장을 취한다. 부모와 군왕을 위해 불법의 힘을 모으고 정성을 다하다 보면 저절로 그들에게 복덕이 갖추어질 뿐 아니라 자신도 도리를 다하는 결과를 가져온다고 했다.[15]

정치권력과 헤어지는 순간 자신의 불교 중흥의 꿈이 무너진다고 생각한 보우였으므로, 그의 모든 행동은 불교와 유교 사이의 중간에서 아슬아슬하게 줄타기를 하는 과정에서 드러났다. 보우의 시 작품 중에 유교와 불교의 관계를 다룬 것이 있다.

공자는 상(常)이라 말하고 부처님은 권(權)이라 말하니
이는 한 손이 주먹과 손바닥으로 나누어짐과 같도다.
집에서 예절 있음은 어버이에게서 받은 것이 아니며
물에 빠진 사람 보고도 무심함이 어찌 본연의 마음이리오.
바른 것으로 잘못된 것을 제거함은 금으로 그릇을 만드는 것과 같고
허망함 타고 거짓을 쫓는 것은 나뭇잎이 돈이 되는 방편이로다.
두 시선 모두가 같이 수레바퀴 밀고 가니
처지를 바꾸면 언제 일찍이 앞뒤를 비교한 일 있었던가. (「유교와 불교의 권도와 상도는 하나다」, 『허응당집』)[16]

---

15 보우, 「어머니를 천도하기 위하여 인출한 경문의 발문」(薦母印經跋), 같은 책, 634~635쪽을 참조하라.

인간이 지켜야 할 기본적인 예법은 본성에서 나오는 것인데, 공자가 그것을 변치 않는 상도(常道)의 입장에서 가르친 것이라면 부처는 그것을 방편(方便)을 이용해서 가르쳤다는 내용이다. 가례(家禮)를 지키는 것도 인간의 본성이요 물에 빠진 사람을 구하는 것도 인간의 본성이기 때문에, 그것은 유교냐 불교냐 하는 문제와는 별개의 것이다. 주먹을 쥐고 있거나 손바닥을 펴고 있거나 그것이 '손'이라는 사실은 변함이 없듯이, 가르치는 말이나 방식은 달라도 유교든 불교든 변치 않는 가르침의 핵심은 같다는 말이다.

그러나 불교의 중흥을 위해서 권력과 밀착되는 순간 보우의 삶과 그의 불교는 빠른 속도로 권력에 예속되는 결과를 낳았다. 주변에는 온통 성리학으로 무장된 유생들의 공격이 지속적으로 자행되고 있었고, 보우는 어떻게든 거기서 살아남아야 했다. 그런 속에서 불교 수행자로서의 엄격함을 지키라고 요구하는 것도, 그런 진흙탕에서 빠져나왔어야 했다고 말하는 것도 어쩌면 가혹한 일이었을 것이다. 그러나 분명한 것은 그의 불교가 권력과 함께 불타올랐다가 순식간에 사그라졌다는 점이다. 동시에 그런 입장 덕분에 휴정과 유정 같은 고승들이 다음 세대의 불교를 짊어지고 나아갈 수 있는 토대를 만들었다는 것도 사실이다. 이처럼 권력밀착형 불교는 그 이후에도 꾸준히 사회적으로 논쟁의 대상이 되었다.

---

16 孔卽言常佛卽言權, 如分一手掌竝拳. 居家有禮非親受, 在溺無心豈本然? 以正去邪金作器, 騎虛赶妄葉成錢. 二仙俱是同推穀, 易地何曾較後前? (普雨,「儒釋權常一致」, 『虛應堂集上』, 340~341쪽)

3부

깨달음으로 가는
세 갈래 길

1장 | 새로운 불교의 모색

허응당 보우에 의해 발탁되기는 했지만, 휴정이 어느 정도 보우의 영향 안에 있었는지는 명확하지 않다. 보우는 불교의 철저한 실천이 유교의 종지(宗旨)와 어긋나지 않는다는 점을 강조하면서, 국가를 위한 불교의 역할을 강조했던 인물이다. 조선 전기 승려 중에서 보우 외에는 이렇게 종교와 국가 사이의 관계를 밀접하게 주장한 사람이 없다. 보우의 죽음은 그가 문정왕후를 비롯한 소윤 세력을 등에 업고 역사의 전면으로 등장할 때 이미 예견되었다. 조선의 제도 불교를 책임지는 최고의 종교 권력자와 산속 절에서 용맹정진하는 수행자 사이를 오갔지만, 현재 그가 남긴 글에서는 정치권력에 기대어 자신의 입지를 굳히는 이미지가 강하게 느껴진다.

휴정의 경우에도 비슷한 경로를 걷기는 한다. 젊은 시절 유학을 공부하다가 지리산에서 만난 불경을 계기로 삶을 완전히 전환한 이후 그의 삶은 수행으로 점철되어 있다. 보우의 뒤를 이어 조선 최고의 승직을 담당하기도 하지만, 그의 종교 권력자로서의 시간은 그리 길지는 않았다.

그렇지만 1592년 임진왜란의 발발로 인해 조선이 누란의 위기에 봉착하자 선조는 휴정에게 구원의 손길을 부탁했고, 그에 호응하여 휴정은 수천의 승군을 이끌고 전선으로 나아갔다. 휴정 만년의 일이었기에 전쟁의 최일선에서 싸운 사람들은 대부분 그의 제자들이었지만, 휴정은 상징적인 존재로서 승군을 지휘하였다. 전쟁은 휴정에게 득실을 모두 가져다주었다. 어떤 이유에서든 전쟁은 인간을 포함하는 수많은 생명을 담보로 하는 것이다. 생명 존중을 가장 우선해야 할 출가수행자로서, 불살생계(不殺生戒)는 어떤 상황에서도 지켜야 하는 것이다. 다른 생명을 살리기 위해 자신의 목숨을 희생하는 예를 경전에서 쉽게 찾아볼 수 있지 않은가. 그런 점에서 임진왜란이라는 현실적 상황은 출가수행자로서의 휴정을 당혹스럽게 만들었다. 그렇지만 가장 천하면서도 열악한 상황에 처한 불교의 현실을 생각하면 국왕의 요구를 거절하기란 불가능한 일이었다. 게다가 휴정은 1589년 정여립 모반사건이 일어났을 때, 무업(無業)이라는 승려의 모함으로 제자 사명당 유정과 함께 투옥되기도 했었다. 그때 선조가 휴정의 무고함을 믿어 주었고, 무단히 투옥되었던 것에 미안함을 표시하면서 자신이 직접 그린 묵죽화 한 폭을 하사하기까지 했었다. 그런 인연 때문에, 휴정 자신이 의도하지는 않았지만 그의 성가(聲價)가 올라간 것만은 분명하다. 바로 그 선조가 위기에 처하여 도움의 손길을 기다리고 있는 상황이다. 거절하기는 쉽지 않다. 당연히 그는 전국 사찰에 통문을 돌려서 승려들을 결집하고, 승군을 조직하여 전선으로 나아간 것이다. 전쟁에서 목숨을 걸고 싸웠던 탓에, 전쟁 후반부로 갈수록 유학자들에 대하여 불교가 요구하는 지분이 많아진 것 역시 사실이다. 불교가 유학자들의 암묵적인 인정을 받아서 포교 및 승려 후속 세대를 기를 수 있는 환경을 마련하는 것은 전적으로 이런 사정에 힘입은 것들이다. 불교 교단으로서는 너무도 다행한 일이었다.

진리를 따를 것인가 현실을 따를 것인가 하는 문제는 닭과 달걀의 관계처럼 선후나 우열을 판단할 수 없는 문제다. 불교의 가르침을 철저히 추구하기 위해서는 거위 한 마리, 풀 한 포기도 저버리지 않는 것이 수행자의 기본자세다. 그러나 시절인연이라는 것이 있어서, 무조건 계율과 경전의 말씀을 따르는 것은 자칫 문자주의가 가져오는 천박한 근본주의에 빠질 우려가 있다. 그 사이에서 어떻게 중도를 견지할 것인가 하는 고민은 모든 수행자들이 항상 당면하는 문제다.

보우의 입장을 견실히 이어받았다면 휴정의 고민은 훨씬 덜했을지도 모르겠다. 국가와 국왕을 보위하는 것이야말로 불교가 가장 우선으로 삼아야 할 기준이었을 테니까. 왕이 곧 부처요 왕대비는 마야부인이라는 전제를 놓고 있었던 보우에게, 만약 임진왜란과 같은 전쟁이 발발했다면 침략자들은 당연히 마구니로 취급되어 격퇴하거나 말살해야 마땅한 존재가 된다. 그런데 휴정은 단순하게 보우의 입장을 받아들이지는 않았던 것으로 보인다. 조선 중기 불교계를 중흥시켰다고 하는 휴정과 그의 대표적인 제자 유정 모두 보우가 주관하는 승과 출신이었으나, 그들이 남긴 어록이나 기록들 중에서도 보우와 관련되었음을 보여 주는 기록은 거의 찾을 수가 없다.[1] 보우의 문집에도 마찬가지로 휴정에 대한 기록이나 언급이 발견되지 않는다. 어떻게 이런 일이 있을 수 있는가. 그들은 승과를 통해서 끌어 주고 밀어 주던 사이였으며, 휴정이 보우의 뒤를 이어 선교양종판사(禪敎兩宗判事)직을 제수받았던 사이다. 비록 스승과 제자로 엮이지는 않았지만 불교가 새로운 중흥기를 맞았을 당시 함께 활동했던 처지가 아니던가. 그런데 남아 있는 편지는 고사하고 그들의 관계를 짐작케 하는 어떤 단편적인 언급도 없다는 것은, 휴정과 그의 문도들이 과연 보우의 영향권 안에 있었는지를 다시 생각하게 한다.

다른 쪽으로 생각할 여지가 없는 것은 아니다. 속사정이야 어떻든 간에 보우는 문정왕후의 죽음과 함께 하루아침에 몰락하여 제주도로 유배를 갔다가 거기서 죽음을 맞이한다. 그에게 씌워진 죄목은 도저히 주변 사람들의 변호로 빠져나올 수 있는 수준이 아니었다. 그런 점 때문에 휴정과 보우가 관련된 기록들을 의도적으로 삭제했을 가능성을 제기할 수 있다. 앞에서도 언급한 것처럼, 휴정과 유정은 정여립 모반사건에서도 모함을 받았던 적이 있다. 아무리 조심스럽게 살아도 그런 일에 연루되는데, 보우와 같이 중차대한 사상범으로 걸려서 유배를 간 경우는 말할 것도 없다. 그렇지만 여전히 이해가 안 되기는 마찬가지다. 보우의 문집은 후대에 편찬되어 간행되었는데, 굳이 휴정과 관련된 기록을 뺄 필요가 있었을까. 기록을 모두 없애거나 감추었다고 하더라도 보우의 문집을 엮을 때 휴정과 관련된 기록들이 이토

---

1 황인규, 『조선시대 불교계 고승과 비구니』, 121쪽.

록 남아 있지 않았다는 것이 상식적으로 납득이 되는 일일까. 또 휴정이나 유정의 문집에도 보우와 관련된 기록이 이토록 남아 있지 않을 수 있을까.

다양하게 문제를 제기할 수 있지만, 결국 우리는 이 문제를 다른 쪽에서 생각해 보아야 한다. 즉 보우가 승승장구하면서 불교를 중흥시키고 결국은 비극적인 결말에 이르는 과정을 보면서, 휴정은 자기만의 불교적 입장을 정리하고 있었을 것이다. 실제로 휴정의 행적을 살펴보면 그는 1557년(명종 12) 선교양종판사직을 그만두고 나서 금강산으로 들어가 수행에 몰두한다. 1559년 지리산 내은적암으로 가서 약 3년을 지내며, 이후 다시 황령암(黃嶺庵), 능인암, 칠불암 등 여러 암자를 전전하면서 오직 수행에 몰두한다. 그런 세월을 거치는 동안 그는 세상의 어떤 직위도 받지 않았으며, 수행 이외의 어떤 세사에도 간여했다는 기록을 남기지 않았다. 1564년(명종 19) 여름, 휴정이 금강산 백화암(白華庵)에서 『선가귀감』을 짓는다. 양종판사직을 그만두고 오직 수행에 몰두하여 지낸 7년 남짓한 세월이 『선가귀감』에 그대로 담겨 있는 것이다. 그러므로 그의 수행이 가장 치열하게 타오를 시절에, 선객(禪客)으로서의 수행 정신의 날이 가장 시퍼렇게 살아 있을 때 저술된 책이 바로 『선가귀감』이라 할 수 있다. 그 이후의 저술이나 어록에 남아 있는 기록을 보아도 『선가귀감』에서 틀을 잡아 놓은 입장을 상황에 맞게 부연 설명하는 수준인 것을 보면, 확실히 이 책이야말로 휴정 회심의 역작이며 수행자들을 위한 최고의 깨달음 안내서인 것이다.

보우의 삶을 보면서 수행에 몰두하는 동안 휴정이 어떤 생각을 하고 어떤 입장으로 스스로를 정리했을지 생각해 볼 필요가 있다. 그 것은 『선가귀감』이 집필될 수밖에 없는 원인을 제공했던 것이기 때문 이다. 뒤에서 다시 언급하겠지만, 그의 집필 의도는 유교의 거대한 그 림자 안에서 안주하는 수행자들에 대한 비판 의식에서 비롯한다. 유 교의 거센 공세에 어떻게 대처해야 할지 몰라 당황해하던 불교 교단 은, 세월이 흐르면서 유교와 조선 조정의 탄압을 현실적으로 인정하 게 된다. 그 현실을 넘어서기 위해 날카로운 대응의 칼날을 세워도 시 원치 않을 판에, 그들은 유교가 제시하는 제도와 부당한 탄압에 대해 어쩔 수 없는 현실이라고 인정하는 태도를 취한다. 수행처의 최소 단 위인 사찰이 폐치(廢置)되고, 그에 따른 경제권도 박탈되었으며, 무엇 보다 승려들의 사회적 지위가 천민으로 떨어지는 동안, 불교계는 어 떤 적극적 대응도 할 수 없는 처지였다. 불교를 이단으로 만드는 유교 의 공세는 무지막지하게 이루어졌다. 미래의 수행자는 차치하고 현재 수행에 전념하는 사람도 거의 없는 형편에 그 공세에 대응하는 방법 이라고 해야 딱히 있을 리 없다.

휴정의 삼교융화론(三敎融和論)은 바로 이런 고심 끝에 나온 것 이다. 동아시아의 전통 속에서 유교, 불교, 도교는 서로 영향을 주고받 으면서 시대의 흐름에 맞추어 발현되었는데, 이들이 비록 표면적인 모습은 다를지라도 지향하는 최종 목표는 하나라고 보는 것이다. 이 는 보우의 경우와는 워낙 다른 입장이고, 기화나 설잠과 비교해 보아 도 삼교의 입장을 염두에 두면서도 서로의 영향 관계를 강하게 내세우는 태도다. 특히 유교와 불교의 종지가 궁극적으로는 같다고 적극적으로 주장하는 그의 태도 때문에 그의 사상을 유불회통론(儒佛會通論)이라고 지칭하는 경우도 있다.[2] 어느 쪽을 택하든 휴정의 논리 속에서 유교는 불교의 범주를 넘지 않을 뿐 아니라 그 종지가 딱히 불교와 차별성을 가지는 것이 아니다. 그만큼 그의 논리는 성리학을 공부하던 동시대 유학자들과는 비교가 되지 않을 만큼 포용력이 있었다. 자신이 살아남기 위해 적극적으로 논리를 만들어 갔던 불교의 이러한 '삼교조화론'은 역으로 불교가 살아날 수 있는 새로운 길을 제시했다. 반면 유교는 자기 이외의 사상은 모두 이단으로 몰아붙이면서 정통적 이념과 논리적 정합성을 강조하고 다른 사상에 대한 관심을 닫으면서, 폐쇄성 속에 서서히 굳어서 말라 버리는 결과를 초래한다.[3]

한편 휴정은 불교의 생존을 위해 선택했던 삼교조화론 혹은 유불회통론을 내세우면서, 그 일환으로 책을 편찬한다. 그것이 바로 『삼가귀감』(三家龜鑑)이다. 『선가귀감』 역시 이 안에 그대로 포함되어 있다. 『삼가귀감』의 편찬 연대는 알려지지 않았지만, 『유가귀감』(儒家龜鑑), 『도가귀감』(道家龜鑑)과 함께 『선가귀감』을 넣어서 편찬한 이 책은 휴정이 전략적으로 드러냈던 삼교융화론적 시각을 명확히 보여 주는 사례다.

그렇다고 해서 휴정이 무조건 유가나 도가를 수용하라는 입장을

---

2 금장태, 『한국유교와 타종교』를 참고했다.
3 같은 책, 90쪽을 참조하라.

취했던 것은 아니다. 그는 『선가귀감』에서 이렇게 충고한다.

> 출가한 사람이 외전(外典, 불교 경전 이외의 책)을 익히는 것은 마치 칼로 진흙을 자르는 것과 같다. 그것은 진흙에도 소용이 없고 칼도 스스로를 상하게 만든다. (『선가귀감』)[4]

이 구절은 『석가여래행적송』(釋迦如來行蹟頌), 『치문경훈』(緇門警訓), 『선문염송』 등에 두루 발견되는, 널리 알려진 내용이다. 불경을 읽는 것만도 시간이 부족할 터인데 유교나 도교와 같은 불교 이외의 책을 읽는 것은 칼로 진흙을 자르는 짓과 같다는 것이다. 진흙에도 도움이 안 되고 칼도 손상되는 짓과 같아서, 출가수행자가 외전을 읽는 것은 아무 짝에도 쓸모가 없다. 여기에 대해 휴정은 이렇게 송(頌)을 덧붙인다.

> 門外長者子   문 밖의 장자의 아들
> 還入火宅中   화택 속으로 다시 들어가다니. (『선가귀감』)

집에 불이 났는데 그것도 모르고 방 안에서 장난감을 가지고 노느라고 정신이 없는 모습을 중생들의 삶에 비유한 것은 널리 알려진 이야기다. 장자(長者)가 여러 가지 방법으로 겨우 불이 난 집 밖으로

---

4 出家人習外典, 如以刀割泥. 泥無所用, 而刀自傷焉. (休靜, 『禪家龜鑑』)

아들을 데리고 나왔는데, 다시 불타고 있는 집 안으로 들어가는 아들의 짓은 얼마나 어리석은 일인가. 그것은 불교 경전과 수행으로 중생의 삶에서 벗어나도록 방향을 잡아 주었는데, 유가나 도가 경전과 같은 외전을 읽음으로써 제대로 잡았던 삶의 방향을 완전히 잃어버리게 되는 것과 같다. 불타는 집을 벗어나서 그 상황을 지켜보고 있는 장자의 입장에서는 아들이 하는 짓이 답답하고 안타깝고 불쌍하기 그지없다. 그러니 온갖 분별심과 알음알이를 키우는 외전을 읽지 말고 오직 부처의 법만을 읽어서 수행을 하는 것이 중요하다.

그렇다면 휴정의 『유가귀감』과 『도가귀감』은 무엇인가. 이 책들은 불교 수행의 큰 틀 안에서 도움이 될 만한 구절을 뽑아서 가려 놓은 것이기 때문에, 세상 사람들의 불교 비판에 대응하는 데 도움이 되면서 동시에 오랜 시간 동안 사람들에게 읽혀 온 유가와 도가 역시 불교가 걸어가려는 방향과 다르지 않은 부분을 가지고 있음을 보이는 것이다. 그러나 외전은 역시 명백한 한계를 지닌다. 그 글들을 열심히 읽다 보면 자기도 모르게 중생계의 번뇌를 일으키고 분별심을 만들기 때문에, 불교 수행의 궁극에 도달하는 것에 장애가 되고 만다.

이처럼 휴정은 불교 수행의 방향을 정확히 정리하기 위해 유가와 도가의 요점을 정리해서 함께 보여 줌으로써 그들 사이의 같은 점과 다른 점을 인식케 한다. 그가 삼교융화론을 주장한 맥락도 이와 같다. 동시에 그것은 기화의 『현정론』, 작자 미상의 『유석질의론』, 설잠의 '십장문' 등이 보여 준 삼교융화론의 논지를 이어받은 것이기도 하다. 따라서 『선가귀감』은 다른 '귀감'들과 함께 읽어야 할 필요가 있다.

열악한 불교 현실 속에서도 수행에 대한 열의를 보이는 후학들은 어디에나 있다. 휴정은 그들을 위해 새로운 불교로 화답했다. 불교에 비판적인 유교, 승려의 천민화, 지식인으로서의 승려 인구 급감, 경제적 환경의 악화 등을 휴정은 진리에 대한 열망과 수행, 불교 현실에 대한 가혹한 자기비판 등으로 극복하려 했다. 그 결실 중의 하나가 바로 『선가귀감』의 편찬으로 나타난 것이다. 그렇게 해서 불교는 '무종단 산중불교'(無宗團山中佛敎)의 오명을 벗고 새로운 조선 불교로 탄생하게 되었다.

2장 | 『선가귀감』의 저술 의도와 편찬 시기

『선가귀감』은 1564년 찬술되었다. 당시 휴정은 금강산 백화암에 주석하고 있었으며, 현재 전하는 서문은 여기서 쓴 것이다. 그는 지리산에서 수행을 하다가 금강산으로 옮겨 온 지 얼마 안 되어 서문을 쓴 것으로 추정된다. 그렇게 보면 지리산 수행 시절에 상당 부분이 구상되고 편찬되었을 것으로 여겨진다. 그러나 자세한 과정에 대한 정보가 워낙 부족해서 현재로서는 그 시기의 행적을 재구성하기 어렵다.

『선가귀감』은 한문본과 언해본 두 종류가 모두 전한다.[1] 가장 오래된 한문본은 1579년 유정(惟政)이 발문을 써서 붙인 뒤 묘향산에서 간행한 책이다. 그 이후 금강산 유점사(楡岾寺)에서 1590년 여름에 간행하였으며, 1604년 경상도 원적사(圓寂寺)에서, 1607년과 1618년 전

---

1 판본과 간행 연대에 대해서는 우정상, 「선가귀감의 간행유포고」, 『조선 전기 불교사상 연구』, 동국대학교출판부, 1985에서 자세히 논하였다. 이 글에서는 그 성과를 이용하여 서술하였다. 언해본은 박재양·배규범 편역, 『선가귀감』, 예문서원, 2003에 번역과 함께 수록되어 있으므로 참고할 수 있다.

라도 송광사(松廣寺)에서, 1633년 삭령 용복사(龍腹寺)에서, 1649년 양산 통도사(通度寺)에서, 1731년 묘향산 보현사(普賢寺)에서, 그리고 연대는 알려지지 않았으나 석왕사(釋王寺)에서도 간행하였다. 일본에서도 여러 차례 간행된 바 있는데, 이는 유정이 일본에 사신으로 갔을 때 일본의 임제종 오산선승(五山禪僧)을 위해서 강의해 준 것을 토대로 만든 『선가귀감주해』(禪家龜鑑註解)다. 이 판본은 1635, 1638, 1677, 1909, 1910, 1931년 등에 이르기까지 꾸준히 간행되어 일본 수행자들의 길잡이가 되었다.

언해본 역시 이른 시기에 출현하여 여러 차례 간행된 것으로 보인다. 우리말로의 번역은 의외로 아주 일찍 이루어졌다. 1569년 묘향산 보현사에서 간행되었으니, 현재 남아 있는 한문본보다 연대가 더이르다. 이것을 교정하여 송광사에서 1610년 간행하였다. 그 과정에서 휴정의 법형제인 부휴선수(浮休善修)가 교정을 했다고 기록되어 있다.[2]

『선가귀감』의 편찬 의도는 휴정과 유정의 글을 통해서 알 수 있다. 편찬자 휴정은 서문에서 편찬 의도를 이렇게 말하고 있다.

옛날 불법을 배우는 사람은 부처님의 말씀이 아니면 말을 하지 않았고 부처님의 행실이 아니면 행하지 않았다. 그러므로 그들이 보배로

---

2 언해본에 대한 내용은 우정상, 앞의 책, 245~249쪽; 박재양·배규범, 앞의 책, 8~10쪽에 정리되어 있다.

여기는 것은 오직 불경의 신령스러운 글뿐이었다. 요즘 불법을 배우
는 사람은 전하여 외우는 것은 사대부의 구절이요 부탁하여 지니는
것은 사대부의 시이다. 심지어 붉고 푸른 것으로 종이를 꾸미고 아름
다운 비단으로 시축을 꾸미면서 아무리 많아도 부족하게 여기며 보
배로 여긴다. 아! 어찌 옛날과 요즘의 불법을 배우는 사람이 보배로
여기는 것이 다른 것인가. 내 비록 불초하지만 옛날의 배움에 뜻을
둔지라 불경의 신령스러운 글을 보배로 여긴다. 그러나 그 문장이 여
전히 번잡하고 대장경의 바다가 너무 넓어서 뒤에 뜻을 같이하는 사
람들이 자못 잎사귀를 따는 수고를 면치 못하게 되었다. 그래서 글
중에서 중요하고 절실한 것 수백 마디를 골라서 종이에 쓰니, 글은
간략하면서도 뜻은 두루 갖추었다고 할 수 있을 것이다. 만약 이 말
을 엄한 스승으로 삼아서 깊이 연구하여 오묘함을 얻는다면 구절마
다 살아 있는 석가여래가 계실 것이니, 힘쓸지어다! 문자를 떠난 한
마디와 격외(格外)의 기이한 보배를 쓰지 않으려는 것은 아니지만,
또한 장차 특별한 기틀을 기다리는 바이다. (「선가귀감 서문」)[3]

---

3 古之學佛者, 非佛之言不言, 非佛之行不行也. 故所寶者, 惟貝葉靈文而已. 今之學佛
者, 傳而誦則士大夫之句, 乞而持則士大夫之詩. 至於紅綠色其紙, 美錦粧其軸, 多多
不足以爲至寶. 吁! 何古今學佛者之不同寶也? 余雖不肖, 有志於古之學, 以貝葉靈文
爲寶也. 然其文尙繁, 藏海汪洋, 後之同志者, 頗不免摘葉之勞. 故文中撮其要且切者
數百語, 書于一紙, 可謂文簡而義周也. 如以此語, 以爲嚴師, 而硏窮得妙, 則句句活釋
迦存焉. 勉乎哉! 雖然離文字一句, 格外奇寶, 非不用也, 且將以待別機也. (休靜, 「禪家
龜鑑序」, 『淸虛堂集』卷6)

서문은 짧고 간결하지만 거기에 담긴 휴정의 마음은 간절하면서도 친절하기 그지없다. 이러한 태도는 『선가귀감』 전체에 걸쳐서 나타난다. 이 서문에서 그는 이 책의 저술 동기로 두 가지를 들었다.

첫째는 불법을 배우는 자들이 불경을 읽지 않고 오직 유학자들의 시문만을 보배로 여기는 행태를 비판하는 것이다. 조선 전기 유학자들 중에서는 절에서 공부를 하는 경우가 종종 있었다. 승려에게서 한문의 첫걸음을 떼는 경우도 있었고, 속세의 어지러움에 휩쓸리지 않으려고 고요한 산사에서 공부하려는 의도도 있었다. 어느 쪽이든 절에서 공부를 하다 보면 자연히 승려들과의 교유가 맺어지게 되고, 세월이 흐르면서 이러한 것들이 하나의 관행으로 자리 잡게 된다. 그러나 조선의 지배 질서가 단단해지면서 불교의 사회적 위치는 유교와 비교할 수 없을 정도로 낮아진다. 이런 상황에서 승려들은 이름난 유생 혹은 관료의 시문을 받아서 지니고 다니는 일이 잦아진다. 특히 16세기 유생들의 문집을 보면 승려들에게 지어 준 시문들이 상당히 많아진다. 그 이전부터 이런 관행들이 많았지만 휴정의 시대에 특히 그러한 작품들이 증가하면서, 휴정의 제자들이 활발하게 활동하던 17세기가 되면 하나의 흐름으로까지 만들어진다.[4] 이처럼 주객이 전도된 상황에 대해 비판적이던 휴정은 그들을 위한 책을 찬술하기로 결정했다는 것이다.

---

4 이 같은 경향에 대해서는 유호선, 『조선 후기 경화사족의 불교인식과 불교문학』, 태학사, 2006을 참조하라.

둘째는 공부하는 학인들을 위해 요점을 정리해서 공부의 출발점으로 삼도록 하겠다는 의도였다. 불경의 방대함이나 그 논리의 정교함을 생각할 때 처음 불법을 공부하는 사람들이 쉽게 접근할 수 있는 통로의 필요성이 제기된다. 당시까지만 해도 불교를 공부하기 위한 첫걸음으로서의 역할을 할 만한 책이 없었다. 오랜 시간에 걸친 불교 탄압 정책 때문에 불교계에서 글을 읽을 수 있는 사람도 드문 시절에, 어렵고 방대한 불경을 어디서부터 어떻게 공부하고 수행을 해야 할지 줄거리를 잡는 것은 난망한 일이었다. 그런 사람들을 위해 휴정은 『선가귀감』을 구상하고 찬술한 것이다.

휴정의 제자들이 생각했던 저술 의도 역시 비슷한 범주의 것이었다. 지금 남아 있는 발문을 통해 우리는 제자들의 생각을 읽어 낼 수 있다. 현재 여러 판본에 나뉘어 전하는 글은 세 편이 있다. 유정(1579년), 보원(普願, 1583년), 성정(性正, 1731년)의 글이 그것이다. 이들은 제자들이 선교(禪敎)에 미혹하고 관행(觀行)을 잃어버린 것을 불쌍하게 여겨서 휴정이 책을 찬술하게 되었다고 생각하거나(보원), 수행자들에게 선문(禪門)과 교문(敎門)에서 일상생활의 요문(要門)으로 삼을 만한 것을 보여 주기 위해 찬술한 것이라고 생각했다(성정). 그러나 제자들의 글 중 『선가귀감』 찬술 의도에 대한 가장 자세한 기록으로는 유정의 글을 들어야 한다.

유정은 불교가 2백 년 동안 쇠퇴일로를 걸었다는 점, 그리고 선종과 교종이 서로 자기 입장만 내세우며 분열되었다는 당시 상황을 말한다. 이런 사정을 안타깝게 여긴 휴정이 제자들을 가르치는 틈틈이 읽던 50여 권의 경전과 어록에서 일상의 공부와 관련되는 구절을 뽑아서 책으로 편찬하게 되었다는 것이다. 이를 통해 방대한 경전의 바다에서 간추려 준 그의 공덕과 눈을 틔워 준 은혜를 칭송하였다. 결국 불법을 공부하는 사람들이 어떻게 시작해야 할지, 어떤 방법으로 공부를 해야 할지 몰라 허둥거리는 모습을 보고 휴정이 불경에서 긴요한 구절을 뽑고 거기에 자신의 해설과 평을 덧붙여서 『선가귀감』을 찬술했다는 것이다.

현재 전하는 『선가귀감』을 보면 크게 세 부분으로 구성되어 있다. ① 경전이나 어록에서 뽑은 구절을 먼저 배치한 다음, ② 그 구절에 대한 휴정의 해설이 들어가고, ③ 보다 심화된 내용의 평(評)이 붙는다. 모든 구절이 세 가지를 모두 갖추고 있는 것은 아니다. 그러나 휴정은 중요하다고 생각하여 뽑은 구절 중에서 후학들이 어렵게 여기리라 추정되는 부분에 대해서는 해설의 심급을 달리해서 자신의 생각을 덧붙였던 것이다. 이 책을 읽어 나가다 보면 유정이 감탄한 것처럼, 휴정이 제자들의 공부를 챙기고 생각하는 노파심이 참으로 간절했다는 것을 느끼게 된다.

3장 | 삼문수행, 조선 불교의 새 길을 열다

1. 깨달음으로 가는 지름길, 간화선

'한 물건', 그놈을 찾아서

휴정이 『선가귀감』 첫 구절에서 '한 물건'[一物]을 거론한 순간 그가
할 말은 다했다. 게다가 너무나 친절하게도 해설 부분에 일원상(一圓
相)을 그린 순간 자신이 표현하고 싶었던 것을 그대로 보여 주었다.
『선가귀감』은 시작하는 순간 결론을 쓴 셈이다. 그가 처음 숭인 장로
를 만났을 때, 숭인은 최여신에게 한참 동안 눈을 껌뻑이다가 '이 뜻을
알겠느냐' 하고 물었다. 이게 도대체 무슨 짓인가 싶던 최여신은, 그
이후 출가하여 휴정으로서의 삶을 살아오는 동안 수많은 수행 경험과
깨달음의 경험을 했다. 이 글을 쓰는 나는 누구이고, 이 글을 읽는 그
대는 누구인가. 그렇게 하는 '것'이 도대체 무엇인가. 그것은 "본래부
터 밝고 밝아 신령스러우며, 일찍이 생겨난 적도 없고, 사라졌던 적도
없으며, 이름을 붙일 수도 없고, 모양으로 그려 낼 수도 없다"(『선가귀

감』). 도대체 그것이 무엇이란 말인가?

육조혜능(六祖慧能)이 대중을 향해 물은 적이 있다. "나에게 한 물건이 있으니 이름을 붙일 수도 없다. 그게 무엇인지 알겠는가?" 그러자 대중 속에서 신회(神會)가 나와서 대답한다. "모든 부처의 본원(本源)이며 저의 불성(佛性)입니다." 이렇게 대답하는 바람에 신회는 육조혜능의 적통이 되지 못했다고 했다. 이 일화는 『육조단경』(六祖壇經), 『전등록』 등에도 수록되어 있고, 기화의 『금강경오가해설의』에도 인용되어 있다. 책마다 세부적인 내용은 다르지만 큰 요체는 같다. 신회의 대답에 육조혜능은 이렇게 말했다고 한다. "이름자도 붙일 수 없다고 했는데, 너는 본원이라느니 불성이라느니 하고 부른단 말이냐?" 지금 말하고 있는 그것, 생각하고 있는 그것, 나를 보고 있는 그것, 당황해하고 있는 그것이 도대체 무엇인가. 육조혜능은 그것을 '한 물건'이라고 했고, 휴정 역시 그것을 '한 물건'이라고 했다. 무엇인지 꼭 집어서 말할 수는 없지만, 도저히 설명할 수 없지만, 그것은 말의 길이 끊어진 자리에서도 오롯하고 마음으로 전할 수밖에 없는 것이다. 그런데 그것을 언어로 표현하기 위해 이름을 붙이려고 하니 그냥 '그것' 혹은 '한 물건'이라고 지칭한 것이다.

그렇더라도 '한 물건'이 무엇인지 논리적으로 따지지도 말고 그것의 의미를 생각하지도 말 것이며 그것을 찾아서 이리저리 분별을 내서는 안 된다. 그것은 언어의 그물로는 도저히 잡을 수 없는 놈이며, 인간의 사량분별(思量分別)로는 절대로 분석되거나 이해될 수 없는 놈이다. 그것이 무엇인지 망설이는 찰나 눈 밝은 선사는 단박에 내 멱

살을 틀어쥐고 콧잔등을 한 대 쥐어박은 다음 벌써 저만치 걸어가고 있을 것이다.

이 글을 읽으면서 많은 분들은 이게 도대체 무슨 소리인가 싶을 것이다. 휴정이 보기에 너무도 명명백백해서 확연히 알 수 있는 것인데, 그걸 언어로 설명을 하려고 하니 도저히 방법이 없다. 어떤 표현을 써도 말을 내는 순간 분별에 빠져들게 된다. 선사의 말처럼, "말을 입밖으로 내는 순간 다 틀린다!"라는 것이며, "한 생각이라도 움직이는 순간 다 어긋난다"라는 것이다(『선가귀감』).

회양(懷讓)이 숭산(嵩山)에서 육조혜능을 찾아와 절을 하자 혜능이 물었다. "여기에 온 그것은 무엇이냐?" 그러자 회양은 뭐라고 해야 할지 몰랐다. 8년이 지난 후, 회양은 육조가 물었던 그것을 알아챈다. 그는 혜능에게 말한다. "설령 '한 물건'이라 해도 맞지 않습니다." 이 대답 덕에 그는 혜능의 적통이 되었다.

이렇게 널리 알려진 일화를 인용하고, 몇 번이나 반복해서 차근차근 일러 주는데도 많은 후학들은 그저 멀뚱거리며 무슨 소리를 하는지 모른다. 팔딱거리면서 움직이고 있는 그것을 알아채지 못하는 후학들이 얼마나 안타까웠는지, 휴정은 이 항목의 마지막 평에서 그것을 더 분명하게 전달하려고 애를 쓴다.

三敎聖人	삼교의 성인들도
從此句出	이 구절에서 나왔지.
誰是擧者	이를 들먹이는 자 누구?

惜取眉毛 　　눈썹 빠질라. (『선가귀감』)

어떤가. 휴정이 말하고자 하는 '한 물건'이 무엇인지 이제 알겠는가? 그게 무엇인지 분명히 알았다면, 그걸 예전부터 알고 있었다면, 이 책을 덮어야 한다. 당연히 읽을 필요가 없다. 그런데도 여전히 잘 모르겠다면, 이제 휴정이 우리와 같은 무지한 후학들에게 조곤조곤 친절하게 설명해 주는 길을 따라서 가 보도록 하자.

바람 없는 바다에 물결이 이네

'한 물건'처럼 진리의 본체가 저렇게 명명백백한데 중생들은 알아차리지 못한다. 그래서 중생이기는 하다. 그렇지만 중생을 깨달음의 세계로 안내하기 위해 노력을 게을리할 수는 없는 노릇이다. 깨달으면 부처요 깨닫지 못하면 중생이라, 그 사이의 경계는 없는 것이라고들 하지만 중생의 살림살이가 어디 그리 쉽던가.

한 번도 파인애플을 먹어 보지 못한 사람에게 그 맛을 설명한다고 해보자. 먹어 본 사람이야 그 맛이 온몸의 감각으로 떠오른다. 그에게는 따로 설명을 할 필요도 없다. 그런데 먹어 보지 못한 사람에게는 어떻게 설명해야 할까. 새콤하면서도 달콤한 맛이라고 설명해 주면, 그 말을 듣는 사람 입장에서는 자신이 이전에 경험했던 새콤한 귤과 달콤한 복숭아를 떠올릴 수 있을 것이다. 그래서 귤과 복숭아를 섞어서 먹으면 비슷한 맛이 나느냐고 묻는다. 그러면 다시 대답할 것이다. 귤의 새콤함보다는 더 상큼한 맛이 강하고, 복숭아의 달콤함보다는 더 상쾌한 느낌이 든다고 대답한다. 이렇게 질문과 대답이 오가면 오갈수록 파인애플의 원래 맛과는 다른 방향으로 설명이 흐르고, 원래 맛과는 멀리 떨어지게 된다. 그럴 때 가장 확실한 방법은 어떻게든 그에게 진짜 파인애플을 먹어 보도록 하는 것이다. 먹어 보는 순간 모든 의문이 풀린다.

언어는 언제나 지시 대상과의 완벽한 합일을 꿈꾸지만, 그것은 어김없이 실제 대상과의 거대한 관념의 벽을 만드는 결과를 가져온다. 경전이나 어록에서 설해지고 접하는 수많은 진리들이 언어라는 방법을 버리지 않는 한 진리와 중생 사이에는 넘을 수 없는 거대한 벽이 존재한다. 그 때문에 선사들은 종종 일상적인 언어 관습을 깨기 위해 기발하면서도 뜻밖인 표현을 이용한다. 언어로 대표되는 인간의 관습적 사유를 기이한 표현과 행동으로 단박에 깨뜨리는 순간 깨달음의 계기를 만들어 낸다. 그러니 멀쩡한 진리의 당체(當體)를 놓고도 다시 설명을 해야 하니, 그것이야말로 "부처와 조사들이 세상에 나와서, 바람도 없는데 물결을 일으켰다"[佛祖出世, 無風起浪. 『선가귀감』]라는 것이다. 부처와 조사(이는 석가모니와 가섭존자迦葉尊者를 지칭한다고 휴정이 설명했다)의 말씀들이 알고 보면 바람 없는 바다에 물결 일으키듯 쓸데없는 말들이라는 것이다. 구구절절이 말했지만 깨닫고 보니 다 헛것이더라는 것이다. 석가모니와 가섭존자가 중생을 구제하기 위해 세상에 출현했지만, 그럴 필요가 전혀 없는 쓸데없는 짓이었다. 원래 중생의 마음에 원만하게 갖추어져 있는데, 구제하고 말고 할 것이 무엇이겠는가. 그러나 이렇게만 말을 하면 중생의 어두운 눈과 마음으로는 도저히 빠져나갈 길이 없다. 바람 없는 바다에 물결 일으키듯 한다 해도, 어쩔 수 없이 중생을 위해 말을 해야 한다. 휴정은 이 구절에 대한 해설에서 이렇게 말을 한다.

'한 물건'이라는 입장에서 보면 모든 사람들이 본래 원만하게 구비하고 있는데 어찌 다른 사람이 연지 찍고 분을 발라 주는 것에 의지하겠는가. 이것이 바로 세상에 출현한 것이 물결을 일으켰다고 한 까닭이다. 『허공장경』(虛空藏經)에서, '문자도 마업(魔業)이요, 이름과 형상도 마업이며, 심지어 부처의 말씀도 또한 마업이다'라고 한 것 역시 이와 같은 뜻이다. 이렇게 곧바로 본분(本分)을 든다면 부처와 조사도 쓸모가 없다. (『선가귀감』)

문제는 모든 중생들이 진리의 당체를 깨달아 모든 것들이 쓸데없다는 점을 알지 못한다는 것이다. 사람마다 자라 온 환경이 다르고 교육 수준이 다르며 생각이 다르고 이해의 수준이 다르다. 그들을 깨달음의 세계로 이끌기 위해서는 다양한 방법이 고안되고 적용되어야 한다. 그것을 근기(根機)가 달라서 방편을 달리 세운다고 한다. 진리에 대한 무지 때문에, 원래 원만하게 구비하고 있으면서도 아무것도 모르는 중생으로 살아간다. 무명(無明)의 두터운 껍질을 벗겨 내는 가장 좋은 방법이 바로 선(禪) 수행이다.

선 수행과 화두 참구

휴정은 여러 수행법 중에서 기본적으로 '선'(禪)에 의한 수행을 최우선으로 삼았다. 수많은 길이 있지만 가장 빠른 길은 선 수행이라는 입장을 견지했다. 그러나 사람마다 근기가 다르기 때문에 오직 선 수행만을 강요할 수는 없는 노릇이다. 불법을 익히는 다양한 방법이 있는 이유는 사람마다의 근기가 천차만별이기 때문이다.

이 땅에 선불교가 들어온 것은 신라 말이다. 흔히 '구산선문'(九山禪門)으로 지칭되듯이, 전국 각지에 여러 선불교의 종파가 들어와 자기 나름의 선풍(禪風)을 날렸다. 그 성과가 고려시대에 착실히 쌓여서 보조국사 지눌과 같은 걸출한 선승들이 계속 출현한다. 그 이후 고려의 수많은 고승들이 출현하여 사람들을 깨달음의 세계로 이끌면서 자기 시대에 걸맞은 선불교의 전통을 만들어 낸다. 조선 초기의 불교는 당연히 그 성과의 토대 위에서 자기의 길을 걸어 나간 것이었다. 기화의 불교도, 설잠의 불교도 고려 불교의 전통 위에서 자신만의 새로운 해석을 덧붙이면서 길을 만들어 나갔던 것이다.

그렇다면 휴정이 생각하는 선불교 혹은 선 수행의 출발점은 어디일까. 선 수행의 출발점을 누가 이야기할 수 있으랴만, 휴정은 『선가귀감』에서 선의 본질을 보여 주는 것으로부터 시작한다. 그러고는 불교의 첫 계기인 석가모니의 삶을 두 부분으로 구분한다. "부처님의 삼처전심(三處傳心)은 선지(禪旨)가 되었고 평생토록 설법한 것은 교문(敎門)이 되었다"(『선가귀감』)라는 구절이 그것이다. '삼처'란 선어록이나 경전에 여러 차례 등장하는 고사다. 하나는 흔히 '다자탑전반분좌'(多

子塔前半分座, 다자탑 앞에서 자리를 반쪽 나누어 주다)라고 하는 것이다. 석가모니가 설법을 할 때 제자인 가섭이 뒤늦게 도착했다. 그의 남루한 차림새 때문에 사람들이 알아보질 못했는데, 석가는 즉시 알아보고 자신이 앉았던 자리를 옆으로 비켜서 가섭이 앉도록 자리를 나누어 주었다는 이야기다. 두번째는 '영산회상거염화'(靈山會上擧拈花, 영산회상에서 꽃을 들어 보이다)라고 하는 것이다. 영축산에서 설법을 할 때 석가가 말없이 꽃을 들어 대중들에게 보여 주니, 아무도 그 뜻을 알지 못했는데 가섭만이 빙그레 미소를 지었다는 고사다. 흔히 염화미소(拈花微笑), 염화시중(拈花示衆)이라고 하는 고사를 말한다. 세번째는 '쌍수하곽시쌍부'(雙樹下槨示雙趺)라고 하는 것이다. 석가가 사라쌍수(沙羅雙樹) 아래에서 열반에 들자 나무 아래에 관을 안치했는데, 가섭이 뒤늦게 열반 소식을 듣고 달려왔다. 이미 관 속에 석가의 시신을 넣어 둔 상태였는데, 가섭이 세 번 관을 돌고 세 번 절을 하자 세존이 관 밖으로 두 발을 내어서 보여 주었다는 고사다. 이는 이성적 논리로는 이해할 수 없는 것으로, 마음에서 마음으로 법을 전하는 방식으로 가섭이 석가모니에게 법의 등불을 받았다는 하나의 상징으로 여기는 것이다. 선불교의 시작을 여기서 보는 것은 『전등록』이나 『선문염송』 등 여러 책에 나오는 기록이다. 이는 가섭과 아난(阿難) 중에서 가섭을 선의 출발로 삼고 아난을 교의 출발로 삼으면서 암묵적으로 아난을 한 등급 아래로 취급하려는 오랜 관행을 보여 주는 것이다. "선과 교의 근원은 석가모니이고, 선과 교의 분파는 가섭과 아난"(『선가귀감』)이라고 하면서 휴정은 선과 교의 차이가 얼마나 현격한지 덧붙이고 있다. 이처럼 그 역시 여기서 이야기를 시작한다.

선을 통해서 깨달음에 이르는 방법은 여러 가지가 있다. 그것이 위파사나(Vipassana)든 묵조선(默照禪)이든 조사선(祖師禪)이든 간화선(看話禪)이든 깨달음으로 가기만 하면 된다. 방법은 뗏목과 같은 것이어서, 목적지에 도착하면 어떤 것이든 버려야 할 도구에 불과하다. 그러나 되도록 빨리, 효율적으로 도달하고자 할 때 그 방법의 선택은 대단히 중요하다.

우리가 선불교를 떠올릴 때 가장 익숙한 풍경은 선사와 제자 사이의 날카로운 문답에 있다. 오랜 참선 수행을 통해서 어떤 경계를 돌파했다고 생각되면, 언제든지 눈 밝은 스승을 찾아가 자신의 경지를 확인해야 한다. 그 과정에서 많은 선문답이 오가게 되며, 스승은 선문답을 통해서 그 사람의 경지를 확인하고 인가한다. 이런 과정을 통해 '조사선'이 형성된다. 조사선의 종지는 '직지인심'(直指人心), 즉 그대의 마음을 곧바로 가리켜 보라는 것이다. 혜능 이래 선법(禪法)의 주류를 이루는 것을 조사선이라고 하는데, 이것의 가장 큰 의미는 자신의 마음을 깊이 살피고 그것을 통해서 깨달음에 도달하는 것에 있다. 우리나라에서는 이미 고려 때 백운경한(白雲景閑, 1299~1375)의 문집에 보일 만큼 일찍부터 우리 수행 전통에 영향을 끼쳤다. 백운경한은 동시대의 고승 태고보우(太古普愚)와 마찬가지로 중국 임제종(臨濟宗) 호구파(虎丘派)의 법맥을 이은 석옥청공(石屋靑珙, 1272~1352)에게서 배워 인가를 받았다. 즉 이들은 임제종의 전통을 이은 사람들이라는 것이다.[1] 육조혜능 이래 마조도일(馬祖道一), 백장(百丈), 황벽희운(黃蘗希運), 임제의현(臨濟義玄)에 이르기까지 많은 선승들이 활동하면서 이룩한 조사선의 전통은 그 뒤에 다시 간화선으로 변화된다.

어떤 불교든 마음을 살피는 것은 마찬가지다. 그러나 조사선은 문자를 거부하고 오직 자신의 마음으로 돌아가라고 한다. 이럴 때 '문자'는 '문자 그대로의 문자'를 말한다기보다는 불경을 포함한 교학 체계를 지칭하는 것이다. 문자로 상징되는 교학 체계는, 아무리 복잡하고 정교한 논리를 들어서 깨달음을 말하더라도 교학의 범주 안에서 발화되는 순간 깨달음의 복사물이 된다. 심지어 어떤 알음알이에 의해 생각이 움직이는 순간에도 그것은 깨달음과 천리만리 떨어지게 된다. '한 생각이라도 움직인다면 그 순간 어긋난다!'

자신의 마음에 집중해서 관찰하기 위해서는 우리가 중생으로서 가지고 있던 모든 것을 내려놓아야 한다. 우리는 태어나면서 거미줄처럼 얽힌 인연과 관계의 그물 속으로 들어간다. 나는 아무개의 아들이며 아무개의 손자이며 아무개의 동생이며 문중의 장손이며 마을 공동체의 일원이며 동시에 엄청난 인연의 그물로 규정된다. 그 그물에서 벗어나는 일은 불가능하다. 그렇지만 불가능하다고 해서 시도조차 하지 않는다면 더 큰 문제다. 하나씩 내려놓으면서 그물에 갇혀 꼼짝 못하는 마음을 살펴야 한다. 이런 점이 바로 조사선의 강점이다.

조사선에서는 '나'를 현실적으로 구성하는 역사적·사회적 조건들이 모두 사장된다. 부처도, 부모도, 권속도 모두 죽이고 나의 과거와

---

1 김태완, 『조사선의 실천과 사상』, 장경각, 2001, 66쪽.

미래조차 걷어 내면 나의 오롯한 본성이 드러나는데, 그것을 임제는 '무위진인'(無位眞人)이라고 불렀다.[2] 모든 것을 놓아 버리고 덜어 내야 한다. 덜어 내야 한다는 생각도 놓아 버리면, 어느 순간 새로운 경계를 경험하게 된다. 조사선은 그런 점에 착안하여 수행자를 몰아붙인다. 다른 생각, 어떤 분별심도 끼어들 틈을 주지 않고 수행자를 몰아붙여서 그의 의식이 도저히 빠져나갈 구멍 없는 막다른 골목으로 가도록 만든다. 거기서 의심의 극한까지 더욱 밀고 나가면 자신이 만든 혹은 자신을 만든 틀 자체를 완전히 부수어 버리게 한다. 이런 방식을 일상생활 속에서 해나간다는 점에서 그 특징이 있다.

이런 맥락에서 보면 조사선의 강점은 일상생활과 밀착된 수행을 강조한다는 점이다. '평상심이 도'(平常心是道)라는 명제는 조사선을 가장 잘 설명해 준다. 중생의 평상심은 아무 분별이 없는데, 사람들은 분별로 가득한 마음으로 살아간다는 것이다. 생활하는 가운데 자기 마음을 잘 관찰하여 분별이 없는 평상심을 회복하는 것이 수행의 중요한 목표다. 그것은 좌선(坐禪)과 같은 형식적인 참선이 아니라 생활 속에서 끊임없이 마음을 챙기는 것을 수행 방법으로 삼기 때문에 대단히 어렵다. 말하자면 조사선은 평상의 그 자리에서 마주치는 조사들의 갖가지 언행에 깨달음의 지표를 설정하여 그것을 체득하도록 유도하는데, 이러한 조사선의 내용을 빌려 와 '화두'(話頭)를 궁구하는 수행법이 바로 '간화선'[3]이라 하겠다.

---

2 박재현, 『깨달음의 신화』, 푸른역사, 2002, 115쪽을 참조하라.

사실 조사선과 간화선 사이에 어떤 차이가 있는지 정확하게 그 경계선을 긋기는 어렵다. 활동했던 선사들은 양쪽에 모두 관계가 있고, 수행 방법 역시 비슷하기 때문이다. 한국 불교의 특징을 이야기할 때 "조사선 가풍의 간화선 수행이 펄펄 살아 있는 불교"[4]라고 하는 것도 그 때문이다. 그러나 범박한 수준에서 구분해 보자면 조사선은 화두를 들지 않는 데 비해 간화선은 화두를 들고 수행하는 것이다. 경전이나 문자, 기타 다양한 공부에 얽매이지 않고 오직 자신의 마음이 곧 부처라는 점을 깨닫기 위한 공부라는 점은 조사선이든 간화선이든 공통의 기반이다. 그러나 구체적인 수행 방법에서 '화두'를 이용하는가의 여부가 둘 사이의 차이를 만들어 낸다.

오염되지 않은, 전일하면서도 항상 깨어 있는, 분별이 없는 마음을 깨닫기 위해 선 수행을 하다 보면 하나의 경향이 생기게 된다. 생활 속에서 자성청정심(自性淸淨心)을 회복하기 위해 수행을 한다지만 쉬울 리 없다. 그래서 많은 수행자들이 대중생활을 하면서 세속과 떨어진 곳에서 수행을 하는 것은 좀더 집중을 하기 위함이다. 좌선으로 대표되는 참선 수행은 그 때문에 호응을 받았지만, 역으로 그것은 어지럽고 혼탁한 마음을 고요하게 만들어 삼매에 들어가는 것에서 만족을 얻고 마는 경우가 많았다. 조동종(曹洞宗)의 좌선을 그 예로 들 수 있겠다. 오직 고요한 마음의 경지를 유지하면서 몸을 완벽한 좌선 자세

---

3 김영욱, 『화두를 만나다』, 프로네시스, 2007, 16~17쪽을 참조하라.
4 불학연구소 엮음, 『간화선』, 조계종출판사, 2005, 45쪽.

로 만드는 것을 그 목표로 삼다 보면 어느새 좌선 그 자체만을 즐기게 된다. 마음의 평화를 가져올 수는 있지만, 삼매에서 깨어나는 순간 평화는 사라지고 다시 중생의 어지러운 번뇌 속으로 들어간다. 고요한 참선[定]을 통해서 지혜를 만들어 내야 하는데, 선정(禪定)만 있고 지혜가 없다면 그런 참선은 거짓이다. 언어가 끊어진 경지를 경험할 수는 있겠지만, 그것이 지혜로 전환되지 않는다. '묵조선'이 바로 그런 폐단을 고스란히 드러내는 방법이 아니던가.

선정을 하는 가장 중요한 이유는 무엇일까. 휴정은 『선가귀감』에서 "일체 모든 보살들의 걸림 없는 청정한 지혜는 모두 선정에 의해 나온다"라고 역설한 바 있다. 어지럽기 그지없는 마음이 선정에 의해 고요해지면 눈앞의 모든 상(相)들이 잠깐 저런 모습으로 존재할 뿐 영원한 것은 없다는 점을 명확히 관찰할 수 있다. 이것은 일종의 '공성'(空性)에 대한 체험이라고 할 수 있는데, 이 체험을 바탕으로 나를 포함한 우주만상의 실체를 투철하게 관찰한다. 그 경계를 휴정은 다음과 같이 읊은 바 있다.

虛隙日光	빈틈으로 햇살 스미면
纖埃擾擾	미세한 먼지들 어지러워라.
淸淸水底	맑고도 맑은 물 바닥엔
影像昭昭	비치는 모습들이 밝고 밝아라. (『선가귀감』)

문틈으로 햇살이 스며드는 걸 본 적이 있는가. 깨끗한 방처럼 보

이던 곳도 미세한 틈으로 비치는 햇살에 비추어 보면 미세한 먼지들이 어지럽게 날리는 것을 볼 수 있다. 그처럼 우리의 마음이 아무리 고요한 상태를 유지하는 것처럼 보여도 실상은 무수한 번뇌의 그물에 얽매여 어지럽게 살아가고 있는 것이다. 다만 그것을 우리가 알아차리지 못할 뿐이다. 그 마음을 고요하게 가라앉히면 삼라만상의 모든 것들을 밝게 비출 수 있는 깨끗한 물처럼 될 것이다. 그렇게 우리 마음을 만드는 수행이 바로 '선정'이다. 그 선정으로 우주를 보는 힘이 커지면 세상을 바로 보는 눈이 뜨일 것이고, 그렇게 보는 것이야말로 진정한 지혜가 발현되는 것이 아니겠는가.

이러한 선정이 지혜를 만들어 내지 못하고 그저 앉아서 마음만 고요하게 만든다면 수행의 큰 문제점으로 지적될 만하다. 흔히 묵조선의 폐단으로 거론되는 것은 바로 고요함의 즐거움에 빠져서 헤어나지 못한다는 점이다. 선정이 지혜를 만들어 내지 못하고 고요함만 추구한다면, 이는 미세한 먼지를 고요히 가라앉혀 놓기만 하는 것과 같아서 미세한 바람이라도 불면 순식간에 그 먼지들은 온 방안을 가득 채울 것이다. 마찬가지로 마음을 고요하게 해서 우리의 번뇌를 가라앉혀 놓는다 해도 그것은 미봉책에 불과한 것이어서 외부와의 접촉이 발생하는 순간 수많은 번뇌들이 다시 우리 마음을 가득 채울 것이다. 중요한 것은 우리의 생활 속에서 선정을 행하면서도 중생의 삶을 올바로 살아갈 지혜를 어떻게 발생토록 할 것이냐 하는 점이다.

옛 선사들은 생활 속에서 어떻게 수행하고 깨달음을 얻었던 것일까. 그것에 중점을 두어 발견한 것이 바로 '간화선'이다. 옛 선사들이 깨달음의 계기로 던져 주었던 이야기 속에서 '화두'를 만들고, 일상생활 속에서 끊임없이 화두를 들어 자신의 마음이 고요하기만 한 상태로 만들지 않는 것이 그 목표였다. 살아 움직이는 화두를 들고 의문 덩어리를 계속 키워 나간다면, 깨달음의 순간이 단번에 도래할 것이라고 했다. 돈오(頓悟)를 이야기하는 이유가 바로 이런 맥락에 있다. 이와 같은 수행 방법을 제시한 사람이 바로 대혜종고(大慧宗杲)다. 이미 고려시대 지눌이 그의 『대혜보각선사어록』(大慧普覺禪師語錄)을 읽었고 그것을 바탕으로 만년에 간화선을 수용한 바 있다.[5] 그의 어록은 1387년 고려에서 간행된 바 있는데, 이후 많은 수행자들이 이 책을 통해서 영향을 받았다. 휴정 역시 『선가귀감』에서 대혜종고의 어록을 여러 차례 인용한다. 따라서 휴정이 간화선을 중요한 수행 방법으로 내세우면서 후학들을 지도할 때에는 그 바탕에 대혜종고의 간화선이 깔려 있었던 것이다.

휴정은 『선가귀감』에서 선문(禪門)을 교문(敎門)과 대비시키면서 각각의 특징을 드러낸다. 따라서 선과 교를 구분해서 설명하는 것은 불가능하다. 그러나 수행의 길을 걸어가기 위한 휴정의 지도 속에서 선종은 교종보다 깊고 빠르다. 문자의 굴레에 빠져서 평생을 허우적대기보다는 '화두 참구(參究)' 속에서 깨달음을 얻는 방식을 택한 것이다. 이것은 그가 지리산에서 몇 년간의 수행 끝에 스스로 발심을 하고 머리를 깎으면서 맹세한바, "차라리 한평생 어리석은 놈으로 살

---

5 이 점은 이동준, 「고려 혜심의 간화선 연구」, 동국대학교 박사학위 논문, 1992를 참조하라.

지언정, 맹세컨대 문자나 매만지는 법사가 되지는 않으리라"[寧爲一生痴獸, 矢作文字法師] 했던 것에 그대로 대응된다.

그의 수행은 간화선에 기대 있다. 이전에도 간화선의 전통이 있기는 했지만, 휴정처럼 간화선에 대한 깊은 이해와 함께 화두 참구의 중요성을 강조한 경우는 처음이다. 이는 지금의 조선 불교가 간화선 중심의 선 수행 전통을 지닌다는 사실과 일정한 연관을 가진다. 특히 임제종 중심의 선 공부, '무'(無)자 화두나 '이 뭐꼬'[是個甚麼] 화두와 같은 일정한 패턴을 가진 화두의 중시, 대혜종고의 『서장』(書狀)이나 고봉원묘(高峰原妙)의 『선요』(禪要) 중시 등은 분명 휴정이 정립해 놓은 선 수행의 태도와 관련이 있다. 특히 대혜의 어록은 지눌에게서 처음 수용되면서 지눌에게 견성(見性)의 계기를 던져 준 책이다. 물론 지눌은 간화선의 수승(殊勝)한 점을 인정하면서도 이전의 수행 방법을 버리지는 않았다.[6] 그러나 조선시대에도 여전히 지눌의 태도는 수행자들에게 영향을 끼쳤고, 간화선 수행이 명맥을 이을 수 있었다. 그것을 본격적으로 후학들을 위한 지침처럼 확정시킨 사람은 휴정이었다. 그런 점에서 휴정은 조선 불교 수행의 큰 흐름을 만들어 놓은 장본인인 셈이다.

휴정이 자신의 법맥으로 삼아 존경을 표하면서 거론한 인물 중에 경성일선(敬聖一禪)이 있다. 휴정은 그의 행장을 쓰면서, 일선이 화두

---

6 이덕진, 「깨달음의 방법에 관한 논쟁」, 『논쟁으로 보는 불교철학』, 예문서원, 1998, 272쪽을 참조하라.

참구를 강조했다고 하였다. 이를 보면 조선 전기 불교의 쇠퇴에도 불구하고 화두를 참구하는 수행이 이어지고 있었음을 알 수는 있다. 그러나 화두 참구를 제자들이나 주변의 수행자들에게 꾸준히 추천하면서 독려한 사람으로 휴정만 한 사람이 없다. 그는 강원도 오대산에서 수행하고 있던 일학(一學) 장로(長老)에게 보내는 편지에서 공부의 어려움을 역설하였다. 시시로 참회하고 온 힘으로 정진을 해서 어떤 지식과 알음알이라도 모두 쓸어버린 뒤에야 화두가 들리는 것이라고 하면서 이렇게 말한다.

다만 하루 동안 가고 머물고 앉고 눕는 네 가지 위의(威儀) 안에서 본래 참구하던 공안(公案, 화두)을 들되, 공안을 들고 들어 의심하고 의심해서 마음과 생각의 길이 끊기고, 뜻[意]과 식(識)이 행해지지 않음에 이르러 잡을 곳도 없고 자미(滋味)도 없고 더듬을 것도 없어서 마음속이 답답할 때 공(空)에 떨어질까 두려워하지 않게 되면 이것이 화두가 힘을 얻는 곳이요, 힘을 더는 곳이며, 생사를 놓아 버린 곳입니다. 화두가 밝고 밝아 들지 않아도 저절로 들리고, 의단(疑團, 의심 덩어리)이 역력하며 의심하지 않아도 저절로 의심될 때, 마치 세찬 물이 흐르는 여울의 달이 부딪쳐도 흩어지지 않고 쓸어 내도 없어지지 않은 것과 같으며, 모기가 쇠로 만든 소에 올라 앉아 부리로 찔러도 어찌할 수 없는 것과 같을 때, 바로 그 순간 팔만의 마구니 무리들은 모두 창을 버릴 것이며 삼천의 옥졸(獄卒)들도 쇠꼬챙이를 버릴 것이며, 삼세(三世)의 모든 부처님들도 이루 다 칭찬하지 못할 것이며, 역대의 조사들도 전하려야 전할 수 없을 것이니, 이는 바로 그 사람이 그 사람이기 때문입니다. 바로 이때, 그 사람이 다른 생각을 일으키면 반드시 악마의 경계에 들어가 보리(菩提)의 종자를 잃을 것이니, 어찌 삼가지 않을 것이며, 어찌 놀라지 않겠습니까? (「오대산 일학 장로에게 보내는 글」)[7]

화두를 어떻게 들어야 하며, 어떤 자세로 해야 하는지 준열한 어조로 말하고 있는 이 글은, 부분적으로 『선가귀감』에 나오는 글과 중복되기도 한다. 하루 모든 생활이 화두를 챙기는 것으로 이루어져야 하며, 그렇게 믿음과 분발심과 의심을 끝까지 밀고 나가서 한 생각도 일어나지 않는 경계에 이르러야 비로소 화두의 힘이 발휘되었다고 말한다. 이는 휴정 자신의 수행 체험이 녹아 있어서, 후학을 지도할 때 간화선이야말로 최상의 수행 방법이라고 생각했기 때문에 가능한 충고였다.

　　간화선을 중심으로 하는 마음공부는 승려들에게 한정하여 권한 것이 아니었다. 휴정은 「박학관에게 답하는 편지」에서 도교와 불교를 비교하여 설명하고 있는데, 그 과정에서 선가의 중요한 공부 방법

---

7 但向二六時中, 四威儀內, 提起本參公案, 提來提去, 疑來疑去, 至心思路絶, 意識不行, 沒巴鼻, 沒滋味, 沒模索, 肚裏悶時, 莫怕落空, 此是話頭, 得力處也, 省力處也, 放生死處也. 話頭明明, 不提自提, 疑團歷歷, 不疑自疑時, 正如急水灘頭月, 觸不散, 蕩不失, 又如蚊子, 上鐵牛, 下觜不得時, 八萬魔軍盡倒戈, 三千獄卒放鐵叉, 三世諸佛讚不及, 歷代祖師傳不得, 正是當人, 正是當人也. 當此時, 當人若起他念, 則必入魔境, 失菩提子, 其不可愼乎? 其不可驚乎? (休靜, 「寄五臺山一學長老」, 『淸虛堂集』卷7)

으로 간화선을 말한다. 화두를 끝까지 밀고 나가다 보면 "이치의 길도 없고 의(義)의 길도 없고 더듬어 찾을 것도 없는 거기서 공부하여 의심의 칠통(漆桶)을 깨뜨리는 것으로서 천 가지 의심과 만 가지 의심이 한꺼번에 부서진다"라는 말로, 화두로 인한 깨달음의 경계를 소개하였다.[8] 유학자들에게도 화두로 마음공부를 하는 자세를 적극적으로 소개하면서, 불교 수행의 경지를 드러내곤 했던 것이다.

어느 시대나 새로운 사상과 흐름이 나오는 것은 이미 존재하고 있는 사상과 흐름이 있어야 가능하다. 휴정이 여러 선 수행 방법 중에서도 간화선을 중요하게 여겼던 것은 이전의 수행이 조사선 혹은 묵조선의 전통을 중시했기 때문인 것으로 보인다. 유교는 불교를 비판하면서 늘 공적(空寂)함에 빠져서 실제로는 어떤 현실적 영향력도 없다고 하였다. 허무적멸(虛無寂滅)의 무리라고 승려를 비판한 것도 같은 맥락이다. 불교의 수행에 무지한 유학자들이기 때문에 조사선이든 간화선이든 그저 가만히 앉아서 허무함에 빠져 버리는 것으로 파악할 수는 있을 것이다. 그러나 자신의 마음을 관(觀)한다는 차원에서 묵묵히 앉아 있다가 오히려 어떤 지혜도 나지 않는 적멸의 경계에 빠진다면 수행이라 할 수 없다. 그것은 경전을 읽으면서 거기에 얽매이고 뒤섞여서 헤어나지 못하는 것과 다를 바 없다.

수행을 처음 시작하는 사람은 세 가지 요소를 갖추고 참선을 해야 한다. 대신근(大信根), 대분지(大憤志), 대의정(大疑情)이다. '삼요'

---

8 휴정, 「박학관에게 답하는 편지」(答朴學官書), 『청허당집』 권7.

(三要)라고 하는 세 가지 조건은 고봉원묘의 글에도 나온다. 원묘는 이렇게 설명한다. "수미산처럼 당당하게 흔들리지 않는 큰 믿음, 아버지를 죽인 원수를 만나서 단칼에 잘라 버리겠다는 큰 분발, 캄캄한 곳에서 어떤 것이라도 분명하게 그러내고야 말겠다는 큰 의심." 이 구절에 대하여 휴정은 여러 조사들의 말씀을 거론하면서, 자성을 보고 반드시 깨칠 수 있다는 믿음과 깨달음에 대한 확고한 의지와 화두를 철저히 의심하는 자세를 강조한다.

특히 화두를 들고 의심하는 것은 매우 중요하다. 스승으로부터 받은 화두를 드는 수행자는 "간절한 마음으로 공부해야 한다", "마치 닭이 알을 품듯, 고양이가 쥐를 잡듯, 배고플 때 밥 생각하듯, 목이 마를 때 물을 찾듯, 어린아이가 엄마를 생각하듯 해야 한다"라고 했다(『선가귀감』). 그렇게 수행하다 보면 반드시 확철대오(確徹大悟)하는 때가 온다고 했다. 그 순간을 위해 큰 믿음과 큰 뜻과 큰 의심은 반드시 필요한 조건이다. 간절한 마음으로 화두를 참구하여, 자나 깨나 놓지 않는다면 캄캄한 칠통을 산산조각이 되도록 깨치는 날이 온다. 내면적 고투를 이김으로써 심열(心熱)이 서서히 폭발점에 접근하여 시절인연이 익게 되면, 자신을 묶고 있던 쇠사슬이 절단되면서 수행자는 일거에 화두를 돌파하여 깨닫게 되는 것이다.[9] 이런 상황에서 큰 믿음과 큰 뜻, 큰 의심이 없다면 그 계기를 만나는 것은 불가능하다.

문제는 화두를 어떻게 대하느냐 하는 것이다. 앞서 말한 것과 직

---

9 아라키 겐고(荒木見悟), 『불교와 유교』, 심경호 옮김, 예문서원, 2000, 259쪽.

결되는 것이지만, 똑같은 화두를 들어도 사구(死句)가 아니라 활구(活句)로 만들어야 한다. 활구를 드는 문제는 선 수행자뿐만 아니라 교학자(教學者)들에게도 당연히 적용된다. "공부하는 사람으로서 사어(死語)를 지키는 사람은 항상 정결(淨潔)의 구속을 받아 다만 안으로 유한(幽閑)을 지킬 줄만 알고 활구를 참구할 줄 모르는 사람이니, 그는 마치 꿩이 고개를 넘어가 버렸는데 여전히 빈 나무 덩굴을 지키는 사람과 같다." "활구는 마음과 뜻과 의식이 미치지 못하는 곳으로서 근본 심왕(心王)이 산 것이니 달리는 짐승과 같다. 사구란 마음과 뜻과 의식이 미치는 곳으로서 근본 심왕이 죽은 것이니 달리는 개와 같다"(『심법요초』心法要抄).[10] 중요한 것은 내가 잡고 참구하는 화두가 활구로서의 기능을 하도록 해야 한다는 것이다. 활구로서 기능하는 화두는 아무리 잡으려 해도 잡을 수 없고, 언제나 펄떡펄떡 뛰는 물고기처럼 살아 움직이며 나를 극한까지 몰아댄다.

개울에서 미꾸라지를 손으로 잡아 본 적이 있다면 이 느낌을 알 수 있을 것이다. 살아 있는 미꾸라지는 손으로 잡기도 어렵거니와, 설령 그물 안에 들어 있는 놈이라 해도 손으로 잡는 순간 미끈거리며 힘찬 몸짓으로 내 손을 빠져나간다. 자신의 목숨이 다할 때까지 미꾸라지는 살아 움직이며 내 손의 구속을 거부한다. 그놈이 내 손에 고이 잡혀 있을 때는 이미 죽었거나 거의 죽음에 이르렀다는 뜻이리라. 흔히 살아 있는 화두를 '활발발'(活潑潑)하다고 표현하는데, 이때 '발'의 한

---

10 이 책에 인용된 휴정의 『심법요초』는 『한국불교전서』 제7책을 참고한 것이다.

자는 '鱁'로도 쓴다. 물고기가 꼬리를 치면서 마구 돌아다닌다는 의미의 글자다. 화두를 들고 아무리 의심하고 참구해도 도저히 그 꼬리를 잡을 수 없다면 언젠가는 그놈이 나를 최악의 막다른 모퉁이로 밀어붙일 것이고, 그 순간에도 화두 참구를 멈추지 않는다면 캄캄한 칠통 속에 갇혀 있다가 그것을 산산이 부수고 드넓은 세계로 나갈 수 있을 것이다.

돈오와 점수에 대한 견해

돈오(頓悟)-점수(漸修) 문제는 우리 불교사에서 오랫동안 논쟁거리가 되어 왔으며, 지금도 논쟁 중인 중요한 개념이다. 가장 가깝게는 1981년 성철(性徹)의 『선문정로』(禪門正路)에서 지눌을 비판하는 과정에서 제기되어 수행자들과 연구자들이 이 논쟁에 오랫동안 참여하였다.[11] 그러나 그 연원을 따지고 올라가 보면 신수(神秀)의 북종선과 혜능의 남종선의 수행 방법에서 비롯된다. 이와 관련된 내력은 『육조단경』에 실려 있다. 이 경전은 종파적으로는 북종선을 비판함으로써 탄생한 남종선의 경전이며 사상적으로는 북종선의 점수에 대한 남종선의 돈오를 보여 주는 경전이라고 할 수 있다.[12]

　돈오와 점수의 입장 차이에 대해서 가장 흥미롭고 날카롭게 드러내는 곳은 『육조단경』에 수록되어 널리 전하는 이야기 가운데 특히 신

---

11 그간의 논쟁 과정이나 논점 등은 김호성 엮음, 『깨달음, 돈오점수인가 돈오돈수인가』, 민족사, 1992에 소개되어 있다.

12 김영욱, 『왕초보, 육조단경 박사 되다』, 민족사, 2010, 25쪽.

수와 혜능이 오도송을 지으면서 벌이는 긴장감 넘치는 일화 부분이다. 사람의 몸은 보리의 나무요 사람의 마음은 밝은 거울이니, 수시로 부지런히 털어 내면 어디서 먼지가 일어나겠느냐는 것이 신수의 게송(偈頌)이었다. 이에 대해 애초에 '한 물건'도 없는데 먼지가 일어날 곳이 어디 있겠느냐는 것이 혜능의 게송이었다. 상당한 교학의 토대 위에 있던 신수가 무식한 나무꾼 혜능에게 스승의 의발(衣鉢)을 빼앗기는(!) 결정적 계기가 된 게송이었다. 여기서 이미 볼 수 있듯이, 신수의 북종선은 끊임없는 수행을 통해 마음의 청정함을 잘 지키자는 것이고, 혜능의 남종선은 공성(空性)을 바탕으로 근본 자리를 꿰뚫어 봄으로써 단번에 깨달음에 이르러야 한다는 입장이었다.

물론 혜능의 남종선 내부에서도 이 문제는 여전히 존재했다. 처음부터 서로 다른 입장이 있었던 것은 아니지만, 당송(唐宋) 대에 활동했던 선승들이 자신의 불교적 입장을 천명하는 과정에서 돈오와 점수 어느 한쪽에 호의적 태도를 보이는 경우가 생긴다. 예컨대 '하택신회(荷澤神會)-법여(法如)-남인(南印)-도원(道圓)'의 법맥을 이었다고 자부하는 규봉종밀(圭峰宗密)은 중생의 마음이 원래부터 청정하여 구족(具足)한 것이기 때문에 '마음이 곧 부처'임을 알면 된다는 입장을 강조하였다. 그 과정에서 중생의 마음은 무명(無明)으로 덮인 망념(妄念)의 상태이므로 항상 수행을 통해서 망념을 멈추게 하는 것이 중요하다고 하였다. 결국 끝없는 수행을 전제로 하는 것이었으므로, 이는 점수를 강조해야만 했다. 이에 비해 '남악회양(南嶽懷讓)-마조도일'로 이어지는 법맥과 '청원행사(青原行思)-석두희천(石頭希遷)'으로 이어지는 법맥을 이은 쪽에서는 생활 속에서의 평상심을 중시하면서 단번에 깨닫는 돈오를 중시하였다. 이들에게서 각각 임제종과 위앙종(潙仰宗), 조동종과 운문종(雲門宗)과 법안종(法眼宗)이 나왔는데, 이들 종파는 휴정이 『선가귀감』에서 중요하게 다루는 종파였다는 점을 감안할 때 그의 수행이 어디에서 비롯하였는지 짐작할 수 있게 한다.

이들의 영향권 안에 있으면서도 휴정은 돈오만을 강조하지는 않았다. 성리학에서의 인성론이 정점에 이른 시기에, 조선의 불교와 수행 수준을 끌어올리고자 했던 휴정 입장에서는 돈오만을 가지고는 어렵다고 판단했던 것으로 보인다. 그러나 휴정은 선과 교의 대립쌍을 거론하면서도 분명히 선을 앞머리에 놓았다. 그가 상대항을 염두에 둔 것은 선의 중요성을 강조하기 위한 전략적 배치의 측면이 있다. 그에게 있어서 돈오와 점수 문제는 선(禪)과 교(敎), 불변(不變)과 수연(隨緣), 혜(慧)와 정(定), 동(動)과 정(靜) 등의 개념과 일종의 대립쌍을 이룬다. 선을 말하고 있지만 그것은 언제나 교를 상대항에 놓은 진술이다. 따라서 『선가귀감』을 포함하여 휴정의 저술에서 선과 교를 따로 떼어서 논의하기는 거의 불가능하다. "선은 부처의 마음이고 교는 부처의 말씀이다"[禪是佛心, 敎是佛語]라는 구절의 해설에서 휴정은 이렇게 쓴다.

말없음[無言]으로 말없음에 이르는 것은 선이고, 말있음[有言]으로 말없음에 이르는 것은 교이다. 나아가 마음은 선법(禪法)이고 언설은 교법(敎法)이다. 법은 비록 같은 맛이지만 견해는 하늘과 땅 사이처럼 현격하다. (『선가귀감』)

선과 교는 하늘과 땅처럼 분명하면서도 엄청난 차이가 있다. 휴정은 당시의 수행자들이 이런 점을 잘 모를 뿐 아니라 선승들 역시 선에 대한 정확한 인식 없이 잘못된 수행을 하고 있다는 점을 문제로 여겼다. 그는 제자인 유정에게 주는 글에서 당시의 선 수행 풍토를 이렇게 비판하였다.

교(敎)를 하는 사람은 '교 안에도 선(禪)이 있다'고 한다. 이 말은 성문승(聲聞乘)이나 연각승(緣覺乘), 보살승(菩薩乘), 불승(佛乘) 등 어디에도 나오는 말이 아니다. 그러나 이는 선가(禪家)의 문으로 들어가는 첫 글귀지 선의 근본 뜻은 아니다. …… 요즈음 선의 뜻을 잘못 이어받은 사람들은 돈점(頓漸)의 문을 정맥(正脈)이라 하는가 하면, 혹은 원돈(圓頓)의 교로써 종문(宗門)을 삼으며 외도(外道)의 글을 끌어와 비밀한 뜻을 설명하는가 하면, 혹은 업식(業識)을 희롱함으로써 본분을 삼고 혹은 빛의 그림자를 실재한 것으로 알아 자기라고 생각하며, 나아가 장님과 귀머거리의 방할(棒喝)을 함부로 행하면서 부끄러움이 없으니, 이는 진실로 무슨 마음인가? 법을 비방하는 허물을 어찌 내가 감히 말하겠는가? 내가 말하는바 교외별전(敎外別傳)이라는 것은 배워서 알고 생각으로 얻어지는 것이 아니다. 모름지기 마음을 궁구하여 그 길이 끊어진 뒤에야 비로소 알 수 있다. 모름지기 스스로 수긍하여 머리를 끄덕인 뒤에야 비로소 얻을 수 있는 것이다. (『선교결』)[13]

『선가귀감』보다 『선교결』의 글이 훨씬 명확하게 다가오는 것은, 휴정이 수행자들을 정면으로 비판하면서 자신의 생각을 드러내기 때문일 것이다. 교학을 하는 사람들은 그 안에도 선이 들어 있노라 말하지만, 그것이야말로 누구도, 어디서도 하지 않는 말이라고 했다. 그가 수행자들을 비판하는 과정에서 하는 말을 통해 보건대 불경이 아닌 다른 곳에서 빌려온 글이나 수많은 욕망으로 점철된 말은 물론 돈점이든 원돈이든 선학의 올바른 길이 아니라는 입장을 분명히 드러낸다. 아무리 많은 책을 읽고 생각을 하더라도 그것은 사량분별로 이루어진 헛된 말에 불과하다. 마음을 참구하여 언어와 생각의 길이 끊어지는 곳, 그곳을 분명히 체득하여 자신이 진정으로 머리를 끄덕일 수 있을 때 비로소 교외별전의 선지(禪旨)를 알 수 있다는 것이다.

돈오의 순간 선정과 지혜는 동시에 이루어지는 것이며, 선과 교, 동과 정 등의 대립항은 그 자체로 무화된다. 깨치고 나면 어떤 차별상도 없는 경계를 얻으므로 부처니 중생이니 하는 대립항 자체도 없다.

---

13 教者曰, '敎中亦有禪也'云者, 出於非聲聞乘, 非緣覺乘, 非菩薩乘, 亦非佛乘之語也. 然此禪家入門之初句. 非禪旨也. …… 今錯承禪旨者, 或以頓漸之門爲正脈, 或以圓頓之敎作宗乘, 或引外道書說密旨, 或以弄業識爲本分, 或以認光影爲自己者, 至於恣行盲聾棒喝無慙無愧者, 是誠何心哉? 其謗法之愆, 余何敢言? 吾所謂'敎外別傳'者, 非學而知, 思而得者也. 須窮心路絶, 然後始可知也. 須經自肯點頭, 然後始可得也. (休靜, 『禪敎訣』)

"보살이 중생을 제도하여 멸도(滅度)시켰지만 실제로 멸도를 얻은 중생은 없다"(『선가귀감』)라는 말은 바로 그런 맥락에서 이해할 수 있다.

그렇지만 이 문제는 단순히 '돈오냐 점수냐' 하는 선택을 하는 차원이 아니라는 점이다. 깨달음으로 가는 좋은 길 혹은 유일한 길을 찾는 것이고, 그것은 삼생의 목숨을 건 수행자들의 불꽃 튀는 싸움이다. 또한 오랜 수행(심지어 여러 생에 걸친 수행)을 한 끝에 깨달음의 순간을 맞을 때 그것은 점수의 과정을 거친 돈오로 보아야 하는가 하는 의문이 들 수 있다. 수행 과정 없이 깨달음의 순간을 맞을 수 없다는 것은 당연한 이치다. 그렇게 보면 점수를 부정하고는 돈오를 말하기 어렵다. 물론 돈오-점수 문제의 주 논쟁 지점은 깨침 이후에 끝없이 수행을 해야 하는가 아니면 깨치는 순간 모든 것이 완성되는가 하는 문제라는 점을 모르는 바 아니다. 다만 여기서 말하고자 하는 바는 돈오-점수 논쟁이 선교의 논쟁으로 이어질 수밖에 없는 논리적 연결 고리가 있다는 것이다.

2. 교종, 깨달음으로 가는 또 하나의 길

깨달음 이전의 공부와 교학

앞서 『선교결』에서 인용했던 글귀를 다시 한번 떠올려 보자.

교를 하는 사람은 '교 안에도 선이 있다'고 한다. 이 말은 성문승이나 연각승, 보살승, 불승 등 어디에도 나오는 말이 아니다. 그러나 이는 선가의 문으로 들어가는 첫 글귀지 선의 근본 뜻은 아니다.

휴정은 교학자(教學者)들의 '교 안에도 선이 있다'라는 말에 대해 강하게 부정한다. 그런 말은 어떤 불보살도 말한 적이 없다는 것이다. 다만 그는 교학이 '선가의 문으로 들어가는 첫 글귀'[禪家入門之初句]라는 점만 인정하였다. 게다가 '선지'(禪旨), 즉 '선의 근본 뜻'은 아니라고 덧붙여서 다른 해석 가능성을 막아 버린다. 이런 식으로 선종과 교종을 나누고, 그것의 우열을 언급하는 듯한 서술을 어떻게 받아들여야 할까. 휴정의 글을 읽노라면 간화선을 우위에 놓은 상태에서 교학의 필요성을 부분적으로 인정하지만 교학을 통해서 구경(究竟)의 깨달음에 이르기는 어려운 것처럼 쓰고 있다는 느낌을 자주 받는다. 그에게 있어서 교학이란 도대체 어떤 의미를 지니는 것일까?

누구나 불성(佛性)을 가지고 있고 그 청정심(淸淨心)은 한 번도 오염된 적이 없다고 하지만, 무명(無明)에서 헤어나지 못하는 중생의 입장에서는 아무런 의미도 없다. 사람마다 혹은 생명체마다 자기가 처한 환경이 다르고 업장(業障)의 두께가 다르기 때문에 불보살이나 조사들의 외침을 듣고 새로운 경지로 나아가는 수준이 다르기 때문이다. 말하자면 중생들마다 자신의 근기(根機)가 다르다는 말이다. 상근기(上根機)를 가진 사람이라면 무심히 들리는 소리에도 깨달음을 얻을 수가 있고, 장바닥에서 귓등으로 들은 불경 구절에서도 깨달음의 계기를 마련할 수 있을 것이다. 실제로 육조혜능은 땔감을 팔러 장에 갔다가 우연히 어떤 스님이 암송하는 『금강경』 한 구절을 듣고 발심(發心)했다고 한다. 그러나 누구나 그런 상근기를 가진 것은 아니다. 거의 대부분의 중생들은 눈 밝은 스승들이 아무리 친절하고 자세하게 설명을 해줘도, 깨달음의 경지를 눈앞에 펼쳐 줘도, 전혀 알아채지 못할 뿐 아니라 그것을 비난하기까지 한다. 그렇다고 해서 하근기(下根機)의 중생들을 그냥 무명에 빠져 억겁의 세월을 윤회하도록 버려두어야 하는 것일까. 불보살들의 염원은 모든 중생을 제도하는 것인데, 중생들을 그냥 둔다는 것은 직무유기다. 무언가 그들에게 발심의 계기를 마련해 주어야 한다.

> (부처와 조사들이 세상에 나온 것은 바람이 없는데도 물결을 일으키는 것과 같은 것이기는 하지만) 불법에는 다양한 뜻이 있고 사람에는 다양한 근기가 있으므로 방편을 내세우지 않을 수 없다. (『선가귀감』)

휴정은 이 구절에 대한 해설에서 '공적으로는 바늘만큼의 틈도 허용하지 않지만 사적으로는 수레나 말도 통과한다'라는 속담을 인용하면서 말하길, '한 물건'이라는 입장에서 보면 부처나 조사들의 말씀이 모두 쓸데없는 것들이지만 수많은 근기를 가진 중생들의 입장에서 보면 모든 말씀들과 행동들이 깨달음으로 통하게 만들어 주는 일종의 방편이라는 것이다. 두터운 무명에 둘러싸여 있는 중생들이 자신의 힘으로 무명을 뚫고 나오면 되지만(사실 선가의 입장에서 보면 한 번도 무명에 둘러싸인 적이 없었는데, 중생 스스로가 무명에 둘러싸여 있다고 생각하는 것이기는 하다!), 그럴 능력이 안 되니 당연히 불보살이나 조사들이 도와주어야 한다. 마치 의사들이 환자의 아픈 부분을 정확히 알아서 그 원인에 따른 적절한 방법을 쓰면 병이 완쾌되는 것과 같은 이치다. 불조(佛祖)의 자비로운 마음이 아니면 누가 무명을 덜어 주겠는가. 그러니 중생들은 불조의 무한한 자비와 은혜에 감사하는 것이며, 아무리 많은 신명(身命)을 바쳐도 만분의 일도 갚지 못하리라고 했다. 이것이야말로 "신훈(新薰)을 널리 들어서 불조의 깊은 은혜에 감사하도록 한 것"(『선가귀감』)이라고 했다.

'신훈'은 원래 지혜의 눈이 없어서 윤회를 하는 괴로움을 받는 중생들이 부처의 교화 방편에 의해 무명의 두터운 껍질을 벗어 내고 중생계의 괴로운 바다를 건너 열반의 피안으로 올라가는 것을 말한다.[14] 앞서 언급한 것처럼, 모든 중생은 원래 원각(圓覺)을 구비하고 있기는 하지만 무명의 두께를 벗기 전까지는 자신의 원만구족(圓滿具足)한 바를 모르는 상태다. 따라서 신훈에 의해 크게 깨달음을 얻고 불과(佛果)를 얻게 되는데, 이것이 바로 원효(元曉)가 『대승기신론소』(大乘起信論疏)에서 중시한 '시각'(始覺)이다. 즉 신훈이란 본래 면목으로 돌아가기 위해 새로 닦아 가는 것, 즉 진여(眞如)를 새로 훈습(薰習)하는 것을 말한다.[15]

이러한 논리는 실제 수행에서 불변(不變)과 수연(隨緣), 성(性)과 상(相), 돈오와 점수 등을 철저히 구별하고, 그것에 의지하여 화두를

---

14 신법인, 『서산대사의 선가귀감 연구』, 185쪽을 참조하라.
15 법장(法藏), 『대승기신론의기』(大乘起信論義記); 신법인, 앞의 책, 185쪽에서 재인용.

참구하는 것과 연결된다.

> 수행 납자(衲子)는 먼저 여실한 언교(言敎)를 통하여 불변과 수연의 두 가지 뜻이야말로 자기 마음의 성과 상인 줄 자세하게 판별하고, 돈오와 점수 두 가지 수행문이야말로 자기 수행의 처음과 끝인 줄 판별해야 한다. 그런 다음에 언교의 뜻을 초월하여 자기 마음을 가지고 화두일념을 현전(現前)하여 선지를 자세하게 참구해야 한다. 그러면 반드시 터득하는 바가 있으니, 그것이 이른바 출신활로(出身活路)다. (『선가귀감』)

휴정의 이 같은 논리는 돈오와 점수, 선학과 교학의 관계를 정리할 때 중요한 시각을 제공한다. 우선 돈오로 가기 위해 반드시 화두를 철저히 참구해야 한다. 그러나 화두를 참구할 만한 근기가 되지 못하는 사람은 언교, 부처와 조사[佛祖]들의 말씀을 익힘으로써 자신의 수행 토대를 쌓아야만 한다. 언교를 통해서 살피는 것이 비록 마음의 상(相)이기는 하지만, 상을 면밀히 살펴서 성(性)과 구별되는 지점을 찾아야 한다. 변하지 않는 '그것' 혹은 '한 물건'이 있고, 불변의 '그것'이 중생계의 무궁한 인연에 따라 다양한 모습으로 현전한다. 불변과 수연의 의미를 찾고 분별하는 것 역시 성과 상을 구별하는 것과 같은 것이다. 이렇게 하는 것이 수행자의 첫걸음이라 할 수 있다.

결국 휴정은 오랜 공부를 하는 것은 깨달음의 한 순간, 즉 돈오의 순간을 위해서라고 말한다. 수행이 이생에서 끝나든 아니면 내생을 기약하든, 꾸준히 정진하는 것이 수행자의 태도요 중생의 길을 벗어나 내가 진정으로 살 수 있는 '출신활로'다. 살길을 찾아 첫걸음을 딛는 그곳에 부처와 조사들의 언설이 있지만, 엄밀히 따지면 그 언설은 수행자 혹은 중생 자신이 어떻게 대하느냐에 따라 교학이 될 수도 있고 선학이 될 수도 있다. 즉 "언설에 집착하면 염화미소도 모두 교(敎)의 자취가 되고, 마음을 깨치면 세간에서 오가는 수많은 말들도 교외별전의 선지(禪旨)가 된다"(『선가귀감』)라는 이 말을 휴정은 '선과 교의 깊고 얕음'을 설명한 것으로 보았다.

선학과 교학의 '우열'이라고 하지 않고 '깊고 얕음'[深淺]이라고 한 것에 주목해 보자. 그 이유의 단서를 우리는 『육조단경』에서 찾아볼 수 있다. 여기서는 사람마다 근기의 차이 때문에 깨달음에 이르는 것이 빠르기도 하고 늦기도 하다고 했다. '법(法)은 한 가지지만 깨달음에는 더딤과 빠름이 있어서, 더딘 것은 점수고 빠른 것은 돈오'라고 하였다. 또한 '법에는 점돈(漸頓)이 없지만 사람에게는 날카로움과 둔함[利鈍]이 있기 때문에 점과 돈이 있다'라고 하였다. 여기에는 점수보다 돈오가 뛰어나다는 뜻이 들어 있지 않다. 근기가 둔한 사람은 깨달음을 구하기 위해 온갖 곳을 돌아다니면서 열심히 공부를 한다. 근기가 좋은 사람 역시 자성(自性) 혹은 마음의 근원을 보기 위해 당연히 공부해야 한다.

그렇다고 해서 돈오와 점수가 시간상의 차이를 말하는 것은 아니다. 돈오의 입장에서 보면 '마음이 곧 부처'[心卽佛]라는 근거는 시간의 선후나 깨달음의 더디고 빠름에 관계없이 언제나 변함이 없는 '불변'이다. 그것은 방법과 근기의 차이에 따르는 것이다.[16] 그런 점에서 신수와 혜능의 게송은 점수와 돈오를 보이는 극적인 방법이었던 것이다. 육조혜능이 스승의 의발을 가지고 남쪽으로 내려와서 지내는 동안에도 신수는 북쪽에서 여전히 많은 제자들을 기르며 불법을 드날리고 있었던 것이다. 이들 사이에 우열이 있다기보다는(물론 남종선 입장에서 보면 우열을 드러내고 있는 것도 사실이지만, 우열을 이야기하려는 것이 육조혜능의 궁극적 목적이 아니었다는 점을 간과해서는 안 된다!) 서로 다른 수행 방법을 썼던 것뿐이 아니겠는가.

　　그렇다면 우열을 이야기하지 않고 단순히 '심천'(深淺)을 이야기한 것은, 『육조단경』 이래 많은 선사들이 말했던 '지속'(遲速)의 문제를 변용시켜서 휴정 자신의 방식으로 활용한 셈이 된다. 교학이라는 것이 수준 낮은 저열한 수행이라는 의미가 아니라 선가의 수행으로 가기 위한 첫걸음이라는 차원에서 보아야 한다는 것이다. 이는 휴정 자신의 생애를 살펴보아도 알 수 있다. 그가 처음 불교에 관심을 가지면서 읽었던 많은 경전들이 있었다. 경전을 통해서 불교가 말하는 종지를 파악하게 되고, 종국에는 그것이 '최여신'이라는 한 젊은 유생을 '휴정'이라는 수행자로 탈바꿈시킨 계기가 되었다. 그 많은 불경들이 교학이라는 이름으로 취급되면서 저열한 것이라고 한다면, 근기가 높든 낮든 불교로 들어가기 위한 문을 마련할 수 없게 된다. 장에 갔다가

---

16 김영욱, 「단경(壇經) 선사상의 연구」, 고려대학교 박사학위 논문, 1993, 20~21쪽을 참조하라.

우연히 들은 『금강경』 구절 덕분에 출가를 결심하게 된 혜능의 경우도 그 미세한 출발점은 경전 구절이라는 언설(言說)에 의지하고 있다는 점을 생각한다면, 경전 읽기로 대표되는 교학은 저열하다고 폄시당해서는 안 된다. 수행 방법의 차이로 보아야 선가의 수행으로 연결될 수 있는 고리를 마련하게 된다.

『선가귀감』이 사랑한 책들

『선가귀감』은 불경과 선어록 등에서 수행자들에게 도움이 될 만한 구절을 뽑아서 재배치하고, 거기에 대해 휴정의 설명과 평어(評語)를 덧붙인 것이다. 갈수록 책을 읽을 능력이 떨어지는 승려 계층에 대한 우려와 문자를 넘어 새로운 선 수행의 본령으로 들어갈 만한 상근기의 예비 수행자들의 숫자가 급감하는 것에 대한 근심 등이 이런 책의 편찬을 부추겼을 것이다. 휴정이 『선가귀감』을 편찬하는 과정에서 인용한 불경과 선어록, 그리고 설명 과정에서 인용한 책들의 목록을 살펴보면 그의 교학이 어떤 성격을 가지고 있는지 엿볼 수 있을 것이다.[17]

유정의 발문에서 언급한 것처럼 『선가귀감』은 약 50여 종의 경전과 어록에서 뽑은 구절로 편집되었다. 휴정의 설명 부분에 인용된 것을 제외하더라도 이 책에 인용된 경전과 어록은 49종에 달한다. 그러니 본문과 휴정의 설명 부분을 합치면 50종을 훨씬 상회하는 셈이다.

---

17 『선가귀감』에 인용된 구절들의 출전에 대해서는 신법인, 『서산대사의 선가귀감 연구』, 380~396쪽에서 자세히 논의되었다. '『선가귀감』이 사랑한 책들'의 서술 역시 신법인의 성과를 바탕으로 일부 보완하는 방식으로 서술하였다.

이들 책 중에서 돋보이는 것으로는 대혜종고의 『서장』을 들 수 있다. 본문에 인용된 49종의 인용 서적 중에서 『서장』은 10회나 등장한다.

『서장』은 송나라 때의 선사인 종고(1089~1163)가 당대의 사대부 관료 42명과 주고받은 편지 62편을 모은 책이다. 이 책은 일상생활에서 불교 수행을 할 때 생기는 의문과 올바른 수행 등에 대하여 주고받은 문답을 주 내용으로 한다. 그 과정에서 종고는 두 가지 중요한 점을 확립한다. 하나는 일상생활을 떠난 수행은 없다는 것이고, 또 하나는 그러한 수행을 위해 가장 중요한 방법은 간화선이라는 것이었다.[18] 그는 임제종의 적통으로 자부하였다. 임제의 12세 법손이며 송나라의 대표적인 선사이며 『벽암록』(碧巖錄)의 저자인 원오극근(圓悟克勤)의 제자였다. 당시 송나라는 이전 시대의 활발발한 조사선의 전통이 형식화되면서 그 활력을 잃어 가고 있었다. 게다가 북방에서 금나라의 침략으로 북쪽 절반의 국토를 빼앗긴 상황이었으며, 정계에서는 간신으로 이름난 재상 진회(秦檜)의 농단으로 많은 사대부와 학자들이 피해를 입고 있었다. 종고 역시 금나라와의 전쟁을 통해 잃어버린 국토를 회복해야 한다는 주전파와 공모했다는 혐의를 받아 형주(衡州)로 귀양을 가기도 했다. 그런 상황에서도 종고의 수행은 멈추지 않았으며, 주변 사대부들과 승려들에게 끝없는 수행을 독려하였다. 그 과정에서 만들어진 수행 방법이 바로 앞서 언급한 두 가지, 일상생활 속에

---

18 『서장』의 내용에 대한 간략한 소개는 이지관, 『한국불교소의경전연구』, 가산불교문화연구원출판부, 제3판; 2003, 55~87쪽을 참조하라.

서의 수행과 간화선이었던 것이다.

휴정이 『선가귀감』을 편찬하면서 『서장』을 적극 참고하여 수용한 것은 그의 수행 방법이 임제종에 근거해 있었다는 점, 일상생활 속에서의 수행을 지지하였다는 점, 내우외환의 급박한 상황에서도 수행을 멈추지 않았다는 점, 당대의 사대부 및 관료들과 교유하면서 불교 수행의 중요성을 강조했다는 점 등 휴정 자신이 당면했던 문제의식과 상통하는 부분이 많았기 때문일 것이다. 거기에 『서장』이 내세우고 있는 돈오-점수 문제에 대한 깊은 통찰 역시 휴정의 고민과 맞닿아 있었다. 당시의 조선도 종고가 처했던 시대 상황과 비슷했다. 정치적으로 정여립 모반사건에 휴정이 연루되었다는 혐의를 받은 것이나 왜군의 침략으로 국토가 유린되면서 백성들의 삶이 어려웠던 점, 사대부들과 교유를 하면서 불교의 입장을 변호해야 했던 점 등은 종고의 저작에서 새로운 탈출구를 찾는 계기를 제공했다.

이러한 점은 임제의 수행과 화두를 중시했던 휴정의 입장을 그대로 보여 준다. 『선가귀감』에서 또 자주 인용된 선사들의 저작은 황벽희운의 『전심법요』(傳心法要)와 임제의현의 『임제록』(臨濟錄)이다. 각각 5회의 인용 횟수를 보이는데, 황벽희운의 제자가 임제의현이니, 사제의 저작을 합치면 총 10회에 달한다. 중국불교사에서 가장 혹독한 불교 탄압 사건이었던 회창(會昌) 폐불(廢佛) 사건(845~847)을 계기로 선종에서는 새로운 불교의 흐름이 만들어진다. 그중에 흔히 '5가'로 통칭되는 새로운 선의 흐름이 형성되는데, 임제종, 위앙종, 조동종, 운문종, 법안종이 그것이다. 그중에서도 '황벽-임제'로 이어지는 임제종의 전통을 중시한 휴정의 입장이 『선가귀감』에 잘 드러난다. 임제는 스스로에 대한 믿음을 중시했다. 그 믿음은 현재의 생활 그 자체를 충실하게 살아가는 것이다. 현재의 자기 위에 부여되어 있는 동시에, 절대적이며 무조건적으로 모든 사람에게 원만하게 두루 부여되어 있는 평등한 능력을 스스로 작동시키는 것이다. 이러한 태도를 통해 착실성과 혁신성, 현실의 인간에 대한 절대적이며 무조건적인 존엄성을 강조하였다.[19]

그 외에도 선가의 필독서인 『전등록』 12회, 『능엄경』 7회, 『치문경훈』 9회, 규봉종밀의 『선원제전집도서』(禪源諸詮集都序) 5회, 『원각경』 4회 등 집중적으로 인용되어 있는 책들이 있다. 흥미롭게도 이 책들은 현재 조계종에서 출가를 한 뒤 비구(니)계를 받기 전에 반드시 통과해야 하는 강원(講院)의 기본 커리큘럼에 포함되어 있는 책들이다. 현재의 승려 교육 커리큘럼에 이들이 들어 있는 것으로 보아 교학에 대한 휴정의 인식은 지금의 불교에도 깊은 영향을 끼치고 있다 하겠다.

깨달음 이후의 공부와 교학

어떤 사상이나 종교든 간에 공부하는 사람의 수준이 한 단계 올라가기 위해서는 '깨침'에 대한 깊은 체험이 필요하다. 그러나 '깨침' 체험

---

19 임제의 불교 경향에 대해서는 야나기다 세이잔(柳田聖山), 『선의 사상과 역사』, 안영길·추만호 옮김, 민족사, 1989, 233쪽을 참조하라.

은 우리의 언어로 설명하기가 불가능하기 때문에 언제나 신비로운 영역으로 남아 있기 일쑤다. 내가 살아가는 현실과 그 현실에서 만들어진 내 생각이나 생활 패턴 등은 나도 모르는 사이에 나를 옥죄어 새로운 곳으로 나아가지 못하게 만든다. 내가 선 자리에 대한 통렬한 반성적 사유가 전제되지 않는다면 죽을 때까지 나는 그 통로에서 벗어나지 못할 것이다.

나의 현실적 삶에서 벗어나 새로운 수준으로 나아가기 위해서는 반드시 깨쳐야 한다. 그 깨침은 개인적인 것이어서, 사람마다 깨침의 계기와 형식과 내용이 달라진다. 그러나 분명한 것은 궁극적인 실재에 접해 본 사람만이 가질 수 있는 일종의 해방감 혹은 참자유를 체험한다는 것이다. 그런 점에서 모든 종교의 핵심이란 '궁극 실재와의 관계에서 이루어지는 자각과 변화의 체험'[20] 같은 것으로 보아도 무방할 것이다.

이런 단계는 어디에나 있다. 유교는 격물치지(格物致知)의 오랜 공부 끝에 오는 활연관통(豁然貫通)을 이야기하고 있고, 도교는 다양한 수련과 고난을 통한 환골탈태(換骨奪胎)를 말한다. 서양의 종교라고 해서 다르지 않다. 그러나 그 순간의 체험은 말로 설명이 불가능하다. 그저 개인의 체험에 의존한다. 그러나 동시에 우주적 보편성의 체험이기도 하다. 그런 점에서 종교의 형식과 내용에도 불구하고 귀일처가 같다는 생각을 할 수 있다. 선불교에서는 그 체험의 순간을 '깨

---

20 오강남·성해영 대담,『종교, 이제는 깨달음이다』, 북성재, 2011.

침' 혹은 '깨달음'으로 표현한다.[21] 그 순간을 표현하는 말 중에 '대사일번'(大死一番)이 그 강렬함을 잘 보여 준다. 크게 한 번 죽는다는 뜻의 '대사일번'은 이전의 나를 완전히 버리고 새로운 나를 맞이하는 것을 의미한다. 나를 죽이는 일은 쉽지 않다. 죽이는 훈련이 포괄하는 범위는 내가 가지고 있는 모든 것, 나의 사회적 위치, 가정에서의 위치, 경제적 능력, 내가 쌓아 온 지식 등 큰 범주로부터 나의 사소한 행동에 이르기까지 상상 이상으로 넓다. 모든 수행은 깨달음의 순간을 위해서 집중된다. 그것을 활연관통이라고 하든 환골탈태라고 하든 대사일번이라고 하든, 깨달음의 순간을 위해 힘든 공부의 길을 걷는다.

깨달음은 순간적으로 찾아온다. 어떤 예고도 없이 마주하는 깨달음의 순간은 엄청난 해방감과 자유를 맛보게 한다. 옛 선사들이 마주했던 깨달음의 순간은 매우 평범하기까지 해서, 과연 그것이 진짜인가 싶은 마음도 들게 한다. 어떤 사람은 화장실에서 깨닫기도 하고, 어떤 사람은 낮닭의 울음소리에 깨닫는다. 대나무 부딪치는 소리에 깨닫기도 하고 아궁이에 불을 때다가 나무가 타는 소리에 깨닫기도 한다. 참 아무것도 아닌 순간으로 보이지만, 그 뒤를 보면 엄청난 수행의 시간을 지내 왔음을 알게 된다. 깨달음은 '돈오', 즉 갑작스럽게 깨닫는 것으로 보이지만, 그 이전에 수많은 독서와 고민과 생각과 시도를

---

21 깨침과 깨달음을 구별하는 경우도 있다. 그럴 때 '깨달음'이란 말은 지적 세계에서 종래에 몰랐던 것을 이제는 좀 알았다는 정도의 말인데 비하여, '깨침'이란 말은 지적 세계 자체가 난파하는 대목을 두고 하는 말이다(박성배, 『깨침과 깨달음』, 윤원철 옮김, 예문서원, 2002, 8쪽). 그러나 이 글에서는 특별히 구분을 두지 않았다.

거친 끝에 얻는 순간이다.

선불교의 입장에서 볼 때 독서와 생각은 사량분별에 의해 이루어진다. 이성적 범주에서 사물을 해석하고 인간을 이해하는 것이 공부의 대부분을 차지한다. 선불교가 문자를 포함한 인간의 언설을 철저히 배격하고 '불립문자'(不立文字)를 내세운 것은 이성적 측면에 의한 사량분별을 배격하고자 하는 의도였다. 언어가 가지는 분별을 넘어서 그것이 설명할 수 없는 깨달음의 체험을 온몸으로 직접 겪어 보라는 것이었다. 그러나 문자를 배격하라고 해서 과연 선불교의 전통에서 문자가 사라졌는가. 당연히 그렇지 않다. 문자는 여전히 선불교의 깊은 경지로 들어가는 하나의 안내자였고, 언어의 안내에 의해 깨달음의 계기를 만들었던 점도 분명히 인정해야 한다. 이 점은 대단히 중요하게 생각해야 한다. 처음부터 이성적 측면을 부정한다면 우리는 어디서도 그것의 필요성이나 도달점을 찾기 어려울 것이다. 우리가 경계해야 할 것은 이성에 대한 철저한 믿음, 혹은 문자에 대한 완전한 믿음이다. 모든 것을 이성과 문자에 의존해서 세계를 구축하고 생각을 만들어 낸다면, 그것이 언어의 감옥이든 이성의 감옥이든 중생 자신이 갇혀 있는 감옥에서 절대 벗어날 수 없다. 이성과 문자를 극한까지 몰고 가서 그것의 한계를 철저히 깨달았을 때 우리는 그 너머의 새로운 깨달음으로 갈 수 있는 희망을 발견한다. 그것이 바로 깨달음 이전에 우리가 해야 할 공부의 필요성일 것이다.

그런데 여기서 우리는 하나의 질문을 던지게 된다. 깨닫는 순간을 체험하게 되면 그 이후의 수행은 어떻게 될까? 그 순간을 위해서 온갖 괴로움을 거쳤는데, 위대한 자유의 맛을 본 뒤 그의 수행은 완성되는 것일까? 바로 이 질문이 돈오돈수와 돈오점수 논쟁의 핵심이라 해도 과언이 아니다.

두 견해의 요지는 간단하다. 깨닫는 순간 모든 수행이 원만하게 완성되므로 더 이상의 수행이 필요하지 않으며, 만약 수행을 더 해야 한다면 그것은 완전한 깨달음이라 할 수 없다. 이것이 돈오돈수의 입장이다. 그와는 달리, 깨달음의 순간을 경험했다 하더라도 수행이 더 필요하다는 주장을 하는 것이 돈오점수의 입장이다. 아무리 깨달음을 얻었다 해도 중생으로 받은 이 몸은 변하지 않는다. 그것은 중생으로서의 인연이 만들어 내는 현실은 벗어날 수 없다는 것이다. 깨달았지만 내 몸이 제대로 따라 주지 않는 상황, 즉 과거로부터 만들어진 습(習)에 의해 깨달음의 삶을 제대로 구현할 수 없다. 따라서 중생으로서의 습을 바꾸어 가는 것이 필요하다. 그런 점에서 보면 깨달음의 순간을 체험한 뒤에 꾸준한 수행은 필수적으로 따라야 한다.

이럴 때 돈오돈수를 지지하는 쪽에서는 돈오점수 측의 수행과 깨달음은 다음의 과정을 거친다고 본다.

수행→ 깨달음[解悟] → 수행→ 완전한 깨달음[證悟]

돈오돈수의 입장에서는 '수행→깨달음'으로 모든 것이 끝난다고 본다. 그런데 깨달음 뒤에 수행을 덧붙인다면 위의 과정을 거칠 수밖에 없다는 것이다. 말하자면 자신들이 말하는 첫번째 깨달음은 완전한 깨달음이 아니기 때문에 수행을 하는 게 아니냐는 말이다. 그러므로 첫번째 깨달음은 일종의 '해오'(解悟)라고 해야 한다는 것이다. 『원각대소』(圓覺大疏) 권上에 의하면, "먼저 깨닫고 뒤에 닦는 것을 해오라 하고, 먼저 닦고 뒤에 깨닫는 것을 증오(證悟)라 한다"라고 하였으며, 『종경록』(宗鏡錄)에서도 "만약 깨달음으로 인하여 닦는다면 이는 곧 해오요, 닦음으로 인하여 깨닫는다면 이는 곧 증오"라고 하였다. 사실 해오는 경전을 공부하거나 스승들의 법문을 듣고 깨닫는 것을 주로 의미하기 때문에 이성적 깨달음의 범주에서 크게 벗어나지 않는다. 이때의 체험을 밀고 나가 계속 수행을 하면 증오에 이르게 되며, 그때의 깨달음이야말로 완전한 깨달음이며 증오라고 할 수 있다는 것이다. 돈오돈수의 주장은 바로 이런 맥락 위에 있다.

어느 쪽 편을 들든 결국 그들이 도달하고자 하는 지점은 같다. 완전한 깨달음에 이르는 것이다. 다만 과정에서 어떤 단계를 설정하는가 하는 점에서 이견을 보인다. 그럴 때 우리는 어느 쪽 주장이 옳은지를 따지기보다는 왜 그런 주장을 지지하는가를 보아야 한다. 즉 휴정은 『선가귀감』을 쓰면서 어느 쪽을 지지하는지, 왜 그 의견을 따라 수행자들을 격려하고 가르쳤는지를 살펴야 한다는 것이다. 『선가귀감』에서도 이미 『원각경』이나 『종경록』 등이 인용되어 있기 때문에 휴정이 이들 경전의 의견을 모르고 있었던 것은 아니었을 것이다. 그런데 왜 휴정은 자신의 의견을 내세워 『선가귀감』에 반영했을까?

선불교의 돈오주의에 수반되기 쉬운 폐해를 규봉종밀은 『원각경략소초』(圓覺經略疏抄) 권5에서 일찍이 다룬 바 있다. 하나는 본근(本

根)의 각성에 모든 것을 걸어 그 하나의 법을 인득(認得)하기만 하면 모든 것이 끝이라고 여김으로써 모든 불보살의 설에 대한 해석을 다시는 구명하지 않게 된다는 것이고, 다른 하나는 성(性)은 원래 원만 구족한 것이기 때문에 덧붙일 것이 없는 것은 물론 번뇌조차도 공(空)이므로 끊어 버릴 것도 없다고 하면서 어떤 반성도 하지 않는다는 것이다. 말하자면 공성(空性)을 깨닫는 순간 부처니 마구니니, 깨달음이니 번뇌니, 부처니 중생이니 하는 분별 자체가 없어지므로, 더 이상 어떤 수행도 필요가 없어진다는 식의 논리를 경계하는 것이다.[22] 이런 점은 돈오돈수를 오해함으로써 생기는 폐단이기는 하지만, 많은 수행자들이 이런 오류와 착각에 빠져서 자신의 수행을 망치고 있는 것도 사실이었다. 그런 점 때문에 깨달았다고 주장하는 수행자들이 말도 안 되는 자신의 기행(奇行)을 깨달음의 표현으로 생각하는 행태까지 나타나게 된다.

휴정은 돈오돈수보다는 돈오점수의 방식을 강조한다. "리(理)는 비록 돈오할 수 있지만 사(事)는 돈제(頓除)할 수 없다"(『선가귀감』)라고 했다. 즉 이치상으로 갑작스러운 깨달음을 얻을 수 있지만 그에 따르는 중생계에서의 삶은 단박에 제거할 수 없다는 것이다. 따라서 수행자들은 '돈제'를 위해 엄청난 수행을 해야 한다는 것이 휴정의 생각

---

22 이 문제는 아라키 겐고, 『불교와 유교』에서 자세하게 논의한 바 있다. 특히 아라키 겐고는 규봉종밀로 대표되는 하택종(荷澤宗)의 입장, 그에 따른 『화엄경』과 『원각경』의 논리, 대혜종고의 『서장』을 중심으로 하는 송나라 시기의 불교와 주희(朱熹)의 철학 등을 철저히 비교함으로써 돈오와 점수 문제를 상세하게 논의하고 있다.

이었다. 돈제를 위한 수행으로 그는 교학을 수행의 큰 범주 안으로 수용하였다. 중생의 삶을 깨달음의 경계로 가져가기 위해서는 경전에서의 다양한 가르침이 상세한 지도로 기능한다는 점 때문이었다. 또한 깨달음의 계기가 단 한 번으로 그치는 것이 아니라 수행의 단계마다 다양하게 나타나기 때문에, 자신이 새로운 경계를 만나면 언제나 눈 밝은 스승을 찾아가 자신의 경계를 확인해야 한다. 인가(印可)를 해줄 수 있는 스승이 있어야 가능하겠지만, 스승을 찾아가 끊임없이 자신의 공부를 점검하는 일은 수행자에게 중요한 일이다. 그 과정에서 스승의 점검도 있어야 하지만, 경전이나 선어록을 통해서 자신이 나아가는 수행 과정과 수행 방식에 대한 확인이 필요하다. 그런 점 때문이라도 교학은 선 수행의 벗이 될 수밖에 없다.

그렇다면 교학은 언제나 선 수행의 범주 안에서 이루어져야 한다. 앞서 언급한 것처럼 '교학은 선가가 깨달음의 문으로 들어가는 첫 글귀'라고 한 휴정의 말은 바로 이것을 의미한다. 불보살과 조사들의 말씀을 충실히 참구하고 공부하는 것은 맞지만, 거기에는 반드시 선 수행자로서의 입장이 전제되어야 한다. 휴정은 당시의 교학자들이 보여 주는 병폐를 이렇게 지적한 바 있다.

교학하는 사람으로서 활구(活句)를 참구하지 않고 한갓 총명하고 지혜로운 구이(口耳)의 학문으로 세상에서 뽐내며, 실제의 땅[實地]을 밟지 않고 말과 행실이 서로 어긋나, 이곳인가 저곳인가 하면서 산을 찾고 물을 찾으며 한갓 죽이나 밥만을 허비하고, 스스로 경론(經論)

을 둘러쓰고 사람을 속이면서 일생을 지내면 마침내 지옥의 찌꺼기일 뿐 세상을 건지는 것이 아니다. (『심법요초』)

여기서 휴정이 강조하는 것은 경전을 읽되 반드시 활구를 참구하는 방식으로 하라는 것이다. 어떻게 하면 경전을 활구 참구 방식으로 읽는 것인가. 바로 본심(本心)에서 멀어지지 않도록 해야 한다. "활구는 마음과 뜻과 의식이 미치지 못하는 곳으로서 근본 심왕이 산 것이니 달리는 짐승과 같고, 사구는 마음과 뜻과 의식이 미치는 곳으로서 근본 심왕이 죽은 것이니 달리는 개와 같기"(『심법요초』) 때문이다. 사량분별을 더욱 키우는 경전 공부는 교학자들이 가장 쉽게 빠지는 함정이요 병폐다. 오죽하면 "상량(商量)이라는 것은 법(法)을 아는 사람이 두려워하는 것"(『선교석』禪敎釋)이라고 했겠는가. "언설로 말하면 본심에서 멀어지고, 본심에서 멀어지면 세존의 염화와 가섭의 미소도 다 진부한 말이 되어 쓸모없게 된다"(『선가귀감』)라는 말도 같은 맥락에서 나온 것이다. 이성적 범위 안에서 이루어지는 교학은 "깨달은 것 같지만 실제 경계를 마주하는 순간 다시 미혹하게 되는"(『선가귀감』) 경우가 많기 때문에 항상 경계해야 한다.

돈오 체험을 했다고 해서 인간의 경지를 벗어나는 것이 아니며 벗어나서도 안 된다는 것이 휴정의 생각이었다. 그것은 중생의 일상을 버리지 않은 채 돈오 체험을 해야 한다는 것과 궤를 같이한다. 그는 『선가귀감』에서 "중생심을 버릴 필요가 없다. 다만 자성(自性)을 오염시키지 말라. 정법(正法)을 구하는 것이 어긋난 법[邪法]이다"라고 한

다음, 그에 대한 설명으로 단 한 구절을 말한다. "버리는 것이나 구하는 것이나 모두 오염된 것이다."

교학의 바탕에 철저한 선 수행 정신이 버티고 있는 한, 교학이 폐단을 보일 가능성은 적어질 수밖에 없다. 사량분별에서 시작한 교학이 철저한 공부를 통해 사량분별 자체를 넘어서는 것, 그리하여 버리고 구하는 것 자체를 넘어서는 것이야말로 휴정이 제시하는 교학론이었다. 깨달음을 통하여 습기(習氣)를 제거함으로써 범부가 성인이 되어 가는 것을 '점'(漸)이라고 할 때(『선가귀감』), 교학은 구경(究竟)의 깨달음을 위해 걸어가는 수행자에게는 반드시 지녀야 할 것들이다. 휴정이 교학일치(敎學一致)를 주장했다는 것은 이런 맥락에서이다.

3. 염불, 선과 만나다

타력신앙으로서의 염불

옛날 어느 마을에 부자가 살고 있었다. 그 집 마님은 불심이 깊어서 항상 절에 불공을 드리러 다녔다. 하루는 절에 가려고 차비를 차리고 있는데 마침 마당 한 켠에서 방아를 찧던 늙은 여종이 마님에게 물었다. 어떻게 하면 부처님 전에 불공을 열심히 드려서 극락왕생을 할 수 있느냐는 것이었다. 마님은 여종의 늙고 남루한 얼굴을 보는 순간 극락왕생의 방법을 묻는 그 모습이 너무도 가당치 않게 느껴져서 이렇게 대답했다.

"네 형편을 보니 절에 가서 불공을 드리기는 어렵겠구나. 그러나 절에 가지 않고도 열심히 염불을 하면 극락왕생을 할 수 있겠지."

"염불은 어떻게 하는 것인지요?"

순간 마님은 어떻게 대답을 해야 할까 잠시 망설이다가 이렇게 말했다.

"오직 한마음으로 '나무절구보살'을 열심히 외도록 해라."

그 말은 들은 늙은 종은 그때부터 열심히 '나무절구보살'을 외기 시작했다. 일을 할 때는 물론 밥을 먹을 때도 머릿속에서 '나무절구보살'을 잊어 본 적이 없었다. 되는대로 대답을 해준 마님은 이후에 이따금씩 마주치는 늙은 종이 '나무절구보살'을 지성으로 염송하는 걸 보면서 몰래 웃음을 흘리곤 했다. 농담을 저렇게 진지하게 받는 사람이 있다니, 참 신기한 일이었다.

3년이 지난 어느 날, 마님은 한밤중에 들리는 이상한 소리에 잠이 깨었다. 밖으로 나와서 집 안을 둘러보니 뒤채 쯤에서 이상한 빛이 흘러나오는 것이었다. 살금살금 다가가서 보니 종들이 거처하는 곳이었다. 빛이 나오는 곳을 보니, 늙은 종이 환한 빛에 싸여서 앉아 있다가 잠시 후 서쪽 하늘을 향해 날아서 사라지는 것이었다. 마님은 너무도 놀라서 바라보니 하늘에서는 아름다운 향기와 은은한 음악 소리가 들렸다. 그제야 늙은 종이 극락왕생을 한 걸 알았다는 것이다.

어릴 적 할머니에게서 이 이야기를 듣고 참 이상하게 생각했다. 염불을 엉터리로 했는데 왜 극락왕생을 할 수 있단 말인가. 이것은 마치 알리바바가 '열려라 참깨'를 외쳐야 하는데, '열려라 들깨' 혹은 '열려라 호박' 따위를 외워서 주술을 거는 데 실패하는 것과 같은 이치가 아니던가. '나무아미타불'을 외우는 것이 염불이라면 당연히 '나무아미타불'이라고 해야지 어째서 '나무절구보살'을 외치는데 극락왕생을 한단 말인가. 할머니의 이야기가 재미있기는 하지만 이치에는 닿지 않는다고 생각했다.

이 설화에서 염불에 관한 논의를 시작해 본다. 부처님을 염(念)한다는 뜻의 '염불'(念佛)은 정각(正覺)을 성취한 부처님이 법륜(法輪)을 굴려 중생들에게 큰 이익을 주었기 때문에 많은 제자들이 마음속에 간직하고 생각하려는 차원에서 비롯되었다. 석가모니가 열반에 든 이후 남아 있던 제자들을 중심으로 교단이 형성되고, 그 안에 속한 수행자들이 석가모니를 존경하는 마음의 작용, 수행하려고 하는 마음의 작용 등이 수행 방법의 하나로 형성된 것이 칭명(稱名)과 염불이라고 할 수 있다.[23] 초기에는 위대한 스승에 대한 그리움과 돌아가신 스승의 힘에 의존하여 자신의 수행에 도움을 받기 위한 차원에서 시작되었다. 그러나 세월이 흐르면서 중생들의 수행뿐 아니라 세속적 희망이 섞이면서 염불이 다양한 형태로 발전하게 된다.

염불은 기본적으로 타력신앙(他力信仰)이다. 즉 불보살의 위신력(威神力)에 기대어 서방정토(西方淨土)에 태어나기를 기원하는 것이다. 불교는 자기 마음을 깊이 살피고 그 힘으로 자성청정(自性淸淨)을 체득함으로써 깨달음에 이르는 것이므로 자신의 힘으로 해탈을 하려는 자력신앙(自力信仰)이다. 모든 사람이 불성을 가지고 있고, 자신이

---

23 이태원, 『염불의 원류와 전개사』, 운주사, 1998, 65쪽을 참조하라.

부처라는 사실을 알아차리기만 하면 된다. 그러나 누구나 그런 힘을 가지는 것은 아니다. 두터운 무명에 덮여 헤어날 길 없는 중생들이 자신의 힘만으로 그 깊은 어둠의 심연을 벗어난다는 것은 무수한 세월을 지내도 무망한 일이다.

스스로의 힘으로 깨달음에 이르는 것은 어렵지만, 자신의 현재 위치가 두터운 무명 속을 헤매고 있다는 것은 알고 있다. 그렇다면 자신의 수행 능력이 보여 주는 해탈 가능성과 자신의 현실적 능력이 보여 주는 현실태 사이에는 넘기 힘든 간극이 존재한다. 바로 이 지점에서 누군가 완전하면서도 무한한 능력을 가진 절대자가 나를 저 건너 피안으로 얼른 넘겨 주면 얼마나 좋을까 하는 생각을 하게 된다. 건널 수 없는 강 이쪽에서 거친 파도와 망망한 지평선을 보면서 안타까워하는 사람에게, 누군가의 힘으로 손쉽게 넘게 해준다면 그것처럼 신나고 즐거운 일이 어디 있겠는가. 그런데 불교계의 말을 들어 보면 그렇게 해줄 수 있는 능력이 있는 존재가 있다. 바로 부처님이나 보살들이다. 부처님은 그렇다 쳐도, 보살들은 고통받는 중생이 한 사람이라도 있는 한 자신은 열반에 들지 않겠노라고 맹세를 했다지 않은가. 그러니 부처와 보살들의 힘에 의존해서 자신을 서방정토로 보내 달라는 기원을 해보는 것이다.

그렇다면 누구를 향해 구원의 손길을 뻗어야 할까. 염불의 가장 일반적인 대상은 아미타불(阿彌陀佛)이다. 아미타불이 다스리는 서쪽의 불국토는 일반적으로 극락(極樂) 혹은 서방정토, 극락정토라고 부른다. 그곳에 가기 위해 염송하는 대상은 당연히 아미타불이다. 아미타불은 수명이 무한해서 무량수불(無量壽佛)이라고도 한다. 아미타불은 중생들을 죽음에서 영원한 생명으로 인도하는 존재이며, 어떤 중생이라도 구제해 주는 자비로움의 상징이다. 일본 정토진종(淨土眞宗)의 창시자인 친란(親鸞, 1173~1262)은 '선인(善人)도 왕생하는데 하물며 악인(惡人)임에랴'라고 말한 바 있다. 선한 사람이야 아미타불이 특별히 구제해 주지 않아도 자신의 과보로 자연히 극락에 왕생할 수 있다. 당연히 극락왕생할 사람도 도와주는 존재가 아미타불인데, 악한 사람이야 말할 것이 없다. 아미타불이 진정으로 구제해야 할 존재는 악한 사람이기 때문이다. 악한 사람의 마음을 돌려서 착한 사람으로 만들고, 종국에는 그를 극락에 왕생할 수 있도록 하는 것이야말로 아미타불의 중요한 일이다. 이렇게 모든 중생들에게 극락을 맛보게 해주는 존재가 아미타불이니, 중생들 입장에서는 아미타불을 염송하는 것이 가장 신나는 일이었을 것이다. 그런 까닭에 '나무아미타불'(南無阿彌陀佛)은 우리가 가장 흔히 들을 수 있는 염불이 되었다.

다시 앞서 예로 들었던 옛 설화로 돌아가 보자. 우리는 이 설화에서 염불이 가지는 가장 중요한 점 두 가지를 발견할 수 있다. 하나는 염불의 대상으로 삼는 불보살의 명호와 관련된 것이고, 다른 하나는 염불을 외는 마음가짐의 문제다.

도대체 늙은 종은 자신이 매일 찧고 있는 '절구'를 외웠는데 어떻게 극락왕생을 하게 된 것일까. 누구를 지목해서 부르든 관계가 없는 것일까. 이 점은 염불의 대상을 정하는 중요한 기준을 보여 준다. 사실 염불에서는 누구를 대상으로 염송을 하든 관계가 없다. 나무석가모니불, 나무아미타불, 나무비로자나불, 나무약사여래불 등 부처뿐만 아니라 나무관세음보살, 나무대세지보살, 나무지장보살 등 수많은 보살도 충분히 그 대상이 될 수 있다. 자신이 현재 처한 상황에 따라, 자신이 소원하는 일에 따라, 염불의 대상은 달라진다. 또한 자신이 가장 가깝게 느끼는 불보살 중의 한 분을 선택해서 염불을 하면 된다. 그런 점에서 대상을 누구로 하는가 하는 문제는 염불의 핵심은 아니라는 말이다. 그렇다 해도 '절구'는 너무 심하지 않았는가. 불보살은커녕 살아있는 존재도 아니고, 늙은 종이 매일 빻으며 일을 하는 사물에 불과하다. 그런데 절구를 대상으로 염불을 하다니, 말이 되는가.

결론부터 말하면 그건 충분히 말이 된다! 현실과 자신의 입장에 따라 적절한 불보살을 정해서 염불을 하는 것이 맞기는 하지만, 그 명칭에 지나치게 집착하는 것은 수행에 오히려 방해가 된다. 불보살의 명호는 그저 명칭에 불과할 뿐 그것이 다른 것과 차이가 있다고 생각한다면 사량분별을 강화시켜서 염불에 몰두하는 것을 방해한다. 물론 불보살의 명호 자체가 가지는 힘이 있는 것은 사실이다. 아미타불의 명호가 가지는 힘 때문에 '나무아미타불'을 염송할 때 더욱 힘이 나는 것과 같은 이치다. 게다가 명호를 들으면 정토를 연상하게 되고, 그 공덕으로 인해 극락왕생하게 된다.[24] 그러나 명호 역시 하나의 언어에 불과하고, 언어의 속성상 분별을 강화하기 때문에 지나친 명호에의 집착은 경계해야 할 사항이다. 어떤 명호가 더 좋으냐를 따지는 사이에

---

24 불보살의 명호에 대해서는 이태원, 『염불의 원류와 전개사』에서 자세히 소개하고 있다.

공덕은 흔적 없이 사라지고 집착과 분별만이 남아 더 커다란 번뇌로 쌓인다.

그렇다고 해서 아무 명호나 마구 부르면 안 된다. 거기에는 앞의 일화에서 읽을 수 있는 두번째 조건이 필요하다. 바로 '오직 한마음으로' 성심껏 염송해야 한다는 사실이다. 불보살의 명호도 중요하지만, 그것보다는 한마음으로 성심껏 하는 것이 중요하다. 염불을 하는 가장 중요한 이유는 흩어져서 어지러운 마음을 차분하게 가라앉히고, 나아가 마음을 깨끗하게 만들기 위해서이다. 염불을 통해서 번뇌를 없애고 부처의 세계를 연상하며, 마음을 하나로 만들어서 깊이 관찰한다. 실제로 사찰에서 법회를 볼 때, 설법을 듣기 전이나 법회가 끝날 무렵 일정 시간 동안 염불을 한다. 흔히 '정근'(精勤)이라고 하는 것인데, 이것은 석가모니나 관세음보살과 같은 불보살의 명호를 계속 염송하는 형식을 취한다. 이렇게 하는 동안 사람들의 마음은 차분해지고 하나로 통일되어 설법을 들을 마음의 자세가 갖추어지기도 하고 법회가 끝나도 여전히 깊은 선정(禪定)의 상태를 유지시켜 주기도 한다. 이처럼 염불은 마음을 고요하게 만드는 역할부터 선정의 경계로 나아가게 하는 역할에 이르기까지 영향을 미치는 범위가 매우 넓다.

일반적으로 우리가 생각하는 염불이란 아미타불을 지성(至誠)으로 불러서 그분이 만든 극락정토에 태어나기를 염원하는 것이다. 이것은 염불을 하는 주체인 '나'와 아미타불이 만든 '극락정토'가 서로 다른 곳에 위치해 있다는 것, 그리고 '나'와는 다른 존재인 '아미타불'을 진실로 믿고 의지해야 가능하다. 이 때문에 염불신앙의 출발점은 믿음이다. 아미타불을 믿고, 서방 극락세계의 존재를 믿으며, 아미타불을 지성으로 염원하면 극락에 태어날 수 있다는 것을 믿어야 염불 신앙이 성립할 수 있다. 나아가 염불을 통해서 단순히 극락정토에 다시 태어나는 것에 그치는 것이 아니라 윤회에서 오는 중생으로서의 근본적인 괴로움, 즉 생사(生死)의 괴로움을 영원히 벗어날 수 있다는 것을 믿어야 한다. 그 믿음이 투철하면 할수록 염불을 하는 정성은 더욱 깊어질 것이고, 그것이 도달할 수 있는 경계 역시 순일(純一)해질 것이다.

당나라 때 도경(道鏡)과 선도(善道)가 지은 『염불경』(念佛鏡)에 다음과 같은 말이 있다.

신(信)의 뜻을 경전에서 말한 대로라면, 염불하면 반드시 정토에 태어난다는 것을 믿어야 하고, 염불하면 반드시 모든 죄가 멸해진다는 것을 믿어야 하며, 염불하면 반드시 부처님의 지위를 증득한다는 것을 믿어야 하고, 염불하면 반드시 부처님이 보호한다는 것을 믿어야 한다. 또 염불하면 목숨이 마칠 때에 임해 부처님이 친히 오셔서 맞이한다는 것을 믿어야 하고, 염불하면 어떤 중생이든지 묻지 않고 똑같이 믿는 사람은 모두 왕생할 수 있다는 것을 믿어야 하고, 염불하여 정토에 왕생하면 반드시 32상(相)을 얻는다는 것을 믿어야 하며, 염불하여 정토에 태어나면 반드시 불퇴전(不退轉)의 지위에 머무른다는 것을 믿어야 하고, 염불하여 정토에 태어나면 반드시 자유자재한 쾌락장엄(快樂莊嚴)을 얻는다는 것을 믿어야 한다.[25]

이 글의 뒷부분에도 어떤 점을 믿어야 하는지 열거되어 있지만, 이 정도만 읽어도 믿음이라고 하는 것이 얼마나 중요한 조건인지 알 수 있다. 아미타불의 자비로운 마음에 의지하여 그의 명호만을 일념으로 열심히 부르기만 하면 극락왕생할 수 있을 뿐만 아니라 자신이 깨달음을 얻어 부처님이 될 수 있다는 사실을 믿어야 한다는 내용이다. 믿음을 강조하는 이러한 서술은 정토경 계통의 경전에서는 쉽게 찾아볼 수 있다. 그만큼 염불에서 믿음이란 수행의 기초요 모든 것이라 해도 과언이 아니다. 믿고 염불을 하다 보면 역으로 믿음이 더욱 깊어지고, 그 과정을 통해서 염불에 집중하는 생각 역시 전일하고 깊어진다.

그렇지만 기본적인 논의의 구도가 달라지는 것은 아니다. 즉 염불을 하는 주체와 아미타불이 있는 세계는 다른 곳에 위치하고 있어서, 내가 그쪽으로 가야만 한다. '왕생'(往生)이라는 말이 그대로 보여주듯 내가 그곳으로 가서 다시 태어나야 한다. 그렇게 되기를 염원하며, 그렇게 될 것을 믿어야 한다. 내가 있는 곳과 내가 가야 할 곳의 거리는 무한히 멀다. 그 사이의 거리를 자신의 힘으로 극복하기 힘드니 아미타불과 같은 절대자의 존재를 필요로 하는 것이다. 그러므로 염불 수행의 출발은 믿음이며 지성(至誠)이다. 염불이 타력신앙의 구조를 지닌다는 것은 이런 맥락에서 말하는 것이다.

---

25 도경·선도, 『염불, 정토에 왕생하는 길』, 이태원 역주, 운주사, 2003, 14쪽.

염불과 선의 만남

염불을 하는 나의 외부에 아미타불과 그의 서방 극락정토가 있다고 하는 것은 정토신앙을 경전에 나와 있는 대로 믿는 것이다. 일종의 문자주의라 해도 과언이 아니다. 이것의 좋은 점은 경전을 제대로 이해하지 못하거나 수행할 시간을 따로 낼 수 없는 중생들에게 큰 도움이 된다는 것이다. 게다가 현실에서 고통스러운 삶을 살아가는 사람들, 아무 희망도 발견할 수 없는 사람들 입장에서 절대적 힘을 가진 누군가가 나를 구원해 준다는 생각은 얼마나 극적인 희망의 발견이겠는가. 시대가 험난하고 민중들이 살기 어려운 때일수록 염불신앙이나 그것의 변형태들이 성행했던 것은 이와 같은 논리적 구조 때문이었을 것이다.

그러나 나의 외부에 극락정토가 있고 아미타불이 있다고 믿는 구조를 계속 밀고 나가기에는 어려움이 있다. 자신의 청정한 마음을 잘 살피는 것을 수행의 중요한 목표로 삼는 불교 입장에서, 행위의 원인이나 능동적 주체를 밖에 두는 것이 그리 달가울 수만은 없다. 비록 민중들의 마음을 안정시키면서 그들에게 희망을 주는 것이라 해도, 결국 자기 마음으로 돌아와야 하는 것이 불교의 가르침이라면 어떻게 그들을 바른 법으로 인도할 것인가.

이 지점이 염불과 선불교가 만나는 곳이다. 정토신앙을 상징으로 받아들이고, 결국 부처님이 자기 속에 있다는 것, 혹은 자기가 바로 부처님이라는 것을 깨달아 이 사바세계가 그대로 극락임을 믿는다. 그리고 이런 깨달음을 위해 염불을 외우며, 끊임없이 외우는 염불이 더 높은, 혹은 더 깊은 의식의 차원에 이르는 수단이라 생각하고 열심히 외우는 것이다. 이것을 '염불선'이라고 한다.[26]

원나라 시대의 선사였던 천여유칙(天如惟則)은 다음과 같이 말한 바 있다. "염불과 참선이 같지 않다고 의심하는 자가 있다. 그러나 이는 참선은 마음을 깨닫고 참성품을 보려 함이요, 염불은 '자기 성품이 바로 미타이며 마음이 곧 정토임'[自性彌陀 唯心淨土]을 분명히 알지 못하기 때문이니, 어찌 진리에 둘이 있으랴. 경에서도 말씀하시기를, '부처님을 생각하고 염불하면 현세에서나 내세에서 반드시 부처님을 뵙게 되리라' 하였다. 이미 현세에서 부처님을 뵐진대 어찌 참선하여 도를 깨닫는 것과 다름이 있으랴."

천여유칙은 염불의 타력신앙적 측면을 자력신앙의 형식으로 바꾸는 가장 중요한 점을 지적하고 있다. 외부에 불보살과 극락정토가 있는 것이 아니라, 자기 자신이 불보살이요 따라서 자신이 살고 있는 이 세계가 바로 극락정토라는 점을 분명히 인식하는 것이 염불의 요점이라는 것이다. 이렇게 될 때 염불은 선 수행과 같이 견성(見性) 체험으로 나아갈 수 있다는 것이다.

염불은 이른 시기부터 대중들의 사랑을 받았던 수행법이다. 특별한 사전 지식이 없어도 누구나 생활 속에서 실천할 수 있기 때문이다. 그러나 문제는 자기 마음속의 아미타불을 발견하고 내가 살아가는 현실이 극락정토라는 생각을 하는 인식의 전환을 어떻게 성취할 것인가

---

26 오강남, 『불교, 이웃종교로 읽다』, 현암사, 2006, 259~260쪽.

하는 점이었다. 선 수행은 그것이 화두를 들든 고요히 마음을 관찰하기만 하든 외부의 번뇌가 자성청정심을 흔들지 못하도록 하는 것을 1차 목표로 삼는다. '마음이 곧 부처'[心卽佛]라는 선언에 의하면 내 마음이 아미타불이요 내가 살아가는 세상이 서방정토가 된다. 나와 부처가 한 몸이요, 중생계와 불계가 다르지 않다는 것을 믿고 수행하는 것을 '선정쌍수'(禪淨雙修)라 한다. 선정쌍수야말로 염불선이 모토로 내세우는 글귀다.

염불선과 관련하여 명나라 말기의 선승 운서주굉(雲棲袾宏, 1535~1615)은 흥미로운 글을 남긴 바 있다.

명나라 때 공곡(空谷), 천기(天奇), 독봉(毒峰) 세 큰스님이 염불에 대하여 논한 적이 있었다. 천기와 독봉 두 스님은 사람들에게 '염불하는 이가 누구인가' 하고 관(觀)하기를 가르쳤고, 공곡 스님은 '그저 염불만 하여도 깨달을 길이 있다'고 가르쳤다. 이 두 가지 가르침은 저마다 근기에 따른 것이니 모두 옳다 하겠다. 그러나 공곡이 '그저 염불만 하는 것도 무방하다'라고만 말하고 '참구(參究)하는 것은 잘 못된 것이다'라고 말하지 않은 것에 대하여 내가 『미타경소초』(彌陀經疏抄)에서 이미 밝힌 적이 있거니와, 아직까지 이 점에 대하여 의심을 품는 사람이 있는 듯하다. 그들은 '참구는 견성(見性)을 위주로 하고 염불만 하는 것은 왕생(往生)을 바라서이다'라고 하면서, 참구를 버리고 염불에만 힘쓰려고 하며, '경전에도 부처님의 명호를 굳게 지녀 의지하라고 하였을 뿐, 참구해야 한다는 말씀은 없지 않은가'

하고 묻기도 하였다. 그 말도 일리가 있다. 이를 의지하여 수행하면 틀림없이 왕생할 수 있다. 다만 이것만 품고 저것은 버리는 것은 옳지 않다. 왜냐하면 염불인의 견성은 바로 상품상생(上品上生)의 일이니, 참구한다고 하여 왕생하지 못할까 염려할 일은 없다. 그래서 내가 『소초』에서 둘 다 인정하면서 선택에 맡긴 것이니 의심하지 말기 바란다. 만약 '염불하는 이가 누구인지' 관하라는 말을 염불하는 사람을 추구하라는 뜻으로 여긴다면, 이것은 사람을 그르치게 되니 한량없는 죄를 짓는 것이다.[27]

운서주굉의 이 글은 염불과 선이 어떻게 만나는지를 잘 보여 준다. 염불만 하는 것과 화두를 참구하는 선 수행은 각자의 특징을 가지고 있으므로 어떤 것이 좋은지 알 수 없다. 물론 그것이 가지는 논리에서 보자면 근기의 높고 낮음에 따라 선과 염불을 선택할 수는 있다. 그렇지만 그들 사이의 옳고 그름을 따지는 것은 잘못이다. 선 수행은 견성을 위주로 하고 염불은 왕생을 위주로 해서 그들의 논리 구조에 따른 차이를 가지고 있기는 하지만, 염불을 통해서 견성을 할 수 있다면 그것처럼 좋은 것이 어디 있겠는가. 그럴 때 염불을 하는 사람은 단순히 염불 대상이 되는 아미타불이나 관세음보살 같은 불보살만을 참구하면 안 된다. 염불을 할 때는 염불을 하는 사람이 누구인지 깊이 살핌으로써 자기 마음을 참구하고 나아가 견성할 수 있는 계기를 마련해

---

27 주굉, 『산색(山色): 죽창수필 선역』, 연관 옮김, 호미, 2005, 164쪽.

야 한다. 염불이 선과 만나는 곳은 바로 여기다.

여기서 우리는 염불과 진언(眞言) 사이의 관계에 대해 잠시 알아보아야 한다. 말은 그 자체의 힘을 가지고 있다. 말의 힘을 믿고 수행의 수단으로 삼는 것이 바로 진언을 이용하는 것이다. 진언 속에는 깨달음의 모든 것이 내포되어 있어 언제나 그 경지를 유지한다고 여겨져 왔다. 말 그대로 '진리를 담고 있는 말' 혹은 '진실된 말'이 진언이다. 깨달음을 담고 있는 말은 깨달음의 계기 역시 내포하고 있는 것이므로 그 말을 깊이 살피거나 열심히 암송한다면 그 수행을 하는 사람역시 깨달음에 도달할 수 있으리라는 것이 진언 수행의 요지라 하겠다. 이와 같은 수행을 주력(呪力) 수행이라고도 한다.

『선가귀감』에 의하면, 원래 주력 수행의 목적은 전생의 업(業)을 다스리기 위한 것이다. 금생에 지은 업은 다스리기가 비교적 쉽지만, 전생에 지은 업은 제거하기 어려우므로 신주(神呪)가 지닌 신비한 힘을 빌려야 한다고 했다. 지난 생에서의 업이란 무엇인가. "바르게 살고싶은데 자꾸 삿된 길로 가게 되고, 깨끗하고 싶은데 자꾸만 더러워지며, 덕은 있는데 복은 없고, 선행을 하는데도 몸에는 흉한 일이 끊이지않으며, 악한 일을 하지 않았는데도 화를 당하며, 살생을 하지 않았는데도 일찍 죽어 버리는 것"[28] 등 이런 경우는 금생에서의 업 때문에 과보를 받는 것이 아니라 전생의 과보라는 것이다. 이러한 문제를 해결하기 위해서 신주가 지닌 신비한 힘을 빌려 수행을 해야 한다는 것이

---

28 휴정,『선가귀감』, 일장 옮김, 불광출판부, 2005, 80쪽, 일장의 해설 부분.

다. 그렇지만 이렇게 하고 말면 결국 주력 수행 역시 외부의 힘을 빌려서 자신의 문제를 해결하는 구조를 취하게 되므로 선불교가 지향하는 견성성불(見性成佛)이 어려워진다. 따라서 주력 수행을 하는 동안 진언이 담고 있는 깨달음의 경계, 즉 공(空)이나 무아(無我) 체험을 목표로 해야 한다.[29] 그런 점에서 염불 수행과 비슷하다. 그러나 염불이 어떤 대상을 상정하고 있는 데 비해 주력 수행은 말을 대상으로 한다는 점에서 분명한 차이를 가진다.

그렇지만 주력 수행이든 염불 수행이든 그것이 견성, 공, 무아 등 깨달음의 체험을 목표로 한다는 점에서 선 수행과 연결될 수 있는 고리를 모두 가지고 있다. 앞서 주굉의 언급에서도 볼 수 있듯이, 선 수행에서의 염불은 그 자체로 화두의 역할을 한다. 마치 '부모가 태어나기 전 그대의 본래 면목이 무엇인가?'[父母未生前 本來面目] 하는 화두처럼, 염불을 하면서도 염불을 하는 그 본체에 대해 살피는 것이야말로 화두를 들고 수행하는 간화선과 논리적 구조가 같다. 이 점에 대해 주굉은 자신의 책 『선관진책』(禪關進策)에서 독봉의 말을 인용하여 이렇게 설파한다.

---

29 주력 수행과 관련하여 다음과 같은 구절을 예로 들 수 있다. "일체 마음을 비우고 고요히 관법(觀法)을 행하면 자연히 마음이 청정하여 모든 번뇌가 없어지고 머묾이 없는 마음의 체(體)가 영지불매(靈智不昧)하여 자연히 본 마음을 깨치나니 이것이 주문하는 법이다. 자력(自力)과 타력(他力)을 합하여 무궁무진한 진리를 깨치면 그 가운데 불가사의한 도력(道力)이 있게 되는 것이다"(백용성, 『각해일륜』覺海日輪, 임도문 옮김, 불광출판부, 1997, 143쪽).

혹 '무'자를 참구한다면 참구의 요점을 '어찌하여 개에 불성이 없는 가?'에 둘 것이며, 혹 만법귀일(萬法歸一)의 화두를 참구한다면 참구의 요점을 '하나는 어디로 돌아가는가?'에 둘 것이며, 참구염불일 때에는 '염불하는 이놈은 무엇인가?'를 참구의 요점으로 삼을 것이니라. 마음을 돌이켜 스스로를 살펴 깊은 의정(疑情)에 들어가야 한다. 혹 화두를 들려고 해도 안 들리면 다시 공안(公案)을 처음부터 끝 구절까지 들어서 수미일관하게 되면 바야흐로 두서가 잡혀서 의정이 날 것이다. 의정이 끊이지 않도록 간절하게 용심(用心)하면 불각(不覺) 중에 발을 들고 몸을 뒤쳐 허공에서 한바탕 곤두박질을 치게 될 것이니, 그때 다시 와서 산승(山僧)의 방망이를 맞도록 하라.

염불이 선 수행과 만나기 위해서는 자신이 염송하는 불보살을 화두처럼 활용해야 한다는 말이다. 그것을 참구염불(參究念佛)이라고 불렀다. 염불을 통해서 의정(=의심)을 일으키고, 의정을 극한까지 참구하여 밀고 가서 견성 체험을 하라는 것이다. 염불하는 주체에 대한 철저한 참구야말로 간화선이 지향하는 바가 아니던가. 염불을 하나의 화두처럼 사용한다는 것은 바로 이런 맥락에서 이야기될 수 있다.

일반적으로 염불에 대해 가지는 이미지는 단순히 불보살의 명호를 반복하는 것, 혹은 기복신앙의 대명사로 기억된다. 앞서 언급했던 늙은 여종의 경우에서 볼 수 있듯이, 자신이 무엇을 하는지 모른 채 오직 다른 사람이 일러 준 것대로만 일념으로 실천하는 것은 엄밀히 말하면 염불 수행의 모든 것은 아니다. 그녀의 일념이 얼마나 지극정성이었는지, 그 믿음이 얼마나 단단했는지를 보여 주는 일화로 쓰일 수는 있겠지만, 그 태도 속에 기복적인 요소나 단순 반복의 방식으로 암송하는 것을 수행으로 일반화시키기에는 무리가 있는 것이 사실이다. 자신이 하는 염불 행위를 수행으로 명확히 인식하고 불교의 원리 안으로 가지고 가는 자세가 필요하다. 그럴 때 비로소 염불은 선과 만나 새로운 차원의 수행 방법으로 승화될 수 있다.

휴정의 염불선

휴정의 『선가귀감』이 수행을 설명하기 위해 채택하고 있는 구성 방식은 선학, 교학, 염불의 순서에 따른 설명이다. 뒤쪽으로 수행자의 자세라든지 선풍(禪風)에 따른 종파의 특징을 소개하는 여러 내용이 첨부되어 있지만, 수행의 본령은 대체로 세 부분을 순서대로 설명하고 있다. 이것은 세 부분 사이의 옳고 그름[是非]을 따지자는 것이라기보다는 가르침과 수행의 깊고 얕음[深淺]을 이야기하자는 것이다. 즉 중생들이 근기에 따라 자신에게 적절한 수행 방법을 찾고, 그것을 길잡이 삼아 깨달음의 체험을 통해 피안(彼岸)으로 건너가도록 배려한 것이다. 그런 점에서 휴정에게 염불이란 수행의 중요한 한 분과였다. 이렇게 세 분과로 수행 방법을 구성하여 설명하는 것을 '삼문수업'(三門修業) 혹은 '삼문수행'(三門修行)이라고 할 수 있는데, 이런 구성을 채택하여 책으로 저술하는 방식은 조선불교사에서 『선가귀감』에서 처음 등장하는 것이다.[30] 그만큼 선학, 교학, 염불을 수행문의 중요한 분과로 간주하고 사찰 안으로 끌어들여 온 공로자는 휴정이라 할 수 있다.

불교가 이 땅에 들어온 이래 염불은 일찍부터 민중들을 위한 수행법으로 보급되었다. 원효 이래 많은 승려들이 염불 공덕을 주목했으며, 그것을 통해 쉽게 불교를 접하기 어려웠던 민중들에게 불교의 수행과 공덕을 입도록 하였다. 널리 알려진 향가 「원왕생가」(願往生歌) 역시 아미타불의 힘에 의지하여 서방 극락정토로 가고자 하는 소원을 노래한 것인데, 그만큼 염불 수행이 사회적으로 널리 퍼져 있었다는 방증이기도 하다. 고려시대 지눌에 와서 염불은 선과 만나서 새로운 차원의 수행법으로 발전할 수 있는 기틀을 만들었으며,[31] 고려 후기의 선사들 역시 염불의 중요성을 간과하지 않았다. 특히 나옹혜근(懶翁惠勤)은 속가의 누이동생에게 보내는 편지에서 "하루 스물네 시간 항상 아미타불을 간절히 생각하라"[32]라고 하였다. 선사이면서도 염불 수행을 적극 권한 것은, 염불이 간단하면서도 생활 속에서 쉽게 실천할 수 있다는 점 때문이다. 이것을 적극적으로 받아들여서 중요한 수행 방법으로 정립한 사람이 휴정이라 할 수 있다.

휴정은 기본적으로 염불과 선을 같은 것으로 본다. 앞서 말한 것처럼, 그는 염불을 간화선의 방식으로 접근했던 것이다. 그의 『심법요

---

30 심재룡, 『지눌연구』, 서울대학교출판부, 2004를 참조하라. 그는 이 책에서 지눌의 회통적(會通的)인 사상과 수행 방식을 고스란히 이어받은 사람은 서산휴정이라고 하면서(155쪽) 현재 행해지고 있는 한국 불교의 기틀을 지눌이 만들었다고 하였다. 그렇지만 지눌은 정토종의 염불 수행까지 권고하지는 않았으나 서산휴정은 그것을 근기에 따라 권하기도 했다고 하였다(216쪽).

31 심재룡은 앞의 책에서 이 같은 점을 여러 차례 언급한 바 있다.

32 혜근, 「누이동생에게 보내는 답장」(答妹氏書), 『나옹록』(懶翁錄), 백련선서간행회 옮김, 장경각, 재판; 1993, 154쪽.

초』에는 염불과 관련한 글들이 다수 발견된다. 여기서 휴정이 염불 수행을 어떻게 생각했는지 충분히 읽을 수 있다.

| 反觀念者誰 | 염송하는 자 누구인지 돌이켜 보라 |
| 非心亦非物 | 마음도 아니고 물건도 아니로다. |

參禪卽念佛	참선이 곧 염불이요
念佛卽參禪	염불이 곧 참선이라.
本性離方便	본래 성품은 방편을 떠나
昭昭寂寂然	밝고 밝으며 고요하고 고요하도다.

그는 염불을 하는 주체에 대한 깊은 관찰을 염불 수행의 요점으로 삼는다. 마음도 아니고 물건도 아닌, 그러나 염불을 하는 그 무엇을 살피는 것은 그가 『선가귀감』 첫부분에서 언급했던 '한 물건'[一物]을 살피는 것과 같은 맥락에 위치한다. 동시에 간화선에서의 화두 역할을 하면서 견성 체험의 계기를 만들도록 한다. 그런 점에서 보면 참선과 염불은 둘이 아니다. 참선을 하든 염불을 하든 그것을 하는 '한 물건' 혹은 '본래 성품'[本性]은 언제나 밝고 밝으며 고요하고 고요하다. 한 번도 없었던 적도 없었고 영원히 변치 않는 존재도 아닌, 무엇인가 말하려고 하면 그 순간 바람 없이 일어나는 물결 같은 존재. 그것이 도대체 무엇인지를 관(觀)하는 것은 화두를 들고 있는 순간에만 가능한 것이 아니라 염불을 하는 동안에도 충분히 가능하다.

휴정은 『선가귀감』에서, "입으로만 부르면 송불(誦佛), 마음에 두면 염불(念佛)인데, 다만 입으로 외울 뿐 생각에서 잃어버린다면 불도를 닦는 데 이익이 없다"라고 하는 구절을 든 뒤, 다음과 같이 해설을 붙였다.

'나무아미타불'의 여섯 글자 법문은 윤회를 벗어나는 지름길이다. 마음으로는 부처님을 반연(攀緣)하는 경계를 잘 기억하여 잊지 않고 입으로는 아미타불의 명호를 칭송하여 헷갈리지 않게 또렷이 해야 한다. 그와 같이 마음과 입이 서로 상응하는 것을 일러 염불이라고 한다. 오조(五祖)는 '본바탕의 참마음을 지키는 것이 시방의 모든 부처님을 염하는 것보다 더욱 수승(殊勝)하다'라고 하였으며, 육조(六祖)는 '항상 다른 곳의 부처님을 염하면 생사를 면할 수 없으나 나의 본심을 지키면 곧 피안에 도달하게 된다' 하셨고, 부처는 '자성의 가운데에 짓고 몸 밖에서 구하지 말라' 하셨고, 또 '어리석은 사람은 염불로 왕생을 구하고 깨달은 사람은 스스로 그 마음을 청정하게 한다'라고 하였으며, 또 '대저 중생이 마음을 깨쳐서 스스로를 제도하는 것이지, 부처님이 중생을 제도하지 못한다'라고 하였다. 위에서와 같은 여러 큰스님들의 말은 본심을 곧바로 가리킨 것으로서 따로 방편이 없다. 이치로는 실로 그와 같지만 교적(敎迹)의 문(門)에서는 실제 극락세계와 아미타불의 48대원(大願)이 있는 것이다. 누구든 열 번만 소리 내어 염불하는 이는 이 48대원의 힘을 입어서 연화대(蓮花臺)에 왕생하여 윤회를 벗어나게 된다는 것을 삼세제불(三世諸佛)이

똑같이 말하였으며, 시방의 보살들이 모두 왕생하기를 원한다. 더구나 고금을 통해 왕생한 사람들의 전기(傳記)가 분명하니, 원컨대 모든 행자들은 잘못 알지 말도록 삼가 힘쓰고 힘써야 할 것이다.

눈길을 자신의 내면으로 돌려 청정한 자성을 보라는 간절한 충고가 글의 면면에 묻어난다. 어떤 방식이든 깨침의 주체는 중생 자신이다. 이렇게 중요한 원칙을 버리고 어째서 자기 밖으로 눈을 돌려서 아미타불이니 서방정토니 집착을 한단 말인가. 휴정이 말한 것처럼 이치상으로는 극락과 아미타불의 대원이 존재한다. 그러나 어디까지나 이치상이다. 그것은 경전에 언급된 그대로를 믿는 문자주의적인 교학에서나 가능하다. 실제로 중생의 청정한 자성을 버린다면 어디서도 견성성불을 할 가능성은 없어진다. 염불을 지성으로 하면 극락왕생을 할 수 있다고 불보살들이 말했고, 실제로 염불을 통해서 극락왕생한 사람들에 관한 기록이 있는 것도 사실이다. 문제는 이들이 어떤 방식으로 염불 수행을 했을까 하는 질문을 하지 않는다는 점이다. 자성을 보지 않고 오직 입으로만 염불을 하는 사람은 어리석다. 지혜로운 사람은 염불을 통해서 자성을 본다. 입과 마음이 상응하는 염불 수행이야말로 지혜로운 사람이 취해야 할 수행 방법이다.

그렇다고 해서 휴정이 아미타불에 의지하는 염불을 일방적으로 부정하기만 한 것은 아니다. 근기가 낮은 사람 입장에서는 염불이 참선과 같다는 논리를 제대로 이해하지 못한다. 그럴 경우 우선 아미타불이라고 하는 절대자를 자기 밖에 상정한 다음, 지성으로 아미타불

을 염송하면 서방정토에 태어난다고 가르치는 것이 필요하다. 일종의
방편이다.

> 부처님은 높은 근기의 사람을 위하여 말씀하시되 '마음이 곧 부처요
> 마음이 곧 정토이며 자성이 미타'라고 하셨으니, 이른바 서방(西方)
> 이 여기서 멀지 않다는 것이 이것이다. 또 낮은 근기의 사람을 위하
> 여 말씀하시기를, '십만 팔천 리'라고 하셨으니 이것은 이른바 서방
> 이 여기서 멀다는 것이다. 그러므로 서방의 멀고 가까운 것은 사람에
> 게 있지 법에 있는 것이 아니며, 서방이 드러나고 감추어짐은 말에
> 있지 뜻에 있는 것이 아니다. (「염불문」, 『청허당집』)[33]

이 부분이 수록되어 있는 휴정의 「염불문」은 백처사(白處士)라는
사람에게 주었다는 협주(夾註)가 달려 있는 것으로 보아, 출가수행자
가 아니라 속인을 위해서 써 준 글이다. 당시 백성들 사이에서는 대부
분의 염불이 아미타불의 명호를 열심히 구송하는 형식을 취하였을 것
이다. 현실적으로 민간에 널리 퍼져 있는 수행법을 부정하는 것은 사
람들에게 혼란을 줄 뿐 아니라 그들을 불교 안으로 포용하는 방법도
아니다. 휴정은 그러한 현실을 감안하여 근기의 높고 낮음에 따라 수
행자 중심의 염불선과 일반 대중 중심의 염불을 구분했던 것으로 보

---

33 佛爲上根人說, '卽心卽佛, 惟心淨土, 自性彌陀', 所謂西方去此不遠, 是也. 爲下根
  人說, '十萬十惡八千八邪里', 所謂西方去此遠矣. 然則, 西方遠近, 在於人而不在於
  法也, 西方顯密, 在於語而不在於意也. (休靜, 「念佛門」, 『淸虛堂集』 卷6)

인다. 구송 염불을 통해서 근기가 깊어짐에 따라 염불선의 차원으로 전환되는 것이 휴정의 의도였다.

그렇다면 어떻게 염불선이 견성성불의 계기로 작동할 수 있는 것일까? 염불 수행을 하는 사람이라면 누구나 자신이 염송하는 소리를 듣고 거기에 집중할 것이다. 또한 소리를 내는 순간 마음의 움직임을 깊이 관찰한다. 이렇게 집중하고 또 집중하다 보면 "한 생각도 내지 않는 순간 과거와 미래가 즉시 끊어지면서 자성미타(自性彌陀)가 홀로 드러나고 자심정토(自心淨土)가 앞에 나타나게 된다". 그 순간 깨달음이 원만성취되는데, 이것을 휴정은 "돈오돈수(頓悟頓修)요 돈단돈증(頓斷頓證)이기 때문에 지위가 없어진다"라고 했다(「염불문」).**34** 이른바 무위진인(無位眞人)이 바로 그것이다. 그러나 이렇게 되기까지는 쉽지 않은 일이어서, 여러 겁에 걸쳐 수행을 해야 한다.

이처럼 대중들을 위한 휴정의 노파심은 대단한 것이었다. 간화선을 내세우되 간화선만을 주장하지 않고, 교학이 사구(死句)를 참구하는 것이며 문제가 많으니 문자를 끊으라고 권유하되 그것의 필요성을 적극 인정하였으며, 염불이 깨달음의 문으로 들어가는 계기를 만들어서 낮은 근기의 대중들에게 좋은 수행이 될 수 있음을 이야기한다. 이렇게 세 가지 분야의 수행을 들어서 각각이 제 나름의 역할을 하면서 다양한 근기의 중생들에게 활용될 수 있음을 보여 주고 정리한 것, 그

---

34 若人不生一念, 前後際斷, 則自性彌陀獨露, 而自心淨土現前矣. 此卽頓悟頓修頓斷頓證, 故無地位矣. (같은 글)

것이 바로 휴정의 큰 공적이라 하겠다. 동시에 이러한 시각이 제자들에게 널리 받아들여지고 동시대 신도들에게 긍정적인 효과를 보임으로써 조선의 불교가 이전과는 달리 회통불교(會通佛敎)로서의 명실상부한 특징을 드러내는 계기가 되었다.

4. 서산휴정의 법맥과 그 문도

휴정이 언급한 법맥

휴정이 쓴 글 중에 「삼로행적」(三老行蹟)은 자신에게 불법의 요체를 전해 준 사람들의 행장을 정리한 것이다. 이 글과 함께 그의 생애를 정리하는 데 필요한 글인 「완산 노부윤에게 올리는 글」은 휴정이 자신의 법맥을 언급한 가장 중요한 문건이다. 제자들을 기르고 후학을 제접(提接)하면서 다양한 시문을 남겼지만 제자들에 대한 기록은 남기기 어려웠던 반면, 스승이나 선배에 대한 글을 남겨서 법맥이나 사승 관계를 정리하는 것은 중요한 일이었다. 사실 그의 문집에서 허응보우(虛應普雨)에 대한 언급이 없다는 점은 이미 적시한 바 있거니와, 실제로도 그와의 교유가 없었다는 것은 아니다. 허응보우가 비극적으로 죽음을 당한 뒤 불교계에서는 그와의 관련성 때문에 해를 입을까 조심하는 분위기가 있었을 것이고, 그 과정에서 휴정이나 유정의 문집에서 해당 글들이 삭제되었을 가능성도 있기 때문이다. 이는 보우의 문집인 『나암잡저』를 간행할 때 유정이 교정을 본 것에서도 알 수 있듯이, 그의 영향력을 현실적으로 무시한다는 것은 아마도 불가능했을 것이다. 그렇다고 보우의 불교적 입장이나 수행 방식에 대해서 휴정이나 유정이 전적으로 동의했다고 볼 수도 없다. 특히 불교와 국가 사이의 관계를 어떻게 설정해야 할지, '왕즉불' 사상은 어떻게 수용해야 할지에 대한 문제에서는 결정적으로 견해 차이를 보이기 때문이다.

그렇게 보면 휴정의 법맥을 논의할 때 그의 문집인 『청허당집』에 수록되어 있는 「삼로행적」을 중점적으로 살펴야 할 것이다. 여기서 '삼로'는 벽송지엄(碧松智嚴), 부용영관(芙蓉靈觀), 경성일선(敬聖一禪)을 말한다. 그는 특히 「벽송당행적」(碧松堂行蹟)에서 자신의 법맥을 비교적 명료하게 언급하였다.

하루는 생각하기를 '멀리 사방으로 다니면서 스승을 찾아 교훈을 받으리라' 하고 먼저 연희교사(衍熙敎師)를 찾아 원돈교(圓頓敎)의 뜻을 묻고, 다음에는 정심선사(正心禪師)를 찾아 서래(西來)의 비밀한 뜻[密旨]을 물었더니, 그들은 모두 현묘한 이치를 밝혀 주었으므로 깨달은 바가 많았다. 정덕(正德) 무진년(1508) 가을에 금강산 묘길상암(妙吉祥庵)에 들어가 『대혜어록』(大慧語錄)을 보다가 '구자무불성'(狗子無佛性)의 화두에 의심을 갖고 오래지 않은 시일에 칠통(漆桶)을 깨뜨렸다. 또 『고봉어록』(高峰語錄)을 보다가 '양재타방'(颺在他方)이란 말에 이르러 지금까지 알던 것을 모두 떨어 버렸다. 그러므로 대사의 평생에 발휘한 것은 다 고봉과 대혜의 가풍(家風)이었다. 대혜화상은 육조(六祖)의 17대 적손이요 고봉화상은 임제의 18대 적손이다. (「벽송당행적」, 『청허당집』)

이 글은 두 가지 점에서 특기할 만하다. 하나는 벽송지엄이 벽계정심(碧溪正心)의 법을 이어받았다고 명확히 밝힌 점이고, 다른 하나는 벽송지엄이 고봉원묘와 대혜종고의 어록을 읽다가 깨달음으로써 그들의 법을 멀리 이었다[遠嗣]는 사실을 강조했다는 점이다. 조선 초기부터 강력하게 시행되어 온 척불정책 때문에 고려시대의 두터운 불교적 전통이 어떻게 이어져 왔는지 자세하게 알 수는 없다. 불교계가 어려운 상황에 처했으리라는 점은 충분히 짐작할 수 있는데, 그 속에는 불법에 뜻을 깊이 둔 사람들이 좋은 스승을 만나기 어려웠으리라는 점도 포함된다. 그러므로 근기가 높았던 벽송지엄은 처음에 교학을 공부하다가 다시 벽계정심에게 나아가 선학을 공부함으로써 깨달음의 기틀을 잡았다고 할 수 있다. 그러나 그가 투철하게 견성(見性)하는 것은 『대혜어록』과 『고봉어록』을 읽은 것이 계기가 되었다고 했다. 즉 간화선 수행으로 화두 참구에 대한 글을 읽다가 깨달음을 얻었다는 것이다. 이는 단순히 책을 읽다가 견성했다기보다는 그 책에 나온 수행 방법인 간화선으로 자신의 깨달음의 경지를 끝까지 밀고 나갔다는 의미일 것이다.

이처럼 휴정의 글 속에서 추적할 수 있는 법맥은 간단하다. 그는 「삼로행적 발문」(三老行蹟跋)에서 벽송지엄, 부용영관, 경성일선의 관계를 이렇게 말했다. "법(法)으로 그 갈래를 말하면 벽송은 할아버지요 부용은 아버지이며 경성을 아저씨라 하겠으니, 휴정이 어찌 소홀히 하였겠는가." 이로써 휴정은 자신의 법계를 명확히 하면서 그 이전의 법은 대혜와 원묘만 언급할 뿐 그 이상의 서술은 하지 않았다.

허균의 글

허균(許筠)이 서산휴정의 문집에 서문을 쓴 것은 1612년(광해군 4)의 일이다. 1604년 휴정이 열반에 든 이후 문도들 사이에서는 휴정의 시문을 모아서 문집 편찬을 준비하고 있었던 것으로 보인다. 문집 편찬은 사명유정이 주도하고 있었는데, 아쉽게도 유정은 그 일을 채 마치기도 전인 1610년에 세상을 뜬다. 열반에 들면서도 그는 스승 휴정의 문집 발간을 마무리하지 못한 것을 마음에 담아 두고 있었다. 세상을 뜨던 날 저녁, 유정은 문인들을 불러서 여러 가지 유언을 하던 중 혜구(惠球) 스님에게 스승 휴정의 문집 발간을 마무리해 줄 것을 부탁한다. 그러면서 허균과는 세교(世交)가 있으니 그에게 문집의 서문을 부탁하라고 하였다.

2년가량 시간이 흐른 뒤, 원고 정리가 되고 문집 발간 준비가 되었다고 판단되자 유정의 제자였던 혜구 스님이 허균을 찾아와서 문집의 서문을 부탁한다. 혜구는 자신의 스승이 돌아가시면서 서문을 부탁하라고 유언하셨다며 허균에게 글을 써 달라고 했고, 허균은 분명히 세교가 있었다고 하면서 그 부탁을 받아들인다. 허균의 아버지 허엽(許曄)은 휴정과 집우(執友, 뜻과 도를 함께하는 벗)였으며, 허균 자신도 휴정을 직접 만나서 불교의 가르침을 받은 바 있다고 했다. 게다가 유정이 죽음에 임하여 자신에게 서문을 부탁했다고 하니 거절할 도리가 없다고 하면서 서문을 쓴다. 현재 남아 있는 『청허당집』서문 중에서 가장 이른 시기의 것이 바로 허균의 글이다.

서문에서 허균은 휴정의 법계가 어떻게 전해 왔는지를 언급하고 있다. 그는 불교가 삼한시대에 들어온 이래 처음에는 교학이 성행하다가 후에 선학이 들어와 종풍(宗風)을 날리게 되었다고 쓴다. 그리고 휴정의 법맥에 대하여 다음과 같이 서술하였다.

> 오직 도봉영소(道峯靈炤) 국사(國師)만이 중국에 들어가 법안[法眼
> 文益]과 영명[永明延壽]의 법을 전해 받았고, 송(宋) 건륭(建隆) 연간
> 에 본국으로 돌아와 선풍(禪風)을 크게 드날리어 말법(末法)을 구제
> 하였으니, 불법의 근본 종지(宗旨)가 비로소 선양되었고 이 땅에 가
> 사(袈裟)를 입은 사람들이 이에 임제와 조동의 종풍을 이을 수 있었
> 다. 그러니 선종에서 그가 세운 공이 어찌 적다 하겠는가? 영소국사
> 의 정법안장(正法眼藏)은 도장신범(道藏神範)에게 전해졌고, 청량도
> 국(淸涼道國), 용문천은(龍門天隱), 평산숭신(平山崇信), 묘향회해
> (妙香懷澄), 현감각조(玄鑑覺照), 두류신수(頭流信修) 등 6세(世)를
> 거쳐 보제나옹(普濟懶翁)을 얻었다. 나옹은 오랫동안 중국에 있으면
> 서 여러 선지식(善知識)을 널리 참방하여 불도를 원만하게 통하고
> 체득하여 훌륭하게도 선림(禪林)의 사표(師表)가 되었다. 그의 법을
> 전해 받은 이로 남봉수능(南峯修能)이 적사(嫡嗣)가 되었고, 정심등
> 계(正心登階)가 진실로 이를 계승하였는데, 이분이 바로 벽송지엄의
> 스승이다. 벽송은 부용영관에게 법을 전하였는데, 그 도(道)를 얻은
> 이로는 오직 청허 노사만이 가장 뛰어나다고 한다. (허균, 「청허당집
> 서문」)[35]

휴정의 법맥을 일목요연하게 정리하고 있는 이 글은 어떤 사람을 거쳐서 조선의 불법이 전해졌는지를 명확하게 보여 준다. 이 글을 정리해서 간략하게 표시하면 다음과 같다.

법안문익→(천태덕소)→ 영명연수 → 도봉영소(고려에 처음으로 불법을 전함)→ 도장신범 → 청량도국 → 용문천은 → 평산숭신 → 묘향회해 → 현감각조 → 두류신수 → 나옹혜근 → 남봉수능 → 등계정심 → 벽송지엄 → 부용영관 → 서산휴정

원래 허균은 불교적 성향 때문에 파직된 적도 있을 만큼 불교와는 가까운 사이였다. 허균 자신이 언급한 것처럼, 그는 휴정을 직접 만나서 불법에 대한 가르침을 받은 적도 있다. 그러나 사명유정과의 관계는 그보다 훨씬 가까웠다. 허균은 자신이 존경하고 좋아했던 둘째 형 허봉(許篈)의 소개로 사명유정을 만났다. 1586년 여름에 허봉을 따라 봉은사로 갔을 때 두 사람은 처음 만난다. 허봉은 사명당의 작시(作詩) 수준을 대단히 높게 평가하였다. 허균에게 있어서 친형이자 스승의 역할을 하던 허봉의 평가는 사명당과의 친분을 더욱 가깝게 하는

---

35 唯道峰靈炤國師, 入中原, 得法眼永明之傳. 宋建隆間, 返本國, 大闡玄風, 以救末法, 祖師西來之旨, 始有所宣揚, 而東土蒙伽黎者, 乃獲襲臨濟曹洞之風, 其有功於禪宗也, 詎淺尠哉? 師之正法眼藏, 傳于道藏神範, 歷淸涼道國 龍門天隱 平山崇信 妙香懷澀 玄鑑覺照 頭流信修, 凡六世而得普濟懶翁, 翁久在上國, 博參諸善知識, 圓通卽詣, 蔚爲禪林之師表. 傳其法者, 南峰修能爲嫡嗣, 而正心登階寔繼之, 卽碧松智嚴之師也. 碧松傳于芙蓉靈觀, 得其道者, 唯稱淸虛老師爲最杰云. (許筠, 「淸虛堂集序」, 休靜, 『淸虛堂集』)

요인이기도 했다.[36] 이런 인연으로 허균은 사명유정의 문집인 『사명당집』(四溟堂集)에 서문을 쓰기도 했다.

뿐만 아니라 그는 사명당의 비문을 쓰기도 한다. 이 글은 허균의 문집에 수록되어 있지는 않다. 또한 『사명당집』에 수록되어 있기는 하지만 글을 지은 사람의 이름은 기록되어 있지 않다. 해인사 홍제암(弘濟庵) 입구에 사명유정의 비문이 세워져 있는데, 이 글이 바로 「유명조선국 자통홍제존자 사명송운대사 석장비명병서」(有明朝鮮國 慈通弘濟尊者 四溟松雲大師 石藏碑銘幷序)이다. 흔히 「사명당비」(四溟堂碑)라고 부르는 것인데, 여기서 '자통홍제존자'는 허균이 개인적으로 올린 시호(諡號)이다. 원래 시호는 국가에서 공식적으로 내리는 것이지만, 유정이 세상을 뜬 뒤 시호 논의가 오가다가 무산된 것으로 보인다.[37] 한편 허균이 이 글에서도 법맥 문제를 간략하게 거론하였다. 그는 사명유정의 법맥을 언급하면서 이렇게 말하였다.

오직 목우(牧牛)와 강월(江月)만이 홀로 황매(黃梅)의 종지(宗旨)를 얻어 훌륭하게 선문(禪門)의 으뜸이 되었다. 엄혹한 수행을 하여 만인이 모두 그만두었으되 열반묘심과 정법안장이 이 땅에 전해지게 하였으니 어찌 기이하지 않으랴! 보제가 다섯 세대를 전하여 부용영관이 되었고 청허 노사께서 입실제자로 칭해졌으니, 그의 지혜로운

---

36 김풍기, 「허균의 불교적 사유의 형성과 '산구게山狗偈'」, 『국문학연구』, 국문학회, 2007.
37 이 문제에 관해서는 허경진, 「허균이 올린 사명대사 사시(私諡)에 대하여」, 『동국사학』 제42집, 동국사학회, 2006에서 자세히 논의한 바 있다.

관(觀)과 오묘한 깨달음은 앞의 무리보다 뛰어나서 진실로 근래의 임제와 조동이라 하겠다. 그후 법을 이은 사람이 없는 것은 아니지만, 불문(佛門)에서는 성대하게 사명대사를 추대하니 가히 서산대사의 전법이라 말하는 것이 거의 옳으리로다. (허균,「사명당비」)[38]

앞서 「청허당집 서문」에 나오지 않은 인물이 여기서 등장하는데 바로 '목우'다. 그는 보조국사 지눌을 지칭하는데, 여기서의 법맥을 「청허당집 서문」의 서술을 참고하여 정리하면 다음과 같다.

목우(보조지눌) → …… → 강월(나옹혜근) → (남봉수능 → 등계정심 → 벽송지엄) → 부용영관 → 서산휴정 → 사명유정

어떻든 허균은 그의 불교쪽 인맥 상황이라든지 불교적 성향으로 볼 때 당시의 불교계에 무지한 사람이 아니었던 것은 분명하다. 게다가 휴정을 비롯한 그의 문도들과 밀접하게 교유하고 있었던 사실은 허균의 문집 곳곳에 수록된 시문을 통해서 알 수 있다. 이 말은 허균이 휴정의 법맥을 연결시켰다는 것이 근거 없는 내용은 아니었으리라는 점을 암시해 준다.

---

38 唯牧牛江月, 獨得黃梅宗旨, 蔚爲禪門之冠, 鉗鎚一震, 萬人皆廢, 俾涅槃妙心, 正法眼藏, 祕傳於靑丘之域, 豈不異哉? 普濟五傳, 爲芙蓉靈觀, 而淸虛老師稱入室弟子, 其慧觀妙悟, 有出於前輩, 寔近代之臨濟曹洞也. 厥後, 嗣法者不無其人, 而緇門盛推四溟大師, 謂可繼西山之傳, 或庶幾乎哉! (許筠,「有明朝鮮國慈通弘濟尊者四溟松雲大師石藏碑銘」, 惟政, 『四溟堂集』 卷7.)

언기, 해안 등의 글

편양언기(鞭羊彦機, 1581~1644)는 휴정의 대표적인 제자 중의 한 사람이면서 가장 나이가 어린 제자다. 그는 1592년 금강산 유점사에서 현빈인영(玄賓印英)에게 출가했으나 훗날 현빈의 권유로 휴정에게 가서 법을 이어 입실제자가 되었다. 휴정이 입적하자 언기가 그 행장을 썼는데, 그 안에 휴정의 법맥을 언급하였다.

> 우리 동방의 태고(太古)화상이 중국 하무산으로 들어가 석옥[石屋淸珙]의 법을 이어서 환암[幻庵混修]에게 전하였고, 환암은 구곡[龜谷覺雲]에게, 구곡은 정심등계에게, 정심등계는 벽송지엄에게, 벽송지엄은 부용영관에게, 부용영관은 서산등계(西山登階)에게 전하였다. 석옥은 바로 임제의 적손이다. (언기, 「청허당행장」)**39**

이 글에서 특기할 만한 점은 고려 말 태고보우(太古普愚)가 법맥의 앞머리를 차지하고 있다는 사실이다. 휴정이 입적할 때 언기의 나이는 24세여서 여러 제자들 중에서 가장 어렸을 뿐 아니라 휴정 만년에 사승 관계를 형성했기 때문에 그의 법맥 정리가 단순히 자신만의 생각은 아니었을 것이다. 그러나 그는 스승의 행장에서 명확하게

---

39 吾東方太古和尙, 入中國霞霧山, 嗣石屋, 而傳之幻庵, 幻庵傳之龜谷, 龜谷傳之正心登階, 正心登階傳之碧松智嚴, 碧松智嚴傳之芙蓉靈觀, 芙蓉靈觀傳之西山登階, 石屋乃臨濟嫡孫也. (彦機,「金剛山退隱國一都大禪師禪敎都摠攝賜紫扶宗樹敎兼登階普濟大師淸虛堂行狀」, 休靜,『淸虛堂集』補遺. 이 글은『편양당집』鞭羊堂集 권2에 「서산행적초」西山行蹟草라는 제목으로도 수록되어 있다.)

태고보우를 내세우고 있다. 태고보우의 등장은 언기의 글뿐 아니라 1630년에 지어진 이정구(李廷龜)의 서산대사 비문, 1631년에 지어진 장유(張維)의 서산대사 비문, 그리고 1640년에 지어진 중관해안(中觀海眼)의 사명대사 비문에서도 공통적으로 나타나 있다. 이는 허균의 글이 지어진 뒤 20년이 채 안 되어 법맥을 정정하는 일이 일어났다는 것을 의미한다.

더욱이 유정의 제자인 해안의 글은 시사하는 바가 크다.

소제자 해안은 오석령 망주정 가의 말석 아래에 위치한 보잘것없는 사람이지만, 사명대사의 입실제자 가운데 혜구(惠球), 단헌(丹獻) 등이 여러 곳의 동학들과 함께 서로 의논하여 말하였다. "청허께서는 석가모니 부처님의 63대 제자요 임제의 25세 직손이다. 영명은 법안종이고 목우자(牧牛子)는 별종(別宗)이며 강월헌(江月軒)은 평산에게서 갈라져 나온 종파이다. 이 비문 중에 우리 스승님께서 임제에게 법을 전해 받은 법통의 차례를 빠뜨리고 있으니, 만약 후세에 지혜에 눈멀고 귀먹은 사람들이 있어서 시간이 오래되도록 그렇게 전한다면 어찌 귀와 눈이 있는 사람들이 놀라지 않겠는가." 해안이 비록 변변치 못한 외손이기는 하지만 사실을 올바로 전할 만한 곧은 붓을 가지고 있다. 이 비문을 가지고 여러 번 청하기에 31년이 지나 경진년에 삼가 쓴다. (해안,「사명당행적」)**40**

이 글에서 적시하지는 않았지만 '이 비문'[本碑]은 허균이 쓴 사명당의 비문을 지칭한다. 어떤 이유에서인지 몰라도 이들은 유정이 입적한 지 31년이 지나서 법맥 문제를 다시 정리하고 있다. 그렇게 되자 유정 입적 직후 작성되었던 허균의 글 역시 문제로 떠오르게 되었다. 그 논의를 주도한 사람은 혜구와 단헌인데, 흥미롭게도 혜구는 휴정과 유정의 문집 서문을 받기 위해서 허균을 만나 부탁했던 장본인이다. 혜구의 스승 사명유정은 세상을 뜨던 날 저녁 혜구를 불러 놓고 두 가지를 부탁한다. 하나는 자신이 살아생전에 이루지 못했던 휴정의『청허당집』발간을 마무리해 줄 것이었다. 또 하나는 문집의 서문을 허균에게 받으라는 것이었다. 유정은 허균과의 인연을 말하면서 그의 글을 받으라는 부탁을 혜구에게 했던 것이다. 그래서 허균은 휴정의 문집과 유정의 문집 모두에 서문을 쓰게 되었다.

　　그런데 왜 이들은 허균 글의 문제점을 지적하면서 법맥을 바로잡자고 논의를 한 것일까. 표면적인 이유는 간단하다. 허균이 법맥의 흐름을 잘못 이해하여 혼돈되었다는 것이다. 법안종에 속하는 영명연수라든지 보조지눌 등은 휴정과 유정으로 이어지는 법맥과는 다른 종파에 속하는데, 허균이 착각하여 이들을 법계도 안에 그려 넣었다는 것이다.

---

40 祇如小弟子海眼, 烏石嶺望洲亭邊末席下穢濘者也, 而大師之室中, 節適弟子惠球丹獻等, 與入表囊侶, 相爲之議曰:"淸虛是能仁六十三代, 臨濟二十五世直孫也. 永明則法眼宗也, 牧牛子則別宗也, 江月軒則分派於平山. 本碑中, 吾師之傳於臨濟, 昭穆失次, 若後世盲聾乎智者, 愈久而愈傳, 無乃有駭耳目者乎?"以海眼雖乏外孫薑曰, 且有董狐直筆, 持其本碑, 再三爲請, 故越三十一年, 蒼龍龍集白龍龍月射免日 謹書. (海眼,「有明朝鮮國慈通廣濟尊者四溟堂松雲大師行蹟」, 惟政,『四溟堂集』)

이런 과정을 거쳐서 다시 확립된 법맥을 이들의 의견에 따라 정리하면 다음과 같다.

> 임제 → ······ → 석옥청공 → 태고보우 → 환암혼수 → 구곡각운 → 등계정심 → 벽송지엄 → 부용영관 → 서산휴정

새로운 법맥의 확립

휴정의 언급을 무시하면서 하나의 법통을 세운다는 것은 논란을 불러일으키기에 충분하다. 앞에서도 언급한 것처럼, 휴정은 자신의 법통으로 다만 '벽계정심→벽송지엄→부용영관'만을 적시하였을 뿐 어디에서도 그 이전의 승려에게 자신의 법통을 이어 놓지 않았다. 그런데 휴정이 입적한 지 25년 쯤이 지난 뒤 법맥에 대한 논의가 그 문도들 사이에서 제기된 것이다. 물론 허균이 잡은 법맥에 착란이 있기는 하지만 그것은 간략하면서도 상징적으로 쓰는 과정에서 그렇게 되었을 가능성이 있고, 또 혜구를 통해서 제공된 유정 문도들의 자료의 문제일 수도 있다. 세월이 가면 그 법맥이 마치 정리된 것처럼 인식될 가능성이 있기 때문에 시급히 법맥 정리가 필요하기는 했을 것이다. 그렇지만 그 과정은 그리 깔끔하지가 않다.

허균이 유정의 요청으로 「청허당집 서문」을 썼을 때 심부름을 했던 이는 바로 혜구다. 그간의 사정은 글에 나타나 있기 때문에 그들의 부탁에 의해 서문을 썼다는 사실은 분명하다. 그런데 문제는 글에 기록된 법맥 때문에 생겼다. 허균은 휴정의 법맥이 나옹혜근에서 비롯

하였다고 썼다. '나옹법통설'이 여기서 나왔다.

　　나옹법통설의 근거는 어디였을까? 허균의 엄청난 독서량과 뛰어난 기억력이야 정평이 나 있기도 하고 그의 불교적 성향을 생각해 볼 때 관련 서적을 많이 읽기는 했을 것이다. 그러나 한 시대를 울린 뛰어난 선사의 행장이나 문집의 서문을 쓰면서 그의 법맥 문제를 거론할 때 과연 자신이 읽고 들었던 내용만을 토대로 계보를 그렸을까? 그것은 상식적인 선을 벗어나는 일이다. 일반적으로 다른 사람의 비문이나 문집의 서문을 쓸 때 관련 기록이나 필요한 정보는 모두 글을 부탁하는 쪽에서 제공하기 마련이다. 그렇다면 휴정이나 유정과 관련된 글을 허균에게 부탁하는 입장에서는 허균 자신의 개인적인 생각으로 글을 쓰기를 원하기보다는 자신들이 제공하는 내용으로 글을 써 주기를 원한다. 그러니 상식적인 선에서 말하자면 허균이 언급한 휴정과 유정의 법맥은 혜구를 대표로 하는 사명유정 법계(法系)에서 제공한 자료를 이용하여 쓴 것이라고 보아야 한다.

　　그런데 세월이 흐르면서 법맥의 첫머리를 나옹혜근이 아니라 태고보우로 바꾸어야 할 사정이 생겼다. 왜 그런 변화를 필요로 한 것일까? 그 자세한 내막이야 기록으로 확인할 길이 없지만, 몇 가지 추정이 되는 바는 있다.

　　가장 먼저 들 수 있는 것은 글을 쓴 허균과 관련된 변화다. 널리 알려진 것처럼 허균은 1618년 역모를 도모했다는 죄로 사형을 당한다. 그가 휴정이나 유정 관련 글을 여러 편 쓴 지 5~6년가량 지나서의 일이다. 조선 사회에서 역적으로 몰릴 경우 그와 관련된 모든 전적과 주변 친인척들은 철저히 권력의 그늘에서 몰려나고 파기된다. 홍제암 앞에 서 있는 사명당의 비문에서도 허균의 이름은 누군가가 쪼아서 없애 버렸다. 역적이 쓴 글이 문집의 앞자리를 차지하고, 비문으로 새겨져서 전하는 것은, 그 후손들 입장에서는 치욕적일 수밖에 없다. 허균의 글을 삭제할 필요가 생겼다. 그런데 무작정 삭제하려니 이미 판각되어 유포된 책들을 어찌할 것인가. 그래서 다시 문집을 간행할 때 그의 글에 어떤 문제가 있으니 없애자는 논의를 했을 가능성이 높다. 그렇지만 이런 생각은 법맥을 바꾸는 근본 이유가 되지는 않는다. 기본적으로 법맥은 불교 내부의 공감대를 거쳐서 형성되는 것인데, 단순히 그 법맥을 주장한 사람의 사회적 처지가 바뀌었다고 해서 법맥의 흐름을 바꾸는 것은 약간의 무리가 있다.

그렇다면 가장 중요한 것은 역시 불교 내부의 변화라 하겠다. 그런 입장에서 볼 때 그 논의의 중심에 있는 편양언기를 주목해야 할 것이다. 앞서 언급한 것처럼 편양언기는 휴정 만년에 받아들인 가장 어린 제자이면서 가장 오랫동안 살아서 휴정 법맥을 정리하는 일을 했다. 조선 후기의 출가수행자들 중 거의 95% 이상에 육박하는 인원이 언기의 법맥[41]이라고 할 만큼 그의 영향력은 엄청난 것이었다. 허균의 글이 나온 지 약 30여 년이 지난 뒤 법맥의 재정립 문제를 제기한 주체는 바로 편양언기의 문도들이었다.

---

41 최종진, 「편양언기의 선교관 연구」, 『한국종교사연구』 제12집, 한국종교사학회, 2004, 363쪽을 참조하라.

사실 두 종류의 법통설을 두고 논쟁이 벌어졌지만, 우리는 간과할 수 없는 두어 가지 사실을 살펴볼 필요가 있다. 우선 어느 쪽을 지지하든 조선 초기에 활동했던 승려들이 법통에서 완전히 사라졌다는 점이다. 조선 건국 과정에서 이성계를 도와 불교 활동을 했던 무학자초라든지 유학자들의 불교 공격에 적극적으로 대처했던 함허기화, 유학자 출신의 승려 설잠, 문정왕후와 손잡고 불교 중흥에 목숨을 바쳤던 허응보우 등 굵직한 업적을 남긴 승려들이 어떤 계보에도 잡히지 않고 사라졌다. 그 외에도 조선 전기 문집과 왕조실록 곳곳에 등장하던 고승들은 왜 서산 이후의 승려들의 시선에서 멀어졌던 것일까. 이런 승려들을 계보 밖으로 축출하면서 그들이 내세웠던 인물들은 별로 세간에 알려지지 않았던 이들이다. 환암혼수, 구곡각운, 벽계정심, 벽송지엄, 부용영관 등은 휴정의 「삼로행적」을 비롯한 일부 기록을 제외하면 거의 드러나지 않았던 인물들이다. 특히 혼수, 각운 등은 일부 단편적인 기록 외에는 행적이나 시문 등이 전하지 않는다. 이렇게 구차할 정도로 계보를 그리면서까지 조선 초기의 고승들을 배제한 것은 무엇 때문일까?

　　편양언기를 중심으로 하는 문도들이 활동하던 시기는 조선 유학계에서도 학통의 확립이 활발하게 이루어지던 때다. 중국의 성리학이 어떤 과정을 거쳐서 이 땅에 들어왔는지, 그리고 그 학문적 계보의 조선적 전개는 어떠한지를 따지는 일이 벌어진 것이다. 학통이든 법맥이든, 정통을 따지면서 하나의 계보를 그린다는 것은 자신이 속한 집단의 영향력을 배타적으로 확립하는 일이다. 다른 그룹을 배제함으로써 우리 그룹의 단결력을 내세우며, 나아가 자신들 외에는 이단으로 취급하거나 방계(傍系)로 처리함으로써 자신들의 학문적 순수성을 강조하고자 한다. 이것이 바로 법맥 혹은 학통의 여러 의미 중의 하나다. 그렇게 보면 언기의 시대에 와서 법맥의 확립을 시도한 것은 불교계의 분위기나 환경이 확실히 이전과는 달라졌다는 뜻이다. 법맥을 따질 만큼 출가수행자들의 숫자가 늘어났고, 사승 관계를 정리해야 할 정도로 학문적 입장의 차이가 나타나기 시작했다는 뜻이다.

휴정의 불교학적 특징으로 우리는 삼문수행을 든 바 있다. 선학, 교학, 염불을 모두 수행의 체계 안으로 끌고 들어와서 어떤 쪽이든 근기에 따라 열심히 수행하도록 한 것이 바로 그의 특징이라는 것이다. 삼문수행을 가장 강하게 이어받은 계열이 바로 편양언기였는데, 이는 언기의 글 「선교원류심검설」(禪敎源流尋劍說)에서 분명하게 확인할 수 있다. 그렇다면 삼문수행의 틀이 보이는 이전의 수행자는 누가 있을까? 선교양종과 함께 염불을 수행 방식의 하나로 거론한 사람은 보조지눌이다. 실제로 지눌의 저작에 등장하는 많은 글과 불교적 논리들이 휴정의 『선가귀감』을 비롯한 여러 글들에 잘 나타나고 있기 때문에, '지눌을 가장 잘 계승한 사람은 휴정'[42]이라고 해도 과언이 아니다. 그런데 지눌 역시 법통 논의에서 완전히 배제되어 있다. 이 점은 아마도 지눌의 공부가 중국의 어떤 선사를 스승으로 삼은 것이 아니라 특별한 사승을 따지기도 어려울 정도로 혼자 공부를 한 경우였으므로,

---

42 이 점은 심재룡, 『지눌연구』에서 반복하여 주장한 바 있다.

소중화(小中華)를 자처하면서 조선 성리학의 기치를 높이고 있던 언기 시대의 분위기와는 맞지 않았기 때문이었을 것이다. 게다가 이는 고려에서 자체적으로 형성된 수선사(修禪社)의 전통이 중국의 임제종 전통으로 교체되는 것을 의미하는 것이기도 했다.[43] 물론 이 역시 추정에 불과하기는 하지만, 기사회생한 불교가 임진왜란에서 세운 공과 그 이후의 산성 축조와 같은 국가적 사업에 적극 참여한 것을 기회로 자신의 영향력을 한창 넓혀 나가던 시점에서 중국의 선맥을 정통으로 이은 법맥이 필요하기는 했을 것이다. 그렇게라도 내세워야 성리학자들의 멸시 어린 눈길을 견딜 수 있었으리라.

그렇게 볼 때 사실 나옹의 불교적 입장 역시 문제가 된다. 나옹혜근은 선사이면서도 교학과 염불을 소홀히 하지 않았던 대표적인 인물이다. 휴정의 삼문수행과 기본적인 생각에는 차이가 나지 않는다. 허균에게 법맥에 대한 자료를 처음 제공할 때만 해도 이와 같은 수행 방법의 유사성이 작용하지 않았을까 싶다. 그러나 법맥을 만드는 과정에서 법안종과 조동종, 임제종 등이 서로 복잡하게 얽히기도 했지만, 혜근은 서역의 승려 지공(指空)에게 법을 이어받은 인물이 아니던가. 말하자면 지공은 오랑캐(!)였던 것이다. 그렇게 되자 '지공→나옹혜근→무학자초→함허기화'로 이어지는 법맥은 자연스럽게 배제되어야 했다. 물론 현실적으로 그들의 법을 이어받은 수행자가 딱히 눈에

---

43 이와 같은 시각으로 쓴 글로는 황인규, 『고려말 조선 전기 불교계와 고승 연구』, 혜안, 2005, 247쪽을 참조하라.

띠지는 않았다는 점도 작용했다. 이런 여러 사정 때문에 호불론의 중요한 업적을 세웠음에도 불구하고 이들의 행적은 조선 후기에 형성되는 법맥의 어디에서도 자기 자리를 찾기가 어려웠던 것이다. 흥미롭게도 법맥에서 제외된 보우는 청평사에 은거하여 수행하던 시기에 불교계의 주요 고승 몇 사람을 꼽은 적이 있다. 지공, 태고보우, 나옹혜근, 무학자초, 함허기화, 설잠이 그들이다. 이들 중 대부분이 언기 문도들이 만드는 17세기의 법맥에서 제외되었다.

이에 비해 태고보우는 석옥청공의 법을 직접 이어받은 임제의 적통이다. 휴정이 『선가귀감』에서 높이 칭송했던 임제종의 종지를 적통으로 이어받아 이 땅에 선풍(禪風)을 드날렸던 태고보우를 어찌 나옹혜근과 비교할 수 있을 것인가. 이런 사정 때문에 언기를 중심으로 하는 그 문도들은 상의 끝에 '나옹법통설'에서 '태고법통설'로 바꿀 것을 결정했던 것으로 보인다.

나옹법통설에서 태고법통설로의 이동에 대하여 김영태 교수는 그 의미를 이렇게 정리한다. 법통의 변화는 첫째, 임제정맥(臨濟正脈)의 확립을 위해서, 둘째, 대대상승(代代相承)의 선가(禪家) 전통을 살리기 위해서, 셋째, 공론(公論)으로서의 법계(法系) 정립 등의 관점에서 그 의미가 있다는 것이다.[44]

이렇게 만들어진 법통은 그 이후 대부분의 수행자들에게 임제종

---

44 김영태의 언급은 다음의 글에서 인용하였다. 김영태, 「조선 선가의 법통고: 서산 가통의 구명」, 『불교학보』 제22집, 동국대학교 불교문화연구원, 1985; 불교사학회, 『한국 조계종의 성립사 연구』, 민족사, 1986에서 재인용.

의 정맥을 이었다고 하는 태고법통설로 수용되어서 지금까지도 조계종 같은 주류 불교계에서 널리 인정되고 있다.[45]

서산 문도와 조선 후기 불교

휴정의 제자는 1천여 명에 이른다고 할 만큼 엄청난 숫자를 자랑한다. 어떤 인물들은 휴정의 제자인지 아니면 휴정 제자의 문도인지 혼동이 될 정도로 이 시기의 사승 관계는 복잡하게 얽혀 있다. 그가 조선 불교의 상징으로 우뚝 서게 된 데에는 많은 제자들을 배출한 것도 그 이유 중의 하나이다. 1천여 명에 달하는 그의 제자들이 있었다고 할 만큼 그의 문도들은 성황을 이루었다. 휴정의 시대 이전에도 승려들의 숫자는 상당했다. 임진왜란이 일어났을 때 휴정이 통문을 돌리자 순식간에 1천 5백 명 이상의 승군을 모집할 수 있었다는 기록으로 미루어 보건대 사찰 안에는 적지 않은 숫자의 승려들이 상주하고 있었던 것 같다. 그들이 모두 수행자였는지 혹은 유학자들의 말처럼 군역이나 부역을 피해서 사찰로 숨어들었던 백성들이었는지 정확한 기록이 남아 있지는 않지만, 그 숫자가 국가의 경제나 군역에 부담을 줄 정도로 컸던 것은 분명하다. 이치상으로 볼 때는 불교가 이단이라서 유학자 관료들이 승려를 없애려고 했지만, 가장 자주 거론하는 이유는 역시 경제적 효과와 군역에 충당할 인력 확보였다.

---

45 법계에 대한 조계종의 입장은 '석옥청공-태고보우-환암혼수-구곡각운-벽계정심-벽송지엄-부용영관-청허휴정-편양언기'로 본다. 이에 대해서는 대한불교조계종 포교원, 『한국 불교사: 조계종사를 중심으로』, 조계종출판사, 2011, 209쪽을 참조하라.

그렇게 많은 인원이 휴정의 제자였던 것은 아니었지만, 적어도 휴정이 조선의 불교계를 장악한 뒤 그의 문하에는 수많은 수행승들이 몰려들었던 것은 분명해 보인다. 심지어 다른 곳에서 출가했던 승려들이 법을 묻는다면서 휴정에게 와서 수행을 하고 입실제자가 되었다는 기록이 심심치 않게 발견되는 것을 보면 역시 이 시기에 휴정을 중심으로 조선의 불교계가 재편되고 있었던 것이다. 불교계의 재편은 휴정의 불교적 그늘이 만드는 효과이기도 했지만, 그가 제시하는 불교학적 수행 체계, 예컨대 간화선의 강조라든지 대혜와 원묘 등의 어록 중시, 『화엄경』과 같은 경전의 중시, 염불을 수행 체계 안으로 적극 끌어들인 것 등이 당시 수행자들에게 인정을 받으면서 휴정을 일대종사(一代宗師)로 여기는 풍조가 만들어진 결과이기도 했다. 게다가 흩어질 대로 흩어진 수행 환경을 강력하게 추스르면서 수행자들의 치열한 마음가짐을 요구하고 깨달음을 향한 오직 한마음만을 강조했던 것역시 당시의 불교계에 강력한 구심점으로 작용했다.

휴정의 수행 행각이 전국에 걸쳐 있어서 그의 제자들 역시 전국적인 분포를 보인다. 그는 지리산에서 수행을 시작한 이래 금강산, 묘향산 등을 중심으로 치열한 수행을 이어 나갔다. 그렇게 제자들을 기르는 동안 조선 불교의 수행은 한층 깊어졌고, 국가에 대한 현실적 기여도로 인해 급상승한 사회적 대우와 함께 전국의 사찰에서는 많은 수행승들이 깨달음을 향해 정진할 수 있게 되었다. 이들은 휴정의 중요한 제자들을 중심으로 다시 뭉쳐서 자기 나름의 수행 풍토를 다지게 되었다. 서산 문하의 '사산파'(四山派)라고 해서, 일반적으로 네 명의 제자들을 중심으로 휴정의 법맥을 나눈다. 정관일선(靜觀一禪), 소요태능(逍遙太能), 사명유정, 편양언기가 그들이다. 그 외에도 청매파(靑梅派), 중관파(中觀派) 등이 그 법맥을 이어 나갔지만 다른 문파에 비해 세력이 약했다. 이들을 각각 분류해서 보이면 다음과 같다.[46]

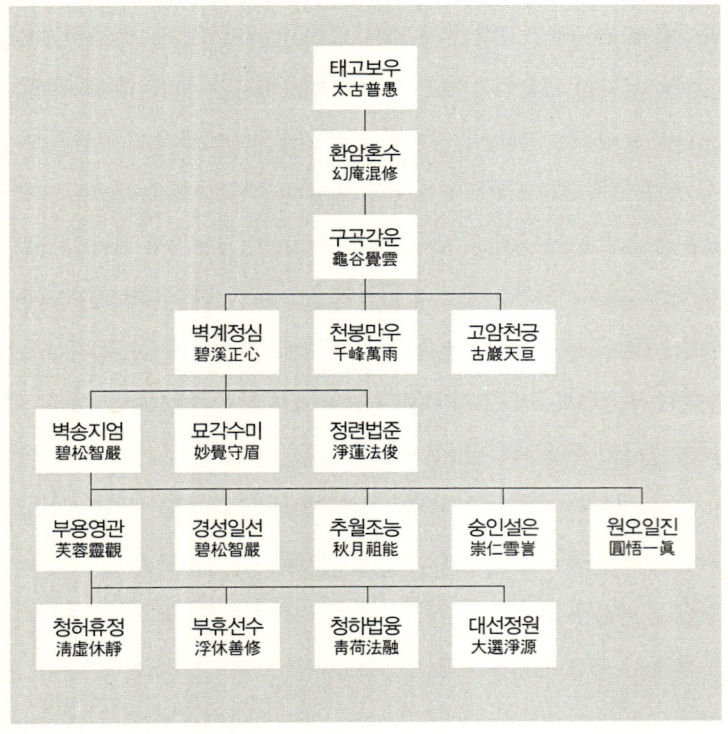

---

46 여기서 만든 계보는 『서역중화해동불조원류』(西域中華海東佛祖源流, 흔히 『불조원류』로 약칭)에 근거하여 작성한 것이다.

1. 청허휴정의 제자 : 완허원준(玩虛圓俊), 현빈인영(玄賓印英), 송운유정(松雲惟政), 편양언기(鞭羊彦機), 소요태능(逍遙太能), 기암법견(奇巖法堅), 무염성정(無染性淨), 설잠(雪岑), 보응해일(普應海日), 청련자휴(靑蓮自休), 향봉행주(香峰幸珠), 정관일선(靜觀一禪), 백련덕운(白蓮德雲), 보진쌍흘(葆眞雙屹), 제월경헌(霽月敬憲), 영월청학(詠月淸學), 송헌희감(松軒熙鑑), 호영옥정(湖影玉晶), 무영영숙(無影靈淑), 허영장륙(虛影莊六), 중관해안(中觀海眼), 진묵일옥(震默一玉), 휴운담언(休雲曇彦), 취운학린(翠雲學璘), 취진의영(醉眞義瑩), 추월은휴(秋月隱休), 관매설매(觀梅雪梅), 응화진일(應化眞一), 명진수일(冥眞守一), 기허영규(騎虛靈圭), 청매인오(靑梅印悟)

① 완허원준의 제자 : 서응응상(瑞應應祥), 적조보경(寂照寶鏡), 청소성천(淸霄性天)

② 현빈인영의 제자 : 원응석언(圓應釋彦)

③ 송운유정의 제자 : 송월응상(松月應祥), 호구계주(虎丘戒珠), 청하인잠(靑霞印岑), 혜구(慧球), 행정(行淨)

④ 청매인오의 제자 : 호감혜일(灝鑑慧日), 벽운쌍운(碧雲雙運), 백월담의(白月湛義)

⑤ 중관해안의 제자 : 능허청간(凌虛淸侃)

⑥ 편양언기의 제자 : 풍담의심(楓潭義諶), 청엄석민(淸嚴釋敏), 회경홍변(回敬弘辯), 함영계진(涵影契眞), 환적의천(幻寂義天), 적조혜

상(寂照惠常), 자영천신(自穎天信), 호영보정(湖影寶靜), 응월장익(應月莊益), 완송덕여(玩松德興), 심화각초(心花覺初), 명진쌍제(冥眞雙諦), 수월지엄(水月智嚴), 우화열청(雨花說淸), 완월청심(玩月淸諡), 선불의숭(選佛義崇), 추월영계(秋月靈桂), 월영처인(月影處忍), 진월자취(眞月自醉), 낙포모하(洛浦暮霞), 고달만휴(高達萬休), 화장혜당(華藏慧幢), 금강책준(金剛策俊), 쌍인(雙印), 보순(普淳), 천기(天機), 진일(眞一), 태영(太英), 운기(雲機), 계환(戒環), 묘징(妙澄), 종관(宗觀), 학순(學淳)

⑦ 소요태능의 제자 : 침굉현변(枕肱懸辯), 지백계우(智白繼愚), 해운경열(海運敬悅), 계월학눌(桂月學訥), 보광처우(葆光處愚), 송파천해(松坡天海), 계영극린(桂影克璘), 쌍운광해(雙運廣海), 포허담수(抱虛湛守), 수월사순(水月思順), 진해뇌운(震海雷運), 수월극현(水月克玄), 제월수일(霽月守一), 송월정현(松月靜玄), 백련탁옥(白蓮琢玉), 송월천인(松月天印), 한매각원(寒梅覺圓), 선월영현(禪月英絢), 형계순익(迥溪純益), 영월선하(影月善河), 설월경현(雪月慶玄), 수운문익(垂雲文翼), 영향응준(影響應俊), 원조성정(圓照性靜), 벽파유흡(碧波唯洽), 삼인(三印), 사언(思彦), 유간(惟侃)

⑧ 정관일선의 제자 : 임성충언(任性沖彦), 호연태호(浩然太浩), 무염계훈(無染戒訓), 운곡충휘(雲谷沖徽), 운흥성희(雲興性熙), 사안충인(師安沖忍)

2. 부휴선수의 제자 : 벽암각성(碧嵒覺性), 송암계익(松嵒戒益), 뇌정
응묵(雷靜應默), 대가희옥(待價希玉), 송계성현(松溪聖賢), 고한희
언(孤閑希彦), 해련선택(海蓮善澤), 보감혜일(寶鑑惠日), 환적인문
(幻寂印文), 포허담수(抱虛談守)

① 벽암각성의 제자 : 취미수초(翠微守初), 백곡처능(白谷處能), 고
운정특(孤雲挺特), 모운진언(暮雲震言), 동림혜원(東林慧遠), 벽
천정현(碧川正玄), 월파인영(月波印英), 무의천연(無依天然), 제
하청순(霽霞淸順), 유곡충경(幽谷冲冏), 한계현일(寒溪玄一), 연
화인욱(蓮華印旭), 나암진일(懶庵眞一), 침허율계(枕虛律戒), 회은
응준(晦隱應俊), 허월승준(虛月勝俊), 회적성오(晦跡性悟), 제하정
특(霽霞挺特)**47**, 함화혜인(含花慧認), 반운상욱(伴雲尙旭), 동계경
일(東溪敬一), 뇌음경연(雷音敬演), 애운천홍(靉雲天弘), 섭허인
규(攝虛印圭), 쌍산인행(雙山印行), 설봉희안(雪峰希安), 영원담희
(靈源曇熙), 청담혜휘(淸潭慧輝), 송봉삼우(松峰三愚), 금파신여(金
坡信如), 고운설우(孤雲雪祐), 곤륜준극(崑崙準極), 원응보천(圓應
寶天), 고한희언(高閑希彦), 환호유문(煥乎有文), 한영신홍(寒影信
弘), 선화경림(禪和敬林), 성영(性英), 선일(禪一), 유극(唯克), 민
성(敏性), 의현(義賢), 나묵(懶默), 경눌(敬訥), 상희(尙熙), 삼우(三

---

47 '제하정특'이 이 항목 맨 윗 줄의 '고운정특'과 같은 인물인지는 확인할 수 없다. 다만 여
기서는 『불조원류』에 의거하여 기록한 것이다.

祐), 인철(仁哲), 승언(勝彦), 경률(敬律), 천민(天敏)

②송암계익의 제자 : 회곡의엄(回谷義嚴), 무기상계(無機尙戒), 운월
학천(雲月學天), 법운홍택(法雲弘澤), 무위수천(無爲守天), 현준
(玄俊)

③뇌정응묵의 제자 : 벽천정운(碧川正雲), 추계성안(秋溪性安), 대오
(大悟), 상천(尙天), 성견(性見)

5. 머나먼 수행의 길 : 수행자의 자세

어떤 것이 진정한 깨달음에 이르는 길인가는 토론의 대상이 될 수 있
을까? 그것은 마치 공부에 왕도가 있는 것처럼 이야기하면서 자신의
경험을 다른 사람에게 강요하는 것과 마찬가지일 수 있다. 산꼭대기
에 올라가 본 사람이라면 거기에 이르는 수많은 길이 있음을 알게 된
다. 올라갈 때는 오직 내 앞에 있는 흔적만을 따라 열심히 올라가지만,
막상 올라가 보면 내가 올라온 길 말고도 저렇게 많은 길이 있었다는
점을 새삼 깨닫는다. 심지어 길의 흔적이 없어도 누군가가 올라오면
새로운 길이 되는 것도 알게 된다. 산꼭대기에서는 산 아래의 모든 상
황이 눈에 들어온다. 자신이 서 있는 곳을 향해 올라오는 사람이 있다
면 그이가 어디쯤 와 있는지, 거기서 어떤 길을 택해야 쉽고 안전하고
빠르게 올라올 수 있는지를 이야기해 줄 수 있다. 스승은 그 길을 알려
주는 일종의 좋은 안내자다. 그의 안내를 따르되 실제로 몸을 써서 올
라오는 것은 본인의 몫이다. 왜 스승의 말을 듣지 않았느냐고, 왜 스승

을 믿지 못했느냐고 비난할 수는 있지만 결국은 스승이 제자에게 해줄 수 있는 것에는 한계가 있다. 다만 먼저 산꼭대기에 올라와 본 적이 있고, 그곳에 앉아서 아래를 내려다보고 있는 입장에서, 쉽고 안전하고 빠른 길을 놔두고 다른 곳에서 헤매는 저 아래 사람에 대한 안타까움 때문에 그가 하는 충고는 간절하면서도 진중하다.

수행자는 온 생을 걸고 깨달음의 한 자락이라도 잡기 위해 몸부림을 치는 사람이다. 어떤 때는 스승의 안내에 따라, 어떤 때는 경전 구절을 길잡이 삼아, 어떤 때는 자신의 마음속에 오롯이 드러나는 작은 길을 따라 전심전력을 다한다. 그런 처지에 눈 밝은 스승들의 말 한마디에 눈과 귀가 번쩍 뜨이는 것은 당연한 일이다. 그런데 올라가 본 경험이 다르고 가르치는 방편이 천차만별이라서 어떤 말을 따라야 할지 망설이게 된다. 좌고우면하다 보면 정작 올라가야 할 중요한 길을 놓치니 조심해야 한다. 길에 널린 무수한 장애물을 넘어서 내가 가야 할 길을 묵묵히 가는 것이 수행자의 길이다.

앞서 언급한 것처럼, 『선가귀감』에서 휴정이 취하고 있는 수행은 돈오점수다. "이치상으로는 문득 깨달을 수 있지만 중생의 삶이 오랜 세월 동안 몸에 간직하고 있는 습기(習氣)는 단박에 제거하지 못하기"(『선가귀감』) 때문이다. 들으면 누구나 고개를 끄덕일 만한 구절이다. 그러나 정작 '습기를 제거'하는 일은 정말 어렵다. 음식을 남기지 않고 먹기라든지 텔레비전을 보지 않기, 혹은 컴퓨터를 쓸데없이 켜지 않기와 같은 일상의 사소한 것조차도 지키기 어려운 중생들에게, 나를 오랫동안 지배하고 있던 버릇을 완전히 뜯어고치는 일이 어찌 쉽겠는

가. 그러니 습기를 제거하기 위해 우리는 평생토록 애를 써야 한다. 이 생에서 못하면 내생을 기약해야 할지도 모른다. 그만큼 어려운 것이 중생으로서의 습기다. 그 과정에서 어떤 삶의 태도를 가져야 할지, 어떤 마음가짐으로 살아야 할지를 친절하게 안내해 주는 일도 스승의 중요한 몫이다.

말세의 어리석은 수행자

자신이 살고 있는 시대를 말세로 규정하는 것은 동서양을 막론하고 수행하는 사람들에게서 광범위하게 나타나는 생각이다. 요즘 젊은이들에 대한 걱정이 어찌 어제오늘의 일이겠는가마는, 자신의 시대를 말세로 규정하는 생각 이면에는 아름다운 사람살이의 모습을 규격화하려는 마음이 있는 것은 아닌지 따져 볼 필요가 있다. 그렇다 해도 수행자들은 언제나 근본주의적인 태도와 종교적 혹은 이념적 규칙을 잘 지키겠다는 태도를 일정 부분 가지고 있기 때문에 그 시대의 일상을 비판적으로 볼 수밖에 없기는 하다.

　수행을 위해 출가를 했다면 그것 자체만으로도 대단한 결심이다. 세간의 많은 욕망을 뿌리치고 오직 진리의 길을 걷기 위해 힘든 길을 나섰다. 그러나 아무리 출세간이라 해도 중생으로서의 욕망은 무시로 틈입한다. 마음이 만들어 내는 욕망의 그물은 어디서도 빠져나갈 길이 없다. 물 샐 틈 없는 그물을 뚫고 진리의 한 길을 걷는 것은 욕망을 내려놓는 일과 다르지 않다. 모든 것을 내려놓고 분주한 마음을 쉼으로써 본성을 돌아보는 일, 그 과정을 우리는 수행이라고 한다. 그 길이 수행자로서 당연히 걸어야 할 길이라는 것을 알지만, 우리 몸은 수시로 내 마음을 배반한다. 나도 모르는 사이에 욕망은 내 몸을 굴복시켜 수행의 길을 벗어나게 한다. 욕망의 달콤함을 따라가다가 깜짝 놀라 눈을 떠 보면 어느새 나는 세간의 한가운데서 방황하고 있다. 그런 사람을 휴정은 '말세우학'(末世愚學), 말세의 어리석은 학인으로 불렀다.

> 배움이 아직 도(道)에 이르지 않았는데 보고 들은 것을 자랑하고, 다만 입으로 이익을 말하는 것을 가지고 서로 이기려 한다면, 이는 변소에 단청을 하는 것과 같다. (『선가귀감』)

휴정은 이 구절을 보이면서, 이는 '말세의 어리석은 학인'을 말한다고 설명한다. '배움이란 본래 성품을 수양하는 것인데 다른 사람을 위해서 익힌다면 도대체 무슨 마음이냐'라고 반문을 한다. 석가모니가 열반에 든 뒤 1천 년까지는 정법(正法)시대, 다시 1천 년까지는 상법(像法)시대, 그 이후의 1만 년은 말법(末法)시대라고 한다. 말법시대가 되면 불법이 사라져서 구제받을 수 없다는 것이다. 이는 불교의 종말론이라 할 수 있다. 물론 이렇게 모든 것이 끝나는 것은 아니다. 말법시대가 끝나서 더 이상 중생들이 구제받을 수 없는 지경에 이르면, 석가모니가 만들었던 세계는 끝나고 다른 부처가 나타나서 새로운 세상을 열어 중생들을 구제한다고 했다. 그 장본인이 바로 미륵불이고, 미륵불이 만드는 불국토를 용화세계(龍華世界)라고 한다. 세상이 어지럽고 백성들이 도탄에 빠지면 미륵불의 용화세계가 민간을 휩쓸며 새로운 메시아로 등장한다는 것은 불교의 이러한 역사관 때문이다.

조선시대는 이 땅에 불교가 전해진 이후 가장 철저한 탄압을 받았던 시기다. 누가 봐도 불교는 말법의 마지막 단계에 이른 듯했고, 그 어둠을 헤쳐 나가는 일은 아득해 보였다. 이런 시대에 수행을 한다는 것은 어떤 의미가 있으며, 수행자는 어떤 자세를 가져야 하는가를 묻는 일이 바로 휴정의 역할이었다. 그는 도에 이르기 위해 본성을 닦는 수행을 거듭해야 비로소 말법시대를 헤쳐 나가는 수행자로서의 자격이 있다고 보았다. 그러나 말법시대의 수행자들 중에서 제대로 도를 향해 나아가는 사람이 거의 없었다. 세상에는 가짜 수행자들만 넘쳐나고 있었다.

부처님이 말씀하셨다. "어떠한 도적이 나의 옷을 빌리고 부처님을 팔아서 갖가지 악업을 짓는가?" (『선가귀감』)

이 구절에 대해 휴정은 다음과 같은 설명을 붙였다.

말법시대의 비구들은 박쥐 중, 벙어리 양 중, 까까머리 거사, 지옥 찌꺼기, 가사 입은 도적 등과 같은 여러 가지 이름을 가지고 있다. 아! 이는 그럴 만한 짓을 하기 때문이다. (『선가귀감』)

위의 글은 『능엄경』에 나오는 내용을 인용한 것인데, 겉으로는 수행자의 옷을 입고 그럴듯하게 행동하지만 속내를 들여다보면 온갖 추악한 짓은 다 하는 사람을 비난하는 말이다. 부처님을 판다는 것은 부처님의 법을 믿지 않으면서 부처님의 법을 사람들에게 말한다는 뜻이다. '인과를 믿지 않고 죄와 복도 상관하지 않으며 신업(身業)과 구업(口業)을 마음대로 지어서 애증(愛憎)을 함부로 일으키는 사람'을 말한다. 가장 기본적인 법도 지키지 않으면서 사람들에게 시주를 받아 생활하는 것은 말 그대로 부처를 팔아 자기 몸을 이롭게 하는 짓이다. 그리고 말법시대의 비구들에 대해서 휴정은 이렇게 설명하고 있다.

스님도 아니고 속인도 아닌 사람을 박쥐 중이라 하고, 설법할 줄 모르는 사람을 벙어리 양 중이라 하고, 겉모습은 스님인데 속은 속인인 사람을 까까머리 거사라 하고, 죄가 무거워 돌이킬 수 없는 사람을 지옥 찌꺼기라 하고, 부처님을 팔아 생활하는 사람을 가사 입은 도적이라고 한다. (『선가귀감』)

중요한 것은 출가했으면서도 출가한 사람의 본분을 지키지 않고 여전히 속세의 삶에서 벗어나지 못한다는 점이다. 박쥐처럼 절과 속세 모두에 양다리를 걸치거나 온갖 추악한 죄는 다 저지르는 인물들, 게다가 설법을 할 줄 모르는 사람이니, 더 말할 것이 없다. 다만 휴정이 벙어리 양 중이라고 하면서 설법할 줄 모르는 사람을 지적했는데, 이에 대해서는 약간의 다른 해석이 있다. 『대지도론』(大智度論)에 의하면 벙어리 양 중을 이렇게 설명한다. "무엇을 벙어리 양 중[啞羊僧]이라 하는가? 비록 계율을 어기지는 않았지만 둔한 근기에 지혜가 없어서 좋은 것과 추한 것을 분별하지 못하고 가벼움과 무거움을 알지 못하며 죄가 있는지 없는지를 모른다. 만약 스님들 문제로 두 사람이 논쟁을 벌이게 되면 능히 결단하지 못하고 묵묵히 말이 없으니, 이는 비유하자면 흰 양과 같아서 사람이 죽여도 소리를 지를 줄 모르는 것과 같다. 이를 '벙어리 양 중'이라고 부른다."[48] 자기 마음속에 기준으로 삼을 만한 것이 아무것도 없으니 어떤 일이 생기거나 논쟁이 벌어져도 전혀 대처를 못한다. 이 역시 설법을 할 줄 모르는 것과 맥락이 같은 말이기는 하지만, 훨씬 강한 어조로 공부의 토대가 없는 수행자를 비판하는 말이다.

　이런 사람들이 넘쳐나는 세상이니 말법시대가 아닐 수 없다. 그 시대를 다시 일으켜 세워서 수행자들의 본분으로 돌아가야 중생들에게도 희망이 생긴다. 수행자가 더 이상 수행을 하지 않는 시대, 수행을 할 수 없게 만드는 시대라면 중생들의 살림살이 역시 어려운 것은 당연한 이치다.

수행자의 본분과 계율

유학의 정명(正名) 개념을 거론하지 않더라도 사회의 구성원으로서 자신의 역할에 충실히 하는 것은 어디서나 기본이다. 여럿이 어울려 살아가는 사회에서 모든 역할을 한 개인이 담당하기는 불가능하다.

---

48 云何名啞羊僧? 雖不破戒, 鈍根無慧, 不別好醜, 不知輕重, 不知有罪無罪. 若有僧事, 二人共諍, 不能斷決, 默然無言, 譬如白羊, 乃至人殺, 不能作聲, 是名'啞羊僧'. (龍樹, 『大智度論』卷3)

서로 자신에게 맞는 혹은 맡겨진 일을 해야 조화로운 사회를 유지해 갈 수 있다. 수행자 역시 마찬가지다. 속가를 떠나 수행자로서의 삶을 살아가겠다고 결심하는 순간 그는 승가 집단으로 들어가 자신의 역할을 부여받고 행한다. 그럴 때 가장 중요한 것은 자신이 애초에 결심한 것처럼 깨달음을 지상 최고의 목표로 삼아 오직 정진하는 것이다.

그러나 정진해야 한다는 결심과 열의만 있을 뿐 목표에 도달하기 위한 중간 과정에 대한 정확한 인식과 실천이 없다면 그 또한 허망한 노릇이다. 목표를 정하고 실천 방안을 정확히 알아서 내 삶으로 구현하는 과정이 없다면 수행자로서의 충실한 삶을 살 수 없을 뿐 아니라 깨달음에 이르는 길은 요원하기만 하다. 그렇다면 수행자의 본분은 무엇일까?

출가하여 승려가 되는 일이 어찌 작은 일이겠는가. 편안함을 구하지 말 것이며, 따뜻하게 입고 배부르게 먹는 것을 구하지 말 것이며, 명예와 이익을 구하지 말라. (수행자가 되는 것은) 생사(生死)를 (해결하기) 위함이며, 번뇌를 끊기 위함이며, 부처님의 혜명(慧命)을 잇기 위함이며, 삼계(三界)를 벗어나 중생을 제도하기 위함이다. (『선가귀감』)

어느 종교나 사상을 막론하고 공부하는 사람의 조건은 비슷하다. 편안함을 구하지 말고 의식주가 넉넉함을 바라지 말 것이며 세속적 명예와 이익을 구하지 말라는 것은 유학에서도 학인의 기본자세로 강조했던 것이다. 같은 지점에서 출발하여 불교 수행자가 목표로 하는 것은 불법을 이어받아 삼계의 번뇌를 벗어나고 그 공덕으로 중생을 구제하는 것이다. 흔히 '위로는 깨달음을 구하고 아래로는 중생을 구제한다'라는 뜻의 '상구보리 하화중생'(上求菩提 下化衆生)이 그것이다. 깨달음을 구하기만 하는 것은 소승(小乘)의 태도라고 비판한 대승(大乘)에서는 반드시 중생 구제를 함께 내세웠다. 자신이 비록 완전한 깨달음에 도달하지는 못했지만 열심히 걸어간 만큼, 중생과 함께 걸어가겠노라는 결의가 그 속에 들어 있다.

혼자 걸어도 힘든 길을, 나보다 못한 중생과 함께 걸어가겠다는 의지는 수행자의 마음가짐을 더욱 굳세게 해야 하는 이유이기도 하다. 자신이 걷는 길이 훗날 학인들의 길잡이가 되리라는 마음으로 수행자의 길을 가야 한다. 세상의 욕망에도 휘둘리지 말고 오직 불법만을 등불 삼아 어두운 길을 한 걸음씩 걸어 나간다. 석가모니 역시 열반에 들 때 제자들에게 당부하지 않았던가. 오직 법을 등불 삼고 자기 자신을 등불 삼아 깨달음을 구하라고. 그렇게 정진을 거듭할 때 비로소 수행자로서의 힘이 생긴다.

아무리 깊은 산중에 들어앉아 공부를 한다 해도 수많은 유혹들이 수시로 찾아든다. 그중에 가장 자주 부딪치는 것은 이성적인 욕망이다. 설령 혼자 있다 해도 중생으로서의 몸을 가진 이상 원초적 욕망을 근원부터 제거할 수는 없는 노릇이다. 어떤 스님은 아무리 고행을 해도 참기 힘든 이성적 욕망 때문에 고민하다가 자신의 성기를 잘라 버렸다는 일화도 전한다. 실제로 수행을 하는 스님들의 이야기에 의하면, 마음속에 이성적 욕망이 마구 타오를 때에는 한밤중 바람에 날리는 낙엽 소리만 들어도 음심이 생긴다고 한다. 그 정도로 제어하기 어려운 것이 신체에서 비롯하는 이성적 욕망이다. 조선 전기 왕조실록에는 산속 절에서 일어나는 남녀 간의 불미스러운 일들을 비판적으로 수록하고 있다. 승려들의 음란한 행위를 비판하면서 양반 부녀자들이 산사(山寺)에 가는 일을 금해야 한다는 주장을 하기도 하고, 나아가 불교를 없애야 한다고 주장하기도 한다. 그 주장의 과격함이야 그렇다 쳐도, 수행자로서 이성적 욕망을 벗어나 스스로 제어하기란 참으로 어려운 일이다.

뿐만 아니다. 수행자의 신분으로 살생을 하고 도둑질을 하고 거짓말을 하는 것은 출발점 자체가 틀린 것이다. 속인들도 그런 짓을 하면 안 되는데, 하물며 수행자가 그런 짓을 한다는 것은 더더욱 말이 안 된다.

경전에 다음과 같은 말이 있다. "음심을 가지고 선을 수행하는 것은 모래를 쪄서 밥을 짓는 것과 같다. 살생을 하면서 선을 수행하는 것은 자기 귀를 막고 소리를 지르는 것과 같다. 도둑질을 하면서 선을 수행하는 것은 새는 물동이에 물을 가득 담는 것과 같다. 거짓말을 하면서 선을 수행하는 것은 똥으로 향을 만드는 것과 같다. 이런 짓들은 비록 많은 지혜를 가지고 있더라도 모두 마구니의 도[魔道]가 된다." (『선가귀감』)

이렇게 글로 적혀 있는 것을 보면 누구나 고개를 끄덕이지만 일상생활에서 우리는 알게 모르게 얼마나 많은 잘못을 저지르고 있는가. 여기서 음심이라든지 살생, 도둑질, 거짓말 등 악행은 실제 나의 행동으로 나온 것만을 지칭하는 것이 아니라 마음속으로 생각한 것까지 포함하는 개념이다. 겉으로는 근엄한 표정을 짓고 있지만 마음으로 누군가를 간음했다면 이는 음심을 품은 것과 같다. 다른 악행 역시 마찬가지다. "음심은 깨끗한 마음가짐을 끊고, 살생은 자비로운 마음을 끊으며, 도둑질은 복덕(福德)을 끊고, 거짓말은 진실을 끊는다"(『선가귀감』). 이런 마음을 가지는 순간 수행자는 깨달음의 길에서 천리만리 멀어지게 된다.

중생의 삶은 무수한 작은 행위로 이루어진다. 그 행위의 옳고 그름을 매번 따지는 것은 불가능하겠지만, 적어도 삶의 기준을 불법에 의거해서 규정해 놓고 그것의 범주 안에서 살아가려는 노력을 게을리해서는 안 된다. 그래서 계율이 필요하다. 한국에서는 일반적으로 비구가 되기 위해서는 250가지의 계를 지키겠다는 서약을, 비구니는 348가지 계를 지키겠다는 서약을 해야 한다. 그렇지만 휴정은 앞서 언급한 네 가지 악행 즉, 음심·살생·도둑질·거짓말을 하지 않겠다는 계율이야말로 모든 계율의 기본이라고 했다. 네 가지 악행을 하지 않겠다는 계율을 어기는 순간 깨달음의 올바른 길에서 영원히 멀어지기 때문이다.

경전에서 말했다. "만약 계율을 지키지 않으면 비루먹은 여우의 몸도 받지 못할 터인데, 하물며 청정한 보리의 열매를 바랄 수 있겠는가."(『선가귀감』)

휴정은 이 구절을 뽑아서 수록한 뒤 이에 대하여 이렇게 설명한다. "계율을 부처님처럼 귀중하게 여긴다면 부처님께서 항상 나와 함께 계실 터이니, 모름지기 초계비구(草繫比丘)와 아주비구(鵝珠比丘)를 길라잡이로 삼아야 한다"(『선가귀감』).

옛날 인도의 비구 한 사람이 도둑에게 옷과 소지품을 모두 빼앗겼다. 도둑들은 도망가면서 그 비구를 길가의 풀로 묶어 놓았다. 마침 왕이 사냥을 하러 외출했다가 웬 비구가 풀에 묶여 있는 것을 보고 왜 뙤약볕 아래에서 그렇게 묶여 있는지 연유를 물었다. 비구는 자기가 당한 일을 이야기하면서, 자기 힘으로 풀을 잘라 낼 수는 있지만 그렇게 하면 풀의 생명을 빼앗는 결과를 가져오므로 자기 생명을 잃을지언정 살생의 계율을 어길 수는 없어서 그렇게 있었다는 말을 했다. 그 비구를 초계비구라고 한다.

어떤 비구 한 사람이 구슬을 만드는 사람 집으로 탁발을 하러 갔다. 주인이 비구에게 음식을 주려고 잠시 자리를 비웠다가 돌아와 보니 구슬 한 개가 없어진 사실을 알았다. 그는 비구가 훔쳐 갔을 것이라고 의심하여 마구 꾸짖었다. 그러나 비구는 어떤 변명도 하지 않았다. 더욱 의심을 한 주인은 비구를 마구 때린 뒤 창고에 가두었다. 다음 날 아침, 그 구슬은 구슬 만드는 집에서 기르는 거위의 배설물에서 발견되었다. 주인은 미안한 마음으로 비구를 풀어 주면서 왜 말을 하지 않았느냐고 물었다. 그러자 비구는 만약 거위가 삼켰다고 하면 주인이 다급한 마음에 거위를 죽여서 배를 갈라 구슬을 꺼냈을 것이고, 거위를 살리기 위해 다른 말로 둘러대면 거짓말을 하게 되니 모두 계율을 어기는 것이었으므로, 잠시 자신이 고초를 당했노라고 말했다. 그 비구를 아주비구라고 한다.

초계비구나 아주비구는 모두 엄격하게 계율을 지켜야 한다는 사실을 상징적으로 보여 주는 존재들이다. 풀을 끊어도 다시 자랄 것이라는 마음을 가지고 살아 있는 생명체를 쉽게 끊어 버리는 마음속에는 이미 살생의 마음이 싹튼 것이고, 살아 있는 거위를 보호하기 위해 자신이 고통을 감수하는 마음속에는 계율을 지킴으로써 자비의 마음을 실천하려는 수행자의 자세가 깊이 스며 있는 것이다. 행동으로 드러나는 악행을 저지르지 않는 것이야 당연한 일이지만 수행자에게 진정으로 중요한 계율은 마음으로 지키는 계율이다. 휴정이 말한 것처럼 "한번 마음속의 계율을 어기면 온갖 허물이 한꺼번에 일어난다"[一破心戒, 百過俱生.『선가귀감』]. 계율을 지키면서 작은 시간이라도 아껴서 정진에 정진을 거듭하면 깨달음을 얻고 중생을 구제하게 되는 수행자의 본분을 충실히 실천할 수 있다는 것이다.

육바라밀의 실천

보살의 실천행으로 가장 널리 알려진 것은 육바라밀(六婆羅蜜)이다. 보시(布施)·지계(持戒)·인욕(忍辱)·정진(精進)·선정(禪定)·반야(般若)바라밀을 육바라밀이라고 한다. 여섯 가지 덕목은 보살이 깨달음으로 가기 위해 실천하는 수행들이다.

'보시'는 말 그대로 남에게 널리 베푸는 것을 말한다. 보시에서 우리는 흔히 재물을 남에게 나누어 주는 것을 떠올리지만, 그것만을 지칭하지는 않는다. 현실적으로 재시(財施)가 일반적으로 많이 알려져 있기는 하지만, 내가 알고 있는 불법을 다른 사람에게 알려 주는 것을 법시(法施)라고 하여 중요한 보시로 꼽는다. 또한 계율을 잘 지켜서 다른 사람에게 피해를 주지 않으며 사람들의 두려움을 없애 주는 것을 무외시(無畏施)라고 하여 보시의 하나로 꼽는다.

그러나 보시의 출발은 역시 내가 가진 재물을 다른 사람에게 나누어 주는 행위이다. 인간의 욕망과 탐착(貪着)이 현실 속에서 가장 잘 드러나는 것이 바로 재물이기 때문이다. 내가 알고 있는 지식이나 불법을 다른 사람에게 알려 주는 것 역시 쉬운 일은 아니지만, 자신의 집착을 넘어서 다른 사람과 자신의 재물을 공유하는 것은 어려운 일이다. 수행자들에게 보시를 강조하면서 실천행의 첫걸음으로 여기는 까닭은, 중생으로서의 애착이 물건을 통해서 드러나는 점을 주목한 것이다. 보시를 하게 되면 인간의 소유에 대한 욕망을 끊어 버리고 탐착을 벗어나는 훈련을 할 수 있다. 휴정 역시 "가난한 이가 와서 구걸하거든 분수대로 나누어 주라. 한 몸처럼 가엾이 여기면 이것이 참 보시다"라고 하여 재물을 나누어 주는 것에서 보시의 첫 단추를 마련한다. 그는 『선가귀감』에서 이 부분을 설명하면서, "나와 남이 둘 아닌 것이 한 몸이다. 빈손으로 왔다가 빈손으로 가는 것이 우리들의 살림살이 아닌가"라고 설파했다. 이승에서 중생으로서의 삶이 끝나면 이승에서 가지고 있던 모든 재물들은 나와 전혀 관계없는 것들이 되어 버린다. 거기에는 당연히 내가 수행하여 얻은 불법을 함께 나누고 진리의 길을 향해 함께 걸어가는 것도 포함된다.

이처럼 수행자에게 보시는 물질적인 것과 정신적인 것을 모두 포함하는 개념이다. 이들 보시가 진실로 하나의 공덕이 될 수 있으려면 거기에는 어떤 사적 욕망도 개입해서는 안 된다. 거지에게 돈을 주고 난 뒤 돈을 주었다는 생각이 없어야 한다는 것이다. 내가 돈을 주었다고 생각하는 순간 그의 보시는 참 보시가 될 수 없다. 준 사람도 없으니 받은 사람도 없는 경계를 알아야 보시의 참뜻을 체득한 것이다. 그것은 어디에도 집착하지 않고 걸림 없는 마음으로 살아가고 있음을 드러내는 하나의 방식이기 때문이다.

보시가 욕망을 덜어 내는 수행의 일종이듯이, '지계' 역시 욕망을 끊는 수행이다. 중생은 소유욕뿐만 아니라 수많은 욕망으로 구성되어 있다. 그것은 여러 겁에 걸쳐 윤회를 하는 동안 나도 모르는 사이에 강력한 습관으로 굳어졌다. 우리는 그 습관을 나의 본질 혹은 정체성의 핵심으로 착각하고 살아간다. 그러니 아무리 좋은 마음으로 무엇인가를 하려 해도 깨달음에서 더욱 멀어질 수밖에 없다. 잘못된 습관을 고치기 위해서 몸과 마음을 제어하기 위한 규칙이 필요하다. 그것이 계율이다. 널리 알려진 것처럼 계율은 시대마다 종류와 내용이 달라졌다. 석가모니 당시의 계율과 지금 우리가 보는 계율은 상당히 다른 모습이다. 그러나 변하지 않는 원칙은, 계율을 지킴으로써 깨달음으로 한 걸음 나아갈 수 있다는 점이다. 휴정이 『선가귀감』에서 설파한 것처럼, "음심은 깨끗한 마음가짐을 끊고, 살생은 자비로운 마음을 끊으며, 도둑질은 복덕(福德)을 끊고, 거짓말은 진실을 끊는다". 그러니 계율을 철저히 지킴으로써 중생 마음의 근저에 들어 있는 청정하고 맑은 불성(佛性)을 일으키는 것, 그것은 바로 중생의 욕망을 끊는 것과 다르지 않다.

'인욕'은 어떤 모욕이나 고뇌, 위해를 받아도 참고 견뎌서 화를 내지 않는 것을 말한다. 『유마경』에서도 '인욕은 보살의 정토(淨土)'라고 한 바 있거니와, 보살의 실천은 인욕의 터전 위에서 이루어진다. 끝없이 참고 견디는 것을 통해서 중생으로서의 모든 상(相)을 버리고 자신의 마음속을 깨끗한 눈으로 바라볼 수 있게 된다. 어떤 일을 당했을 때 분노를 일으키면 자비심은 온데간데없이 사라지고 쌓아 놓은 공덕은 속절없이 무너진다. 휴정은 "누가 와서 해롭게 하더라도 마음을 거두어 성내거나 원망하지 말아야 한다. 한 생각 성내는 데에 백만 가지 장애의 문이 열린다"라는 불경 구절을 뽑아 놓은 뒤, "번뇌가 한량없다. 하지만 성내는 것이 더하다"라고 설명을 덧붙였다. 탐욕, 성냄, 어리석음을 흔히 삼독(三毒)이라고 하거니와, 그만큼 성내는 것은 수행에 커다란 장애다. 그 마음을 버리고 고요함을 회복하여 마음을 돌아보는 것이야말로 수행의 기본이다.

'정진'이란 부지런히 수행하는 것을 말한다. 그냥 부지런한 것이 아니라 악법(惡法)을 과감하게 끊고 선법(善法)을 닦는 데에 부지런해야 한다. 시간을 아껴서 게으르지 않도록 스스로 경계하면서 불법을 수행하는 것은 수행자의 당연한 자세이지만, 그 마음을 오래도록 변치 않고 정진하는 것은 쉽지 않은 일이다. 다음으로 '선정'바라밀을 들수 있다. 이는 어지러운 마음을 고요하게 만들어서 멈추도록 하는 수행이다. 이를 통해서 마지막인 '반야'바라밀을 성취한다. 반야는 지혜를 뜻한다. 따라서 반야바라밀은 모든 번뇌를 끊고 불법에 통달할 수 있는 지혜를 의미한다.

경전 공부

선학을 깨달음에 도달하는 첩경으로 생각했던 휴정이지만 교학을 전면적으로 부정했던 것은 아니다. 근기의 차이에 따라서 교학은 훌륭한 깨달음의 나침반이 될 수 있었다. 그러나 한문으로 된 경전을 해득하는 것이 당시 모든 승려들에게 쉬운 것만은 아니었다. 세조 무렵에 많은 경전들이 훈민정음으로 번역이 되었다고는 하지만 책의 수량도 한정되었을 뿐 아니라 언해 불경을 통해서 불교의 오의(奧義)에 접근한다는 것은 애초에 아득한 일이었다. 어디서나 스승은 필요했고, 눈밝은 스승 아래에서 호되게 공부한 학인들의 성과가 뛰어날 수밖에 없었다.

육조혜능은 시장에 다니러 갔다가 우연히 어떤 스님이 읊는 『금강경』 한 구절을 통해서 깨달음을 향한 첫걸음을 떼었다. 휴정 역시 지리산에 노닐러 갔다가 우연히 만난 숭인 장로에게서 받은 여러 권의 불경을 통해서 불교적 깨달음의 실마리를 잡을 수 있었다. 이는 그들의 근기와 시절인연이 맞았기 때문에 그런 일이 벌어졌지만, 경전을 통해서 새로운 세상을 볼 수 있다는 것은 분명한 사실이었다. 경전을 거부하면서 오직 '불립문자'를 주장하는 선사들의 발언을 유일한 수행의 기준으로 삼는다면, 이 역시 그 발언의 맥락을 고려하지 않은 천박한 문자주의 혹은 근본주의에 불과하다.

경전을 공부하는 방식은 여러 가지가 있다. 물론 처음에는 글자를 익히고 문장의 뜻을 배우며, 그것의 전체적인 맥락을 스승으로부터 전해 받는다. 휴정 이전까지만 해도 승려들이 출가해서 익히는 불경이 어떤 것들이었는지 정확히 알 수는 없다. 그러나 휴정은 『선가귀감』에서 어떤 책을 읽어야 할지 암묵적으로 보여 준다. 즉 자신이 읽은 책들 중에서 중요한 것들을 모아서 구절을 뽑고 편집을 한 것이므로, 이 책에 인용된 경전과 선어록들이 수행자들에게 요긴한 내용을 담고 있는 것으로 보았다.

휴정이 제시하는 교학 공부, 특히 경전을 통한 수행 방법은 두 가지다. 청경(聽經)과 간경(看經)이 그것이다. 청경은 경전을 듣는다는 뜻이고, 간경은 경전을 본다는 뜻이다. 이들은 서로 다르면서도 통하는 지점이 있기 때문에 명확하게 구별되는 선을 긋기는 어렵다. 우선 휴정이 『선가귀감』에 뽑아 놓은 관련 경전 구절과 거기에 덧붙인 그의 설명을 보자.

① 경을 들으면 귀를 거치는 인연도 있게 되고, 따라 기뻐하는 복도 짓게 된다. 물거품 같은 이 몸은 다할 날이 있지만 진실한 행동은 헛되지 않다.

• 휴정의 설명: 이것은 슬기롭게 배우는 것을 밝힌 것이니, 마치 금

강석을 먹는 것과 같으며 칠보를 받아 가진 것보다도 더 낫다. 영명 연수 선사가 말하기를 '듣고 믿지 않더라도 부처의 종자가 심어진 것이고, 배워서 이루지 못하더라도 인간이나 천상의 복을 능가할 것이다'라고 하였다.

② 경을 보되 자기 마음속으로 돌이켜 봄이 없다면 비록 팔만대장경을 다 보았다 할지라도 소용이 없을 것이다.

• 휴정의 설명: 이것은 어리석게 공부함을 깨우친 말이니, 마치 봄날에 새가 지저귀고 가을밤에 벌레가 우는 것과 다를 바 없다. 규봉종밀 선사가 이르기를 '글자나 알고 경을 보는 것으로는 원래 깨칠 수 없으며, 글귀나 새기고 말뜻이나 풀어 보는 것은 탐욕이나 부리고 성을 내며 못된 소견만 더 일으키게 된다'라고 하였다.

경전으로 공부하는 방법은 수행자에 따라 천차만별이다. 엄밀히 따지면 정해진 방법이 없다고 해도 과언이 아닐 정도로 많다. 경을 큰 소리로 따라 읽기도 하고, 다른 사람이 경 읽는 소리를 듣기도 하며, 경을 눈으로만 보면서 내용을 음미하기도 하고, 경을 읽는 소리를 관찰하면서 삼매에 들기도 한다. 그 외에도 수많은 방식이 존재할 수 있다. 그러나 이들 중에서도 휴정이 권하는 것은 경전을 듣는 것[聽經]과 경전을 보는 것[看經]이다.

경전을 듣든 보든 간에 전제 조건은 자신이 대하는 경전을 충분히 익혀서 이해하고 있어야 한다는 점이다. 선학에서 문자를 떠나라고 하는 말은 문자와의 결별이 모든 것의 전제라는 뜻은 아닐 것이다. 그것은 문자가 우리의 마음에 하나의 걸림돌로 작용한다면 그것을 모두 버리라는 뜻으로 보아야 한다. 물론 문자를 익히는 순간 우리 마음속에는 수많은 걸림돌들이 곳곳에 박힐 것이다. 그렇다고 해서 문자 자체를 거부하는 것은 달을 가리키는 손가락만 보는 결과를 낳는다. 스승을 따라 경전을 공부하고 그 깊은 뜻을 익히는 동안 우리는 자신도 모르는 사이에 마음속에 차별을 만들어 낸다. 언어의 기본적인 특징이 변별성에 있듯이, 언어는 세상의 모든 것들을 구별하여 그 특징을 온전히 담는 것을 목표로 한다. 그러니 언어에 집착하지 않더라도 말을 사용하는 동안 우리의 사유는 변별의 그물에서 벗어나지 못한다. 하물며 경전의 말씀이 유일한 기준이라고 생각하는 문자주의적 태도에 빠져 버린다면 그 순간 깨달음은 천리만리 밖으로 달아나 버릴 것이다.

불경이 만드는 차별상도 이렇게 심각한 문제를 낳는데, 하물며 유교나 도교 등 다른 계통의 경전이야 말해 무엇하겠는가. 휴정이 『선가귀감』을 쓰게 된 계기로 언급한 것 중의 하나로, 당시의 스님들이 불경은 읽지 않으면서 유학자들의 시문은 보배로 여기는 풍토를 든 바 있다. 불경도 조심해서 읽어야 하는데, 유학자들의 글을 읽고 그것을 숭상하기만 한다면 이는 불교가 나아가야 할 방향과는 전혀 다른 곳을 향하게 될 것이다. 휴정이 『선가귀감』에서 "외전(外典)을 읽지 말라"고 충고하는 것도 같은 맥락에서 왔다. 망상과 분별을 만드는 책은 당연히 타파해야 할 대상이다. 그런 점에서 스승의 역할과 올바른 수행이 중요하다.

스승을 따라 경전을 공부한다 해도 명백한 한계를 가진다. 우리가 매일 먹는 밥의 맛을 설명하기에도 우리의 언어는 절대로 부족한데, 깨달음의 경지나 수행의 경계를 어떻게 언어로 설명할 것인가. 어쩔 수 없어서 언어로 표현한 것이 바로 경전이나 어록의 말씀이다. 그런데 그것이 지상 최고의 기준이라고 여기면서 철석같이 믿는다면, 부처와 조사들의 간곡한 뜻을 배반하는 짓이다. 경전에 매달려서 깨달음을 구하는 것이 불가능하다는 것은 바로 이러한 언어의 한계성에서 비롯한다.

경전을 듣는 것만으로도 깨달음으로 가는 인연을 만들고 복을 지을 수 있다. 정법(正法)으로 살아갈 때 복을 받는 것이기도 하지만, 그 복은 세속적인 차원에서의 의미를 가지지 않는다. 부처의 경계로 가까이 가는 것이야말로 최고의 복이 아닌가. 경전 읽는 것을 듣는 것은 그런 점에서 부처가 될 수 있는 씨앗을 우리 마음의 밭에 심는 중요한 일이다. 그렇지만 경전을 공부하는 것만으로 우리는 깨달음을 원만하게 성취할 수 없다. 밥을 짓는 방법을 아무리 많이 읽어 본들 그것으로 밥을 먹을 수도 없거니와 밥맛을 알 수도 없다. 밥을 먹기 위해서는 매뉴얼을 읽지 말고 내 몸을 움직여서 밥을 지어야 한다. 비록 삼층밥이 되어서 먹기 힘들더라도 직접 밥을 지어야 먹을 수 있다.

이처럼 불경을 아무리 많이 읽고 이해한다 해도 깨달음을 얻을 수는 없다는 것이 휴정의 생각이다. '글귀나 새기고 말뜻이나 풀어 보는' 사이에 탐욕과 성냄 같은 중생의 욕망이 동시에 자란다. 중요한 것은 내 삶이, 내가 살아가는 지금 이 순간이 탐욕과 성냄과 어리석음에서 벗어나, 경전이 말하고자 하는 바를 내 몸으로 실현해 내는 것이다. 자기 마음속으로 되돌아보는 자세가 없이 경전을 읽는다면 팔만대장경을 읽는다 한들 그것이 무슨 소용이겠는가. 오히려 아만심(我慢心)만을 키울 뿐이다. 휴정은 수행자들의 지식이 쌓여 갈수록 아만과 탐욕이 쌓여 간다는 것을 지적한다. 그 마음을 버리라고 하는 글을 읽기만 하지 말고 지금 이 순간 그 마음을 버려야 한다는 것이다.

경전을 듣고 읽으면서 부처의 씨앗을 심고, 그 씨앗을 잘 키워서 선 수행을 통해 열매를 맺어야 한다. 열매를 맺는 순간 수행자는 우주 안에 우뚝 선 대장부의 기상을 뽐낼 수 있다.

대장부의 기상

그대 거문고 안고 늙은 소나무에 기대었으니

늙은 소나무여, 변치 않는 마음이어라.

나는 긴 노래 부르며 푸른 물가에 앉았으니

푸른 물이여, 맑고 텅 빈 마음이어라.

마음이여, 마음이여, 오직 나와 그대뿐일레. (「청허가」)[49]

---

[49] 君抱琴兮倚長松, 長松兮不改心. 我長歌兮坐綠水, 綠水兮淸虛心. 心兮心兮, 我與君兮. (休靜, 「淸虛歌」, 『淸虛堂集』)

휴정의 「청허가」다. 자유롭게 살아가는 삶이 그대로 표현되어 있다. 소나무 아래 앉아 거문고를 뜯고, 푸른 물가에 앉아 길게 노래를 부른다. 자연과 함께 살아가는 맑고 텅 빈 마음을 살피는 시간, 그대가 나고 내가 그대다. 이 작품은 휴정이 자신의 당호인 '청허당'(淸虛堂)의 의미를 드러낸 드문 경우에 속한다. 맑고 텅 빈 마음을 가진 사람, 그런 사람을 휴정은 '대장부'라 일컬었다.

깨달음의 경계로 들어간 사람을 대장부라고 부르기도 하지만, 흔히 한가한 도인이라는 뜻으로 '한도인'(閑道人)이라고 한다. 중생으로서의 모든 일을 끊어 버리고 이제 부처의 경계로 들어섰으니 한가하게 중생계를 노닌다는 의미다. 이 말을 『선가귀감』에서도 사용한 적이 있기는 하지만, 휴정은 그보다 '대장부'라는 말을 자주 썼다. 그가 생각하는 대장부는 어떤 모습일까?

그는 지리산에서 수행하고 있는 스님에게 이렇게 편지를 썼다.

장부는 만세를 논하되 일생을 논하지 아니하네. 뜻이 있는 곳에는 또한 기운이 따르고, 기운이 있는 곳에는 천지와 귀신도 또한 따르는 것이므로 천지도 필부의 마음을 빼앗지 못한다는 것이 바로 이것이네. 차라리 죽을지언정 마음공부에 있어서는 칠통을 깨뜨리는 것으로 기약하여야 하네.[50]

---

50 휴정, 「두류자에게 답함」(答頭流子), 『청허당집』 권3.

만세를 논하면서 천지와 귀신의 기운을 아우르는 기상이야말로 대장부의 상징이다. 휴정은 지리산에서 수행에 몰두하는 사람에게 대장부가 되기를 권한다. 이럴 때 대장부는 마음공부를 통해서 '칠통을 깨뜨리는 것'을 기약하는 사람이고, 끝내 칠통을 깨뜨리는 사람이다. 올바른 수행에 목숨을 걸고 전심전력으로 돌진하는 사람이 대장부의 기상을 드러낸다. 그런 점에서 보면 그의 『심법요초』에 수록되어 있는 글 역시 같은 내용을 다룬 것이다.

공부하려면 먼저 분발해야 하고
법을 위하거든 다시 몸을 잊으라.
활구를 스스로 의심해 부수어야
비로소 대장부라 이름하리라.

공부에 뜻을 두어 발분(發憤)하며 정법(正法)을 얻기 위해 몸을 잊어 죽을힘을 다하는 인물이 대장부다. 물론 거기에는 활구를 의심하는 간화선의 깊고 철저한 수행이 따라야 한다. 활구를 참구하면서 수행을 하는 것은 기존의 규격화된 모든 것을 부수고 자신만의 새로운 경계를 드러내는 일이다. 휴정이 중시했던 임제종에서 할(喝)을 중시하지만, 그것을 가차 없이 깨뜨릴 때 비로소 새로운 깨달음의 세계가 열린다고 했다. "방망이[棒] 끝에서 깨달으려 한다면 덕산(德山)을 저버리는 것이고, 할(喝) 밑에서 알려고 한다면 임제를 묻어 버리는 것이다." 부처를 만나면 부처를 죽이고, 조사를 만나면 조사를 죽이는,

그 치열한 정신과 수행 태도를 가져야 비로소 지금 자신의 발목을 옥죄고 있는 것들을 과감히 깨고 나올 수 있다. 그러한 경계를 맛본 사람을 휴정은 대장부로 불렀다.

중생으로서의 번뇌와 욕망을 내려놓고 이제는 우주의 어떠한 기운에도 흔들리지 않는 사내, 그가 바로 휴정이 생각하는 대장부의 모습이었다.

4장 | 호국과 불교의 미묘한 조합

한국 불교의 특징이 무엇이냐 하는 질문을 받으면 무엇이 떠오르는 가. 사람마다 다르기는 하겠지만, 많은 사람들이 호국불교의 전통을 떠올릴 것이다. 사월 초파일, 부처님 오신 날이면 사람들은 절에 가서 연등을 달면서 한 해의 소망을 빈다. 그런데 누군가 부탁하지도 않았을 터이고 본인이 달지도 않았음에 분명한 연등들이 일찍부터 달려 있는 것을 본다. 대통령을 비롯한 정계 유력 인사들의 연등들이 그것이다. 심지어 역대 대통령들 중에서 불교 신자가 아닌 경우에도 그들을 위한 연등들이 달려 있었다. 그들의 만수무강을 비는 것이 곧 이 땅의 국민들이 평안하게 살아가는 길이라고 생각한 것일까? 자신들을 정치적 혹은 종교적으로 탄압하는 사람들을 위해 만수무강을 비는 모습을 보면서 당혹감을 느끼면서도, 동시에 그 속내가 궁금해지기도 한다.

종교적 이유 때문에 군 복무를 거부하는 사람들이 종종 있다. 현재 남북 분단 상황에서 국민의 기본 의무 중의 하나인 병역의 의무를 이행하지 않는 사람들에게 쏟아지는 불이익은 상상을 초월한다. 그들은 정상적인 취업 활동을 하지 못하는 것은 물론 주변 사람들의 따가운 시선을 평생 받으면서 살아가야 한다. 굉장한 불이익을 받으면서도 그들은 무엇 때문에 병역의 의무를 거부하는 것일까? 일차적으로, 자신의 종교적 신념 안에서 생명을 죽이는 일이나 그와 관련된 행위를 원천적으로 거부해야 한다는 생각이 그 출발점일 것이다. 생명 존중이야 누구나 중시해야 할 가치임에 분명하지만, 그것을 이렇게 철저히 실천하는 것은 쉽지 않다. 다른 생명을 보호하기 위해 내 삶을 온통 던진다는 것이 어찌 쉬우랴.

생명을 존중하지 말라고 하는 종교나 사상이 있겠는가마는, 불교의 생명 존중 사상은 수많은 일화 속에서 다양한 방식으로 드러난다. 다른 생명을 자신의 생명처럼 아끼는 인도의 어떤 왕이 있었다. 하루는 열어 놓은 창문으로 비둘기 한 마리가 날아들었다. 그 뒤로는 독수리가 따라오고 있었다. 비둘기를 불쌍하게 여긴 왕은 독수리에게 비둘기를 잡아먹지 말도록 했다. 그러자 독수리는 이렇게 말한다. "비둘기를 먹지 않으면 저는 굶어 죽습니다. 그러니 제가 비둘기를 잡아먹지 않는 대신 저에게 먹을 것을 주십시오." 왕은 생각 끝에 자신의 몸 중에 일부를 주기로 하고, 무게를 맞추기 위해 저울을 가지고 왔다. 저울의 한쪽 끝에 비둘기를 올려 놓고, 다른 한쪽에는 자신의 허벅지 살을 잘라서 올렸다. 그러나 저울은 비둘기 쪽으로 기울어 있었다. 왕은 자기 살을 더 잘라서 올렸지만, 여러 차례 반복해도 도저히 비둘기 무게를 맞출 수가 없었다. 마침내 왕 자신이 저울 위로 올라가자 비로소 저울이 수평으로 되면서 비둘기와 같은 무게가 되었다는 것이다. 물론 그 왕은 자신의 온몸을 독수리에게 공양했다고 한다. 비둘기가 비록 작은 새에 불과하지만, 그 생명의 무게는 왕의 목숨과 동등하다는 것이다. 세상에 어떤 생명이 내 생명보다 못하겠는가. 모든 생명의 무게는 그 자체로 동일하며 소중하다.

불교의 계율 중에 가장 먼저 꼽히는 것이 '불살생계'(不殺生戒)다. 살아 있는 것을 죽이지 말라는 것이다. 이 계율을 지키기 위해 수많은 수행자들이 자신의 목숨을 대신 내놓았다. 비둘기의 생명을 살리기 위해 자신의 목숨을 내놓은 왕처럼, 수행자들의 생명 존중 사상은 치열하다. 이렇게 치열하게 계율을 지키는 사람들이 총칼을 들고 누군가와 싸우는 풍경은 당연히 낯설 수밖에 없다. 자신의 몸을 묶은 풀도 끊어지면 죽을까 걱정이 되어서 뙤약볕 아래에 그냥 묶여 있던 초계비구와 같은 사람도 있는데, 하물며 전쟁터에서 뛰어다니는 수행자의 모습은 상상이 되지 않는다.

요즘도 절에 가면 스님들 중에 모기나 파리를 잡지 않는 분들이 상당히 많다. 차라리 자신의 몸을 뜯어 먹도록 내버려 둘지언정 살생의 업을 저지르지는 않겠다는 뜻이다. 그러나 재미있게도 그런 분들도 예비군 훈련에 소집되면 예비군복을 입고 훈련을 받으러 다녀온다. 산중에서 수행하다가 훈련 시기를 놓쳐서 벌금형을 받는 경우는 보았어도, 자의로 훈련을 거부하는 경우를 본 적은 흔치 않다. 모기의 목숨은 안타깝게 여기면서 예비군 훈련은 받으러 다니다니. 눈에 보이는 목숨은 안타깝고 보이지 않는 목숨은 괜찮다는 것인가? 그렇다면 맹자가 말한 것처럼 눈에 보이는 황소의 목숨은 아깝고 보이지 않는 양의 목숨은 덜 아깝다고 말하는 수준과 다를 바 없다. 혹시라도 세속의 법에 저촉되어 범법자가 되기라도 하면 승적을 박탈당할까 두려워서 그러는 것일까? 승적을 포기할지언정 생명을 존중하고 지키는 일에 모든 것을 거는 수행자가 왜 없는 것일까?

문제를 이런 방식으로 극한까지 밀고 나간다면 결국 불교가 내세우는 불살생계를 지키면서 속세와 함께 살아가는 것은 불가능한 일일 것이다. 불경에 자주 보이는 예처럼 과거에는 자기 몸을 던져서까지 계율을 지키는 수행자들이 많았는데 왜 우리 시대에는 그런 수행자들이 없을까. 물론 불경에 나오는 일화들은 그저 상징적인 차원에서 제시되는 것이므로, 그것을 그대로 지키는 것은 우리가 이따금 비판적으로 거론했던 문자주의적 태도와 비슷하게 보이기도 할 것이다. 그러나 백 보 양보를 한다 해도, 생명 존중이라는 하나의 원칙은 어떤 상황에서도 지켜야 하는 것은 아닐까?

세속적인 차원에서 이야기할 때, 이런 반론도 가능하다. 국가라는 테두리가 없다면 불교도 존속할 수 없다는 것이다. 사정이야 어떻든 국가를 구성하는 여러 요소들이 불교의 존립을 가능하게 해주고 승려들의 수행 환경을 만들어 주는 것도 사실이기는 하다. 그러니 국가의 존재와 불교의 존립은 떼려야 뗄 수 없는 관계에 있는 것처럼 보인다. 그렇지만 문제를 휴정의 시대로 가져가면 이 역시 조금은 망설여지는 논리이기도 하다. 조선의 유학자들은 불교를 철저히 없애려고 갖은 제도를 만들고 온갖 탄압을 자행했다. 그렇게 가혹한 국가가 도대체 무슨 필요가 있단 말인가. 그런데도 휴정을 비롯한 수천 명의 승군들은 나라를 위해 전쟁의 길로 나아갔다. 이런 문제를 어떻게 생각해야 할 것인가.

1. 시주자의 은혜

『선가귀감』을 포함해서 휴정의 글에는 전쟁과 불교 사이의 관계를 직접 다룬 것은 없다. 임진왜란이 일어나자 선조는 의주로 도피하면서 도움을 받을 곳을 찾고 있었다. 관군은 일본군과 본격적인 전투를 벌이기도 전에 괴멸 상태였고, 주변의 신하들이나 호위병들도 상당수가 달아난 것을 보면 당시의 군기가 얼마나 느슨했던가를 알 수 있다. 그런 상태에서 불교의 힘을 빌리자고 생각한 것은 어찌 보면 당연한 일이었다. 차마 중국으로 넘어가지 못하고 발만 동동 구르고 있던 선조는 묘향산에 주석(駐錫)하고 있던 휴정에게 편지를 보내기로 한다.

    불교를 탄압하던 조선 조정이 자신들의 어려움을 타개하기 위해 불교 교단에 도움을 요청한다는 것은 어찌 보면 뻔뻔스러운 일이었다. 그나마 남아 있던 사찰의 승려들도 부역의 무거움을 견디지 못하고 뿔뿔이 도망치는 것이 일상사였고, 유생들이 사찰에 가서 술과 고기를 즐기면서 무례하다 못해 비도덕적인 짓을 저지르는 일도 많았으며, 자신들의 요구를 들어 주지 않으면 사찰의 기물을 부수고 승려들을 잡아다 징치하는 일이 비일비재한 것이 현실이었다. 그런 상황에서 불교가 조선 조정의 보호를 받기라도 했다면 선조의 구조 요청이

한층 빛을 발했을 것이다. 그러나 온갖 탄압은 다 저지르고 승려들의 신분도 천민으로 만들어 놓은 터에, 일본군의 침략에 저항할 수 없게 되자 결국은 불교 세력에 손을 벌린 것이다.

그렇더라도 구원을 요청하는 선조의 기별을 휴정이 거절하는 것은 어려웠을 것이다. 비록 선조가 한 일은 아니지만 승과가 부활하자마자 혜성처럼 등장했던 휴정이었고 최고의 승직을 거치기도 했으니 국가와의 관계가 그리 데면데면한 것은 아니었다. 오히려 국가의 혜택을 많이 받은 셈이었다. 게다가 1천여 명의 피해자를 내면서 조선을 뒤흔들었던 정여립 모반사건에 연루되어 제자 유정과 함께 투옥되었던 휴정을 감옥에서 구했을 뿐 아니라 그들의 무고함을 직접 증명해 주었던 사람이 다름 아닌 선조였다. 게다가 미안하다는 뜻에서 묵죽도와 시를 지어서 휴정에게 하사까지 했으니, 휴정이 선조에 대해 고마움을 느끼는 것이야 당연한 일이다. 그 일이 있은 지 몇 년 지나지 않아 임진왜란이라는 엄청난 사태를 맞아서 선조가 위기에 몰렸을 때 도움을 요청했으니, 휴정 입장에서야 당연히 전력을 다해 도울 수밖에 없었다.

그렇지만 휴정은 당시 묘향산에 주석하면서 제자들을 기르던 노승이었다. 자신이 직접 승군을 이끌고 전장을 누비기에는 나이가 너무 많았다. 그는 팔도선교도총섭의 직함으로 조선의 승군을 모두 거느리는 위치에 올랐지만, 그것을 제자 유정에게 넘겨서 모든 일을 관장하게 하였다. 물론 휴정은 자신의 문도들에게 전란으로부터 나라를 구하라는 격문을 돌려서 조선 승려들의 생각을 하나로 모으는 구심점 역할을 충분히 했다. 요컨대 휴정이 조선 승군의 정신적 지주였다는 점은 분명하다. 이를 계기로 휴정 자신은 순안(順安) 법흥사(法興寺)에서, 처영(處英)은 지리산에서, 유정은 금강산에서, 영규(靈圭)는 청주에서 각각 일어나 왜군들과 싸워 승리를 이끌어 낸다. 특히 명나라 군사들과 힘을 합쳐서 평양성 탈환에 나섰는데, 그 승리의 실질적 주역이 바로 승군이었다는 사실은 널리 알려져 있다.

불살생계를 철저히 지켜야 하는 승려가 무엇 때문에 전장을 누비면서 씻지 못할 살생의 죄업을 스스로 지었을까. 자신이 전쟁터로 나아갈 때에는 적어도 어떤 명분이나 이론적 근거가 있어야 할텐데, 휴정은 어떤 생각을 가지고 있었던 것일까. 앞서 언급한 것처럼, 이 방면에서 휴정의 글은 거의 남아 있지 않다. 그가 남긴 다른 글에서 흔적을 찾아 불교와 국가 사이의 관계에 대한 휴정의 생각을 정리해 보자.

경성일선 스님은 사은(四恩)을 갚으려는 생각이 언제나 마음에서 떠난 일이 없었다. 항상 말했다. "사내의 처세란 자식이 되어서는 효도에 죽고 신하가 되어서는 충성에 죽는 것이어야 한다. 그러나 출가한 사람은 두 가지를 함께 행할 수 없으니 창과 방패가 서로 부딪침과 같아서 그 둘이 공을 함께 이룰 수 없기 때문이다."[1]

이 글은 휴정이 자신의 사숙(師叔)인 경성일선의 행장을 쓰면서

---

1 휴정, 「경성당행적」(敬聖堂行蹟), 『청허당집』 권3.

언급한 내용이다. 경성일선은 휴정의 스승 부용영관과 함께 벽송지엄을 스승으로 모시고 화두 참구를 해서 깨달았던 인물이다. 그는 '사은'의 중요성에 대해 위와 같이 이야기를 했다고 한다. 사은이란 출가수행자가 잊지 말아야 할 네 가지 은혜다. 경전에 따라 약간의 차이가 있기는 하지만 네 가지 은혜는 대체로 부모의 은혜, 중생의 은혜, 국왕의 은혜, 삼보(三寶)의 은혜를 말한다. 이 중에서 부모의 은혜와 국왕의 은혜는 각각 효도와 충성을 통해서 실현하고 갚아야 할 덕목인데, 수행자가 되는 순간 그러한 세속적인 척도에서 벗어나게 되므로 이승에서 갚을 길이 막막하다. 세간과 출세간 사이의 거리는 그들이 각각 지켜야 할 척도의 거리로 환산되어 나타난다. 단순화시켜서 말하자면 충효를 기반으로 하는 척도는 당시의 성리학자들이 제일의(第一義)로 내세우던 덕목이었다면, 그것을 벗어나 삼보에 귀의하고 중생을 제도하는 것은 출가수행자가 제일의로 내세우던 척도였다.

휴정이 자신의 법맥으로 내세운 세 사람 중 한 사람의 발언이니 위의 내용과 관련해서 어느 정도는 영향을 받았을 것이다.『선가귀감』에서 휴정은 시주의 은혜를 받을 때 조심해야 한다는 점을 거듭 강조한 바 있다.

수행자가 노동을 통해서 자신의 의식주를 해결하는 것은 어렵다. 그렇다고 의식주를 도외시하고 살아갈 수는 없다. 현실적으로 볼 때 목숨을 걸고 오직 수행에 몰두할 수 있는 것은 그들을 주변에서 도와주는 수많은 시주자들 덕분이다. 시주자들 자신은 수행에 몰두하기 어려운 현실에 처해 있으므로 자기 대신 수행자들이 열심히 공부해서 깨닫기를 바라는 마음으로 시주를 한다. 시주는 의식주를 해결하는 기본적인 물품들과 기타 수행에 필요한 것들이다. 수행자들 입장에서 보면 시주를 해주는 사람들의 노동에 힘입어 자신의 수행력이 높아 가는 것이므로, 수행의 진전은 시주자들 즉 중생들에게 회향(回向)해야 한다. 불법의 회향을 통해서 중생들 또한 깨달음으로 나아갈 수 있는 계기를 만들고, 다시 그 힘으로 수행자들에게 시주를 한다. 휴정이 시주자들에 대해 깊은 마음을 가지도록 요구하는 것은 이 같은 맥락을 전제로 한다.

도인이 살고 있다는 소식을 듣고 젊은 수행자 한 사람이 열심히 산을 오르고 있었다. 그런데 우연히 길옆 시냇물에 배추 잎 하나가 둥둥 떠서 흘러가고 있었다. 그 모습을 본 수행자는 실망스러운 마음으로 생각했다. '이 산에 도인이 살고 있다고 해서 무언가 배우려고 찾아 왔는데, 저렇게 먹을 것을 아끼지 않는 걸 보니 그 도인도 헛소문이었던 모양이군.' 배추 잎 하나도 시주에 의존해서 절 안으로 들어왔을 터인데, 시주물을 아끼지 않는 것은 수행자의 기본자세가 안 되었다는 의미라고 생각했던 것이다. 발길을 막 돌리려고 하는데, 앞쪽 산모퉁이에서 웬 노스님이 헐레벌떡 뛰어오더니 말했다. "이보시오, 스님. 혹시 배추 잎 하나가 물에 떠서 흘러내려 가는 걸 보지 못했소?" 결국 그 노스님은 아래쪽까지 뛰어가서 그 잎을 건져 올라왔다. 그 모습을 본 젊은 수행자는 노스님 밑으로 가서 수행을 하게 되었다는 것이다.

사찰 주변에서 전하는 이런 내용의 일화는 굉장히 많다. 필자도 이런 경우를 자주 보았다. 지리산에서 수행하는 스님을 만나러 간 적이 있었다. 그분은 수행 시간을 아끼기 위해서 토굴에 혼자 머무르면서 오직 공부를 할 뿐이었다. 큰 절에는 식량을 가지러 이따금 들를 뿐이었다. 점심을 대접하겠다면서 부엌으로 나서기에, 내가 얼른 나서면서 국수를 삶았다. 다 삶은 뒤 국수를 그릇에 담고 있는데, 방문을 빼죽이 열고 내다보더니 얼른 나왔다. 그러더니 수챗구멍에 흘린 국수 가락을 손으로 조심스럽게 잡아서 물에 헹구더니 얼른 먹는 것이었다. 국수 가락 하나라도 시주자의 정성이 들어 있으니 소중하게 아껴야 한다는 것이 몸에 배어 있던 분이었다.

그만큼 스님들에게 시주물은 아끼고 아껴서 사용해야 하는 것이다. 『선가귀감』에서 휴정은, "그러므로 말하기를 '수행자는 음식을 먹을 때에 독약을 먹는 것 같이 하고, 시주의 보시를 받을 때에는 화살을 받는 것과 같이 하라'고 하였다. 두터운 대접과 달콤한 말을 수도인으로서는 두려워해야 한다"라는 구절을 뽑아서 수록한 다음 이렇게 설명을 덧붙였다. "음식 먹기를 독약 먹듯 하라는 말은 도의 눈을 잃을까 두려워해서이고, 보시 받기를 화살 받듯 하라는 말은 도의 열매를 잃을까 두려워해서이다." 이쯤 되면 수행자가 음식을 대하는 마음을 짐작할 수 있을 것이다. 식탐이 끊기 어려운 욕망이기 때문에도 조심해야 하는 것이지만, 음식은 전적으로 시주를 해준 중생들의 노동에 기대 있기 때문에 조심해야 한다. 그가 "한 그릇 밥과 한 벌 옷이 곧 농부들의 피요 직녀들의 땀이거늘, 도의 눈이 밝지 못하고야 어떻게 삭여 낼 것인가"(『선가귀감』) 하고 수행자들을 경책(警策)하는 것이 전혀 이상할 것이 없다. 오죽하면 휴정은, 옛날 어떤 수행자는 도의 눈이 밝지 못해서 시주물을 함부로 다룬 탓에 결국 자신이 버섯으로 태어나 시주자의 은혜를 갚았다는 말을 덧붙였겠는가. 내가 받은 시주물이 나의 수행과 깨달음으로 연결된다면 문제가 다르겠지만, 그렇게 시주를 받았는데도 수행을 게을리하거나 깨달음에서 더 멀어진다면 그 과보를 어떻게 갚겠는가.

시주를 함부로 받는 것에 대한 휴정의 경계는 준엄하기까지 하다. 위와 같은 구절들 외에도 그는 『선가귀감』에서 "경전에 이르기를 '털을 쓰고 뿔을 이고 있는 것이 무엇인 줄 아는가? 그것은 오늘날 신도들이 주는 것을 공부하지 않으면서 거저먹는 그런 부류들의 미래상이다'라고 했다. 그런데 어떤 사람들은 배고프지 않아도 먹고 춥지 않아도 더 입으니 무슨 심사일까. 참으로 딱한 일이다. 눈앞의 쾌락이 후생에 괴로움인 줄을 도무지 생각지 않는구나"라는 구절을 인용하면서, 그 설명에서 『대지도론』을 인용하여 강하게 경고를 한다. "한 수도인은 좁쌀 다섯 낱알 때문에 소가 되어, 살아서는 뼈가 휘도록 일해 주고 죽어서는 가죽과 살로 빚을 갚았다." 더 준엄하게 꾸짖는 경책도 있다. "차라리 뜨거운 철판을 몸에 두를지언정 신심 있는 이가 주는 옷을 입지 말며, 쇳물을 마실지언정 신심 있는 이가 주는 음식을 먹지 말고, 끓는 가마 속으로 뛰어들지언정 신심 있는 이가 지어 주는 집에 거처하지 말라" 하는 인용이다. 이 정도면 수행자가 시주자와 그들이 제공하는 물품을 어떤 마음으로 대해야 하는지 충분히 경계가 될 것이다.

휴정이 이렇게까지 거듭 『선가귀감』에서 시주자와 수행자 사이의 문제를 강한 어조로 경고하는 것은 두 가지 측면을 생각할 수 있다. 하나는 불교의 인과설에 대한 철저한 인식을 해야 한다는 점이다. 아무리 사소한 것이라도 내가 받은 것이 있으면 되돌려 주어야 하는 것이 인과설의 기본이다. 비단 이승에서만 적용되는 것이 아니라 삼생을 두고 벗어나지 못하는 것이 인과설이 아니던가. 그렇게 보면 내가 지금 살아가는 모습이 과거의 원인 때문에 받은 과보이기도 하지만, 그것은 동시에 새로운 원인이 되어 미래의 결과를 만들어 내는 계기이기도 하다. 인과설의 기본만 알아차려도 지금 당면한 삶의 매 순간에 집중하는 것이 얼마나 중요한지 알 수 있다. 인과설의 논리야 별로 어려운 것도 아니니 그것을 아는 것은 쉽다. 그러나 문제는 실천이다. 내 삶 속에서 그 원리를 늘 인식하고 실천하는 것이야말로 문제의 핵심이다. 이런 점 때문에 두번째 측면이 논의되어야 한다. 휴정 당시의 수행자들이 출가 생활을 느슨하게 하고 있는 현실을 깨우치려 했다는 점을 생각해야 한다. 출가할 때에는 누구나 구도에 대한 열망으로 가득하지만 깨달음은커녕 내 몸을 조복시키기도 전에 우리는 나태함에 쉽게 빠져든다. 그게 중생들의 특징이라고 하기에는 수행자로서 부끄러운 일이다. 자신은 노동을 하지 않으면서 시주자들의 노동에 전적으로 의존하여 안락하고 풍족한 생활을 한다면 그 모습은 휴정이 강하게 비판했던 '가사 입은 도적'이나 다름없다. 그런 생활이 깨달음을 위해 도움이 되지도 않을뿐더러 수행자의 날카로운 구도심을 날로 무디게 만드는 원인이 된다. 안일에 대한 욕망을 끊지 못하면서 중생으로서의 삶을 어떻게 벗어날 수 있겠는가.

결국 수행자 입장에서 시주를 해주는 신도들은 굉장한 은혜를 베푸는 사람들이고, 그들이 주는 유형, 무형의 물건들은 내가 언젠가는 갚아야 할 엄청난 빚이다. 그런 점을 항상 염두에 두지 않으면 이 과보는 갚을 길이 없다. 내 몸을 이승에서 존재하도록 해주고 길러 준 부모의 은혜, 나를 현재의 모습으로 관계 맺도록 해주는 중생들의 은혜, 진리의 길로 이끌어 주는 부처 혹은 삼보의 은혜는 당연히 내가 잊지 말아야 할 은혜 중의 은혜다.

2. 국왕의 은혜와 수행자의 자세

네 가지 은혜 중에 국왕의 은혜를 어떻게 해석하고 감당해야 할 것인가가 문제다. 부모나 중생, 삼보는 수행자가 구도의 길을 걸어가는 데 빠져서는 안 될 요소고, 그들의 혜택을 입지 않고서는 중생계에서 수행자의 삶을 걷는 것은 불가능하다. 그런데 국왕은 조금 다른 문제다. 예컨대 국왕의 힘이 닿지 않는 곳으로 숨어들어 가서 수행을 한다고 하면 수행에 방해가 될까? 그렇지는 않을 것이다. 국왕의 힘이 닿지 않는 깊은 산속에 들어가더라도 거기에는 부모가 전제되어야 하고(그래야 내 몸이 있을 테니까!), 중생도 존재하고(사람만이 중생이라고 하는 생각을 버리라! 산속의 수없이 많은 생명들이 모두 나와 똑같은 중생이다!), 삼보도 존재한다. 그러나 국왕은 없어도 그만이다. 내가 먹고살면서 구도 행각을 하는 데 전혀 지장이 없어 보인다. 그런데 왜 국왕을 수행자가 고려해야 할 네 가지 은혜에 넣은 것일까?

부처와 중생은 한 몸이다. 불교 경전 어디서나 쉽게 접할 수 있는 주장이다. 그것은 부처와 중생의 구분 자체가 무의미하다는 뜻이리라. 부처가 없으면 중생도 없고, 중생이 없으면 부처도 없다. 부처는 깨달은 중생이고 중생은 깨닫지 못한 부처라는 말도 있다. 이런 말들은 모두 자신의 내면을 잘 관찰하면 부처가 될 수 있는 자질을 가지고 있다는 사실을 스스로 깨달을 수 있다는 것을 강조하는 표현들이다. 그렇지만 이 논의를 조금 더 확장해 보면, 수행자가 중생들의 삶에서 벗어나는 순간 어떤 깨달음도 있을 수 없다는 점을 충분히 유추해 낼 수 있다. 그것은 깨달음의 당체인 부처가 된다 하더라도 중생으로서 받은 몸은 현실적으로 존재하는 것이기 때문이다. 석가모니도 자신의 깨달음에도 불구하고 중생으로서의 몸을 이끌고 80년을 이승에서 보내지 않았던가.

수행자들이 늘 주장하듯 깨달음을 구하는 것과 중생을 제도하는 것은 순차적 관계에 있는 것이 아니라 동시적으로 구현되어야 할 조건들이다. 개인의 수행에만 몰두하는 태도를 비판하면서 새롭게 불교사의 전면으로 부상한 것이 바로 대승불교 운동이었다. 그들은 깨달음을 구하는 수행자들이 오직 자신만의 문제에 국한되어 깨달음을 개념적으로 생각하고 있는 현실을 비판하였다. 수행자의 공부는 철저히 중생들의 삶과 부대끼면서 다양한 모습으로 여법(如法)하게 구현될 때 빛나는 것이었다. 이처럼 진리를 개념으로만 이해하지 않고 그것을 중생들의 현실 속에서 구현하는 주체를 '보살'이라고 한다. 대승불교에서 보살이라는 존재가 핵심적인 이유는 바로 이런 맥락에 있기 때문이다.

　보살은 다양한 모습으로 중생들 앞에 나타나서 그들을 올바른 길로 인도한다. 중생들의 삶을 벗어나서 존재하는 보살은 없다. 보살은 언제나 중생들의 다양한 삶의 현장 속에 가장 적합한 모습으로 나투어서 도움을 준다. 그렇게 보살행을 하기 위해 필요한 수행이 바로 앞서 언급한 바 있는 '육바라밀'이다. 자신의 몸과 마음과 재물 등 무엇이든 중생들에게 베푸는 보시, 사회적 규범과 올바른 불법을 지키는 지계, 무엇이든 참고 견디는 인욕, 오직 수행에만 몰두하여 나아가는 정진, 마음을 하나로 모을 수 있는 선정, 가장 바르고 빛나는 지혜인 반야 등은 보살행의 중요한 실천 덕목이다. 보살행을 하면서 중생들의 세계와 불가분의 관계를 맺는 보살들 입장에서, 중생들의 삶을 기본적으로 보장해 주는 국가를 무시할 수는 없는 노릇이었다. 보살행이 하나의 명분이든 아니든, 그것이 계기가 되어 수행자는 국가와 긴밀한 관계를 가지게 된다.

　신라 하대 이후 고려시대까지 불교는 거의 국교로서의 위치를 가지고 있었지만, 그것이 곧 정치적 권력을 장악하였다는 뜻은 아니다. 대체로 불교 세력은 정치 세력과 만나서 자신의 종교적 권력을 누리는 것에 집중했을 뿐 스스로 정치의 주체로 나서지는 않았다. 그것은 정치 세력에 의해 보호받는 불교로서의 구조가 만들어지는 중요한 계기였다. 불교가 국가와 유착을 넘어서 예속 관계로 변해 가면서 국가가 불교를 일종의 '하위 파트너'로 여기게 된 이유기도 했다.[2] 사정이야 어떻든 휴정의 시대에 와서 조선 사회가 만들어 놓은 천민으로서의 승려라는 사회적 대우와 결합하여 불교는 이미 국가의 권력에 대응할 어떤 힘도 가지고 있지 못했다. 전적으로 국가의 외호(外護)를 받아야 할 불교 입장에서, 지속적인 탄압에도 불구하고 국가가 도움을 요청했을 때 거기에 응해야 하는 것은 어찌 보면 당연한 일이었다. 휴정이 선조의 개인적인 도움과 함께 불교가 처한 당대 현실의 맥락을 정확히 꿰뚫고 있었던 터라, 선조의 요청을 거부한다는 것은 불가능한 일이었다. 문제는 전쟁이라고 하는 극단적인 상황을 어떻게 불교와 연결시키면서 논리적 명분을 만들어 낼 것인가 하는 점이었다.

이미 언급한 바 있지만, 휴정은 국가와 불교 사이의 관계를 글로 남긴 것이 없다. 우리로서는 그의 단편적인 기록을 통해서 추정해 보는 것이 최선의 방법이다.

愛國憂宗社	나라 사랑에 종묘사직 걱정하나니
山僧亦一臣	산승 역시 한 명의 신하이기 때문.
長安何處是	장안은 어디인가
回望淚沾巾[3]	돌아보니 눈물이 수건을 적신다.

명종이 승하했다는 소식을 듣고 휴정은 애도의 마음을 시로 표현하였다. 이 같은 시는 비교적 상투적인 성격을 가지기 때문에 휴정의

---

2 이 점에 대해서는 박노자, 『붓다를 죽인 부처』, 인물과사상, 2011, 117~118쪽에서 상세히 다루어진 바 있다.

3 휴정, 「강릉에서 곡하다」(哭康陵), 『청허당집』 권1.

속마음을 정확하게 추정하는 것은 어렵지만, 그가 어느 곳에 발을 디디고 서 있는지 살펴볼 수는 있다. 그는 나라를 사랑하고 종묘사직을 근심한다는 점에서 자신도 역시 여느 사람과 다를 바 없는 신하라고 말한다. 명종의 죽음은 그에게 많은 생각을 하게 했을 것이다. 문정왕후가 죽고 나서 2년 뒤인 1567년에 세상을 뜬 명종은, 자의에 의한 것이었든 어머니의 뜻에 의해서였든 불교 중흥에 결정적인 역할을 했던 군주였다. 문정왕후가 죽자마자 유생들의 거센 반격에 보우를 비롯한 불교계의 중추 세력들이 일거에 제거되기는 했지만, 서른네 살의 이른 나이로 죽은 명종은 휴정의 마음에 깊은 인상을 준 인물이었다.

어찌 보면 나라를 사랑한다든지 종묘사직을 걱정한다든지 하는 식의 표현은 왕을 위한 애도시에 일상적으로 들어가는 것일 수도 있다. 그러나 왕의 죽음에 대한 깊은 애도의 마음을 시로 표현한다는 행위 자체에서 불교와 국가의 관계가 데면데면한 것이 아니라는 점을 추정할 수 있다. 한 인간에 대한 추도의 차원이든 불교 중흥의 불씨를 살렸던 임금의 죽음에 대한 슬픔이든, 그가 눈물을 흘리는 것은 당시의 불교가 국가의 테두리를 벗어나서 수행에만 전념할 수 없었던 현실을 암시하는 것이기도 하다. 유생 출신 승려이기 때문에 어렸을 때부터 각인되어 있던 우국충정의 태도가 저절로 나온 것으로 보기에는 불교의 현실이 열악했다. 이제는 국가를 위해 불공을 드린다는 구차한 변명 정도로 국가의 외호를 받아야 하는 것이 현실이었다.

승려의 목표는 개인적인 차원에서 보면 견성성불에 있지만, 동시에 자신이 딛고 서 있는 땅을 불국토로 만드는 것에도 있다. 두 가지는 서로 다른 차원이라기보다는 긴밀하게 연결되어 있다. 성불하는 순간 자신의 땅을 불국토로 만드는 것이기 때문이다. 휴정은 자신이 수행을 하던 지리산 내은적암 청허당(淸虛堂) 상량문을 쓰면서 이렇게 말하였다.

> 마왕을 몰아 법을 보호하는 선신(善神)으로 만들고 대지를 바꾸어 진실한 불국토로 만드는 것은, 오직 이 암자에 있고 이날에 있다. (「내은적암 청허당 상량문」)[4]

내은적암 청허당에 상량을 하고 주석하는 목표를 명확히 드러낸 부분이다. 수많은 마구니들을 선신으로 만들고 이 땅을 불국토로 만드는 일은 바로 여기서 수행을 하는 휴정의 몫이다. 자신의 깨달음을 통해서 마구니들은 선신으로, 더러운 예토(穢土)는 맑고 청정한 불국토로 변할 수 있다. 무명에 묻혀서 미망을 헤매는 중생들이 있는 곳이면 모두가 마구니요 모든 곳이 예토에 불과하다. 그런 상황을 한꺼번에 바꿀 수 있는 계기는 바로 자신의 수행과 깨달음이다.

이러한 논리는 전쟁을 마주하는 휴정에게 중요하다. 왜란이 일어났지만 전쟁을 일으킨 것은 왜국이다. 그들은 무단히 전쟁을 일으켰고, 조선의 중생들이 죽거나 다치면서 아수라장이 되었다. 이 사태를 바라보는 휴정의 논리는 바로 청허당의 상량문에서 보이는 논리와 상

---

4 휴정, 「내은적암 청허당 상량문」(內隱寂庵淸虛堂上樑文), 『청허당집』 권6.

통한다. 조선을 침략한 왜군을 마구니로 놓고, 그들이 만들어 놓은 전쟁이라는 현실은 예토에 상응한다. 마구니를 물리치고 불국토로 만드는 것은 누가 해야 하는가. 당연히 '나'에게서 시작되어야 한다. 나 혼자 모든 것을 할 수는 없지만, 적어도 내가 궐기하고 그 기세가 주변 사람들에게 영향을 미쳐서 불국토 건설을 위해 함께 나서야 한다. 왜군을 물리치는 것이 조선의 백성들을 안정시키는 것이니, 수행자라고 해서 어물거릴 수 없다. 종묘사직과 백성을 위해서 수행자들도 일어나 싸워서 왜군을 물리쳐야 한다. 마구니를 물리치고 불국토를 만드는 이미지가 그 위에 덧씌워진다. 딱히 휴정에게 적용되는 것은 아니지만 이러한 논리가 불교계 내부에서 널리 수용되었음은 사명유정의 비문에서도 확인할 수 있다.

> 아! 대사는 어지러운 시대를 맞아 전쟁에 시달리면서 국가와 함께 강한 적을 막느라 불법을 선양하여 어리석은 무리들을 깨우치지 않았으니, 이는 그럴 겨를이 없었던 것이었으리라. 그래서 대사를 아는 자들도 간혹 그가 진리를 위해 수행을 하지 않고 한갓 구구하게 세상을 구하기만 한 것을 병으로 여기는 자도 있다. 그러나 이 어찌 악마를 죽여 어려움을 구제하는 것이 바로 불가의 공덕인 줄 알겠으며, 유마힐(維摩詰)이 말없이 곧바로 불이법문(不二法門)으로 들어가는 것이 또한 어찌 두려워하며 가르침을 세우는 것임을 알겠는가. (허균, 「사명당비」)[5]

휴정의 뜻을 받들어 실제로 임진왜란에서 큰 공을 세웠던 유정과 관련하여 평가하는 글에 언제나 들어가는 논리는 대부분 위와 같은 식이다. 나라를 도와 왜적을 물리친 것이 악마를 물리침으로써 백성들의 어려움을 구제하는 것과 등치된다. 이는 앞서 언급한 휴정의 상량문에 나타나는 논리와 기본적으로 궤를 같이하는 것이고, 나아가 고려 이전 이른바 호국불교의 전통이 늘 내세우는 논리였다.

　조선의 승려들이 과중한 세금에 허덕였다는 것은 널리 알려진 사실이다. 종이를 만들어야 했고 산성을 축조하거나 국가의 건물을 짓는 데에 동원되었다. 그 일이 얼마나 힘들었는지 도망을 하거나 환속하는 승려들이 많았다고 한다. 그렇더라도 전쟁이라는 상황은 승려들에게 자신들의 존재감을 높일 수 있는 절호의 기회로 여겨졌다. 전쟁에서 공을 세우면 환속해서 벼슬을 받을 수 있었고, 승려로 남아 있다 하더라도 불교 교단의 사회적 지위 상승과 함께 수행 생활에 도움이 되었다. 유생들이 승군들의 성과를 폄하하는 경우가 많았지만, 불교 교단의 도움으로 임진왜란이라는 전란기를 건너오게 되었다는 점을 유생들 역시 각인하고 있었다. 휴정은 전란을 맞아 적극적으로 참여하는 일이야말로, 승려들이 갚아야 할 네 가지 은혜 중에서 국왕에 대한 은혜에 보답하는 길과 상통한다고 생각했던 듯하다.

---

5 嗚呼! 師之生, 當俶擾之代, 偪側戎馬間, 與國家捍强賊, 其於宣揚法室, 振刷迷徒, 蓋未之暇淺之乎? 知師者, 或病其乏津筏, 而徒區區救世爲夫! 豈知誅魔濟難, 是渠家功德, 而摩詰無言 直入不二法門 又奚用曉曉立訓乎?(許筠,「有明朝鮮國慈通弘濟尊者四溟松雲大師石藏碑銘」, 惟政,『四溟堂集』卷7)

3. 수행과 전쟁, 영원히 지속될 평행선

뻔한 이야기다. 자신을 세계의 중심에 놓고 생각하는 건 중생의 보편적 특성일지도 모르겠다. 내가 서 있는 자리는 언제나 선(善)이기 때문에 나를 뒤흔드는 모든 세력은 당연히 악(惡)이다. 우리나라를 침략하는 세력은 외'적'으로 분류하며, 그들로부터 나를 지키는 것은 정당한 일이다. 설령 도둑놈들이라 해도 누군가가 자신들의 근거지를 공격하면 그들을 악으로 규정해서 자기 구역을 지키기 마련이다. 그렇게 보면 세상에 선악의 절대적 구분은 없는 셈이다. 그렇지만 국가의 차원에서 이러한 논의를 모든 구성원들에게 각인시켜야 하는 것은, 그 생각을 통해서 공동체에 위기가 닥쳤을 때 힘을 합쳐서 자신들을 지켜 낼 수 있기 때문이다.

이러한 논리는 우리에게만 나타나는 것은 아니다. 예컨대 일본 제국주의자들이 근대화의 과정에서 한반도를 포함한 아시아 대륙을 집어삼키기 위해 전쟁을 준비하고 있을 때 이런 논리는 자주 대중들에게 공표되었다. 일본 진언종(眞言宗)의 승려이자 메이지 시대 불교 자선활동의 개척자로 알려져 있는 샤쿠 운쇼(釋雲照, 1827~1909)는 「살생을 금하는 부처의 자비에 대한 논쟁」이라는 글에서, 전쟁에는 정의로운 전쟁과 무법적인 전쟁이 있다고 했다. 불자들은 무법적인 전쟁에는 당연히 반대해야 하지만 청일전쟁과 같은 경우에는 정의로운 전쟁이기 때문에 지지해야 한다고 했다. 그러한 전쟁은 비참한 상태에 빠지는 것을 막아 주기 때문이라는 것이다.[6] 이러한 담론은 호국불교의 논리가 널리 퍼져서 오랫동안 전승되어 왔던 일본에서는 쉽게 발견된다.

그렇다고 해도 근본적인 문제는 전혀 해결되지 않았다. 어떻게 불교 수행자가 전쟁터에서 무기를 잡고 횡행할 수 있단 말인가. 어떻게 불교 수행자가 병사들을 도와서 전쟁을 지속시키거나 생명을 죽이도록 방조(傍助)할 수가 있단 말인가. 화랑들을 위한 세속오계(世俗五戒)로 유명한 원광(圓光)은 계율 중의 하나로 '살생유택'(殺生有擇)을 넣었다. 생명을 가려서 죽이라니, 이게 도대체 무슨 말인가. 세상에 죽어 마땅한 생명이 있고 죽으면 안 되는 생명이 있다니, 그런 건 누가 만든 기준이란 말인가. 화랑들이 전쟁을 수행해야 하기 때문에 그런 조항을 넣은 것이라고 할 수도 있겠지만, 더 근본적인 문제는 출가 수행자가 국가의 논리를 충실히 따르면서 살생을 권유했다는 점이다. 만약 원광과 같은 승려가 고구려나 백제에 있었다면 누구의 말이 맞는 것일까?

어떤 논리를 내세우더라도 전쟁과 수행은 원칙적으로 어긋난다. 원광은 국가 체제에 타협한 것이며, 부처님은 기본적으로 국가와 민족보다 더 우선하는 가치를 불법에 두었다.[7] 석가모니는 자기 조국이 이웃 나라에 망하는 것을 보면서도 어떤 도움도 주지 않았다. 물론 처

---

6 브라이언 다이젠 빅토리아, 『전쟁과 선』, 정혁현 옮김, 인간사랑, 2009, 59~60쪽을 참조하라.

7 박노자·도법 대담, 「호국불교는 한국불교의 운명인가」, 『인물과 사상』 제100호, 2006, 26~27쪽을 참조하라.

음에는 이웃 나라를 설득해서 침략 전쟁을 막아 보기도 했다. 그러나 그들에 의해 자신의 조국이 망하는 것이 인과응보였으므로 끝내 막지 않았던 것이다. 그것은 생명을 죽이는 행위 자체가 불법에 어긋나는 것이며, 불교의 중요한 계율인 '불살생계'에도 어긋나는 것이기 때문이었다.

호국불교가 기대고 있는 소의경전(所依經典)으로 중요한 것은 흔히 '호국삼부경'(護國三部經)으로 통칭되는 세 편의 경전, 『묘법연화경』(妙法蓮華經), 『인왕호국반야바라밀경』(仁王護國般若波羅蜜經, '인왕경' 仁王經으로 약칭), 『금광명최승왕경』(金光明最勝王經, '금광명경' 金光明經으로 약칭)을 들 수 있다. 특히 고려시대에는 고승들을 모셔서 이들 경전을 강설하는 법회를 궁궐에서 수시로 열었다. 나라와 백성들의 평안함을 빌기 위한 것이었다. 그러나 역설적으로 이들 법회를 너무 자주 열다 보니 경제력을 과도하게 허비함으로써 백성들을 괴롭히는 결과를 가져왔다. 이들 경전에서는 공통적으로 이렇게 말한다. "미래세에 이 경전을 잘 받아 지니는 국왕이 있다면 부처님은 금강수(金剛手), 용왕후(龍王吼), 무외십력후(無畏十力吼), 전뇌후(電雷吼), 무량후(無量吼) 등 다섯 보살을 보내어 그 국토를 수호하리라"(『인왕경』).

왕들을 위시한 국가를 경영하는 측에서는 이 부분을 떼어서 읽었다. 즉 호국삼부경 계통의 경전을 열심히 지녀서 읽고 독송하면 수많은 불보살들이 외적으로부터 이 나라를 보호해 줄 것이라고 생각했던 것이다. 그러나 이들 경전이 말하는 것은 다른 맥락이었다. 부처님의 올바른 법을 국왕들이 잘 닦으면 그 법을 통해서 나라가 안정된다는 의미였다. 말하자면 '호국'이 불보살들의 신비로운 힘으로 지탱되는 것이 아니라 국왕들과 신하들의 올바른 수행에 의해 완성된다는 것이었다. 올바른 법을 잘 닦아서 삶 속에서 실천할 수 있다면, 어떤 상황을 만나더라도 나라가 태평하고 안정되리라는 것은 당연한 이치다. 이런 맥락을 무시하고 호국불교를 주창했던 많은 왕들은 오직 불보살의 신비한 힘으로만 자신의 나라(정확히 말하면 자신의 권력!)를 유지하려고 했던 것이다.

휴정이 당시 전쟁에 대해서 구체적으로 언급한 부분이 없으니 더 이상의 추측을 할 수는 없겠다. 분명한 것은 선조의 요청을 휴정이 거절하기가 현실적으로 어려웠으리라는 점, 왜적의 침략을 물리치는 것이 백성들의 삶을 안정시키는 여러 요인 중의 하나라고 생각했으리라는 점이다. 그가 비록 자신의 제자 유정에게 왜군을 물리치는 승병장의 역할을 주기는 했지만, 그것만이 모든 문제를 해결하는 최선이라고 생각하지는 않았던 듯하다. 휴정의 또 다른 제자인 정관일선(靜觀 一禪, 1533~1608), 경헌순명(敬軒順命, 1544~1633) 등은 전쟁터를 누비면서 활약을 펼치는 유정의 대외활동에 대해 비판적 태도를 취하였다.[8] 왜구에 맞서 싸워서 백성들을 구한 공로는 크지만, 일이 끝났으면 다시 수행처로 돌아와 승려로서의 본분사(本分事)에 힘써야 한다는

---

8 이봉춘, 「유정의 구국활동과 교단내의 평가」, 『불교학보』 제56집, 동국대학교 불교문화연구원, 2010, 167쪽.

것이 그들의 주장이었다. 이는 명리승(名利僧)에 대한 경계와 직접적으로 통하는 비판이다.

휴정을 명리승의 관점에서 논의하는 사람도 있다. 부활된 승과를 통해서 화려하게 등장했고, 30대 중반의 나이에 조선의 불교를 대표하는 선교양종판사를 지냈으며, 임진왜란 중에는 조선 승군을 지휘하는 도총섭을 지냈다. 게다가 선조의 지우(知遇)를 받아 어묵과 어필을 하사받기까지 했으니, 휴정의 명예야 차고도 넘친다. 비록 평생을 수행과 함께 산중에서 지냈다고는 하지만 고비마다 세속에서의 관심과 벼슬은 끊이지 않았다. 명리승으로 휴정을 평가하는 입장을 이해할 만도 하다.

그렇지만 명리에서 벗어나야 한다는 그의 생각은 확고했다. 요즘도 수행자들이 가장 끊기 어려운 욕망이 이성적 욕망과 명예욕이라고 한다. 나이가 들어서 색욕은 사라지거나 끊을 수도 있지만 명예욕은 죽을 때까지 남아 있는 사람을 자주 목격한다. 그럴 정도로 명예는 뿌리치기 어렵다. 거기에 이익이 덧붙여지면 더 어렵다. 세속의 명예와 이익을 모두 버리고 오직 수행의 길로 나선 대표적인 인물이 바로 석가모니다. 왕자의 몸으로 태어나 세상에 부러울 것 없는 사랑과 기대를 한 몸에 받았던 인물, 자신이 원하기만 하면 무엇이든 구할 수 있었던 인간이 석가모니였다. 그러나 모든 것을 한순간에 던져 버리고 수행의 길로 나섰던 그의 행적을 보면서, 이 땅의 수행자들이 어떠해야 한다는 것을 새삼 배우고 느낀다. 오직 깨달음만을 위해서 세상의 모든 인연을 모질게 끊고 출가를 하지 않았던가. 부모 형제들과의 혈연을 비롯하여 가깝고 소중한 인연을 거부하고, 오직 깨달음을 구하는 수행자의 길을 선택한 것은 다른 사람이 아닌 바로 수행자 자신이었다. 그런데 한순간에 그 마음을 버리고 명예와 이익을 위해 살아간다면 얼마나 아이러니한 일인가.

휴정은 명리를 추구하는 수행자들에게 이렇게 충고한다.

세상의 뜬 이름을 탐하는 것은 쓸데없이 몸만 괴롭게 하는 것이고, 세상의 잇속을 따라 헤매는 것은 업의 불에 섶을 보태는 격이다. (『선가귀감』)

세상에 이름이 널리 알려진다고 한들 몸만 괴롭지 남는 것은 아무것도 없고, 이익을 따라 바쁘게 돌아다녀 봐야 그것은 업화(業火)에 섶을 지고 뛰어드는 어리석은 짓이다. 이름은 또 다른 이름을 좇아 우리 삶을 더욱 허황되게 만들고, 이익은 더 많은 이익을 따라 우리 삶을 더욱 바쁘게 돌아가게 한다. "제왕의 자리도 침 뱉고 설산에 들어가신 것은 부처님이 천 분 나실지라도 바뀌지 않을 법칙인데, 말세에 양의 바탕에 범의 껍질을 쓴 무리들이 염치도 없이 바람을 타고 세력에 휩쓸려 아첨하고 잘 보이려고만 애쓰니, 아 그 버릇 언제 고칠까" 하고 휴정이 한탄을 한 것 역시 명리의 속절없음을 제대로 간파하지 못한 수행자에 대한 절절한 마음 때문이었다.

명리가 얼마나 헛된 것인가에 대한 철저한 탐구와 인식을 요구하는 것은, 그것이 수행자들의 삶에 큰 장애물이 될 것이라는 사실을 알고 있었기 때문이다. 휴정이 만약 명리에 대한 일말의 생각이 있었더라면 그는 기회를 적절히 활용하여 자신의 명리를 추구하기 위한 노력을 했을 것이다. 명리의 본질을 꿰뚫고 그 인식 위에서 수행을 권유하는 휴정의 입장을 생각하면, 그를 단순히 명리승의 차원에서 평가하는 것은 문제가 있다.

그렇다면 수행자로서의 휴정이 속세와 인연을 맺는 방식은 어떠했을까. 그가 『선가귀감』에서 당시의 수행자들에게 권유한 것은 오직 견성성불에 이르도록 이끌기 위함이었다. 그 이면에는 명리도 없었고 자기 과시도 없었으며 단순한 지식 추구욕도 없었다. 오직 깨달음뿐! 깨달음은 공성(空性)을 바탕으로 하는 것이지만, 그것이 중생들에게 구현될 때에는 무한한 자비심으로 표출되었다. 휴정은 어려운 사람을 위해 보시를 해야 한다고 하면서 그것이야말로 '동체대비'(同體大悲)의 마음이라고 했다. 중생과 한 몸이 되어 그들을 위해 한량없는 자비의 마음을 가지는 것이 중요하다는 것이다. 그것은 무한한 생명에의 존중이었고, 평등한 마음으로 중생들을 살피는 출발점이었다. 이 점이 전제되지 않는다면 깨달음에 어떻게 이를 수 있겠는가.

지금 우리에게 중요한 것은 생명과 전쟁의 상반된 논리를 어떻게 넘어설 것인가 하는 문제다. 매일 우리에게 전쟁과 같은 대립과 경쟁을 강요하는 이 사회, 이 중생계에서 눈을 돌리는 순간 생명을 포기하고 전쟁의 상황을 선택하는 결과를 낳는다. 살아 있는 것들에 대한 무한한 자비심을 포기하지 않고 우리 시대를 건너는 방법을 생각해야 한다. 스무 세기 동안 인류는 수많은 중생들의 생명을 담보로 우리의 물질적 풍족함을 추구해 왔다. 그 과보를 지금 우리가 받고 있다. 끔찍한 자연 재해는 물론이고 의식주 어떤 면에서도 안심하고 살아갈 수 없는 것들이 천지에 널려 있다.

이승에서의 삶이 시작되는 순간 누구에게나 경쟁은 숙명과도 같은 것이라고는 하지만, 그 상황을 더욱 악화시키는 사회적 제도 속에서 우리는 이미 치열한 전쟁을 치르고 있는 중이다. 누군가를 떨어뜨려야 내가 살아갈 수 있는 세상에서, 총을 들지 않았을 뿐이지 나도 모르는 사이에 다른 사람을 죽이고 있는 내 현실을 인식해야만 비로소 이승에서의 삶에 새로운 눈을 뜰 수 있다. 그렇게 새로운 눈을 뜨기 위해 불교 수행자들은 공성의 체험을 요구한다. 세상에 변하지 않는 것은 없다는 인식, 휴정이 『선가귀감』에서 언급한 것처럼 모든 것은 '사대가합'(四大假合)에 불과하다는 생각을 완전히 이해해야 한다. 지(地), 수(水), 화(火), 풍(風) 사대가 잠시 모였다가 흩어지는 것이 중생계의 삶이라면, 그것이 마치 영원히 존재하는 것처럼 착각하는 것이 바로 전쟁과도 같은 삶을 만들어 내는 원인이다. 전쟁 속을 살아가면서도 우리는 자신이 전쟁터에 발을 딛고 선 줄을 모른다. 무명의 두터운 겁화(劫火)에 싸여서 오직 자신의 욕망만을 따라 거짓의 삶을 만들어 간다.

중생이 선 자리를 투철하게 인식하는 순간 세계를 보는 눈이 바뀌고, 거기에서 비로소 자비심이 나온다. 생명을 존중하는 마음은 살아 있는 모든 것을 무조건 사랑하자는 것이라기보다는 공성에 대한 깨달음을 통해서 우러나오는 자비심에 근거한다. 깨달음이 전제되지 않은 생명 존중은 자칫 또 다른 욕망의 소산이기 쉽다. 자기 마음속의 욕망을 투명하고 투철하게 살피면서 중생들의 삶을 전혀 다른 방식으로 바라보는 것이 자비심이라면, 우리가 전쟁을 거부하고 살생을 거부하는 것이야말로 욕망의 가장 첨예한 부분을 비판하는 일과 상통한다. 그런 점에서 수행자들은 전쟁에 나서는 것뿐 아니라 나서도록 독려하는 것도 당연히 거부해야 한다.

당장 고통받고 있는 중생들의 모습을 보면서 그들을 구제해야겠다는 일념으로 전쟁에 나서는 것은 일종의 '방편'으로 해명할 수는 있을 것이다. 실제로 그것을 방편으로 사용한 점도 분명히 있으리라 생각된다. 그러나 불교의 진리, 수행자가 어겨서는 안 되는 규칙을 벗어나면서도 그 모든 것을 방편이라는 말로 치부한다면, 그것은 출가수행자로서의 본분사가 아니다. 우리 역사 속에서 불교는 방편법문(方便法門)이라는 핑계로 중생들의 삶을 외면하고 권력자들과 결탁한 자취를 만들어 오지 않았던가. 어떤 승려들의 문집에서도 전쟁과 평화, 국가와 불교의 관계를 진지하면서도 치열하게, 논쟁적인 태도로 쓴 글이 발견되지 않는다는 것은, 그동안 불교의 사유가 개인적 깨달음이라는 좁은 범주 안에서 노닐고 있었거나 혹은 국가와 권력과의 결탁을 알고 있으면서도 모른 척한 것은 아니었는지를 돌아보는 계기로 삼아야 한다는 것을 보여 준다.

휴정의 『선가귀감』에서 물론 이런 문제에 대한 본격적인 논의를 기대할 수는 없다. 이 책은 원래 수행자들을 위한 일종의 지침서 역할을 목표로 집필되었기 때문이다. 그러나 조선의 불교가 휴정의 제자들로 채워지면서 후대 수행자들에게서 종조(宗祖)의 위치를 가지게 되는 휴정의 글을 보면서, 우리는 현실과 이상, 국가 권력과 불교 진리의 관계를 다시 한번 주목할 필요가 있음을 절실히 느낀다. 이 시대에 불교가 어떠해야 하는지, 수행자들은 어떤 마음으로 공부해야 하는지, 학인들의 자세는 어떠해야 하는지를 깊이 생각하고 새로운 사유를 이끌어 내는 것, 그것은 바로 지금 이 시대를 살아가는 우리들 자신의 몫이다.

맺음말 | 수행자를 위한 지도 한 조각

팔만대장경이 우리 앞에 펼쳐져 있다 한들, 그 책들을 아무런 거리낌 없이 읽을 능력이 있다 한들, 그것이 수행의 실천과 우리의 삶으로 펼쳐지지 못하는 한 아무 소용이 없는 종이 더미에 불과하다. 감탄을 자아내고 마음속에 커다란 울림을 준다 해도 팔만대장경이 우리의 몸과 마음으로 실현되지 않는다면 커다란 번뇌만 안고 살아가는 셈이다. 그런 맥락에서 보면 팔만대장경 역시 하나의 안내도에 불과하다.

처음 올라가는 산이 있다면 우리는 제일 먼저 등산로를 확인하기 위해 지도를 살펴볼 것이다. 내가 서 있는 위치를 확인한 다음 산의 정상으로 가는 길을 확인하고, 여러 갈래의 길 중에서 가장 괜찮은 길이 어떤 것인지 확인하려 할 것이다. 가능하다면 이미 정상에 올라 본 사람들의 이야기를 들어서 내가 가야 할 길을 정하려 할 것이다. 많은 이야기를 듣고 안내 지도를 숙지하는 목적은 내 발로 정상에 오르기 위함이다. 들은 이야기가 아무리 생생하다 해도, 내가 지도를 눈 감고도 그릴 정도로 꼼꼼하게 외우고 있다 한들, 그게 무슨 소용이란 말인가.

내 몸으로 정상을 향하는 길로 나서지 않는다면 그 지식들은 쓸모가 없을 뿐 아니라 때때로 자신을 속이고 남을 속이는 악의적 지식이 될 수도 있다.

불교적 수행의 길에 나서는 사람이 처음부터 불교의 전모를 파악하고 시작하지는 않는다. 자기 마음속의 번뇌를 끊고 새로운 경계에 도달하기 위해 일단 나서는 것이다. 그들에게 불교는 너무 방대해서 어디서부터 발을 디뎌야 할지, 어떻게 길을 정하고 걸어야 할지를 모른다. 길이 하나밖에 없다면 고민의 여지가 없겠지만, 불교는 수많은 중생들의 다양한 삶을 고려해서 안내를 해왔기 때문에 엄청난 양의 정보를 쌓아 두고 있다. 그러니 수행의 길에 처음 나서는 사람으로서는 그 양에 압도되기 마련이다.

서산휴정이 『선가귀감』을 쓴 것은 처음 길을 떠나는 수행자들을 위해 간략한 지도를 한 장 만들어 본 것과 같다. '간략한 지도'라는 점을 잊으면 안 된다. 마치 이 책이 깨달음으로 가는 최고의 책인 것처럼 받아들이는 행위는 수행자들을 실천의 장으로 끌어내리려는 서산휴정의 의도를 곡해하는 것이다. 그는 자기 시대의 수행자들과 후세에 수행의 첫걸음을 디디려는 미지의 후배들을 위해, 자신이 걸어왔던 수행 경험을 토대로 간략한 수행의 지도를 만들었다. 이 책은 서산휴정의 제자들에게 상당한 호응을 받았다. 책이 발간된 것과 거의 비슷한 시점에 언해본이 출현한 사실에서도 그 호응도를 짐작할 수 있다.

그렇지만 서산휴정은 『선가귀감』을 통해 자신의 의도를 전적으로 전달할 수는 없었다. 문자가 가진 태생적인 한계가 있다. 서산휴정을 만날 수 있다면 그 책의 진의에 대해서, 혹은 경전에서 해당 부분을 뽑아 놓은 의도를 물어볼 수 있으련만, 애석하게도 그것은 불가능한 일이다. 책을 통해서 수행의 길을 최대한 확인해야 하는데, 그 과정에서 자연스럽게 서로 다른 해석들이 도출된다. 사람마다 해석을 달리하는 것은 그가 처한 역사 현실 때문일 수도 있고, 수행의 길로 나서려는 동기의 차이일 수도 있고, 그를 이끄는 스승의 영향일 수도 있다. 그 외에도 수많은 변수들이 책의 해석에 변주를 가한다.

『선가귀감』이 수용되면서 시대에 따라 이 책은 다양한 영향력을 행사하였다. 간화선 수행을 중심으로 서산휴정은 교학과 염불을 친절하게 설명하였다. 나아가 그가 맞닥뜨린 전쟁 상황 역시 이 책의 해석에 변수로 작용하기도 하였다. 서산휴정은 조선 불교사에 짙은 그늘을 드리웠다. 그가 길러 낸 제자들이 조선의 불교를 이끌고 나갔으니, 조선 불교사에서 서산휴정은 중흥조나 다름없다. 이후 수행자들은 저마다 참선 수행, 교학 공부, 염불 수행 등 다양한 길을 걸었지만, 동시에 중생 제도를 위해 민중 속으로 들어가 그들의 애환을 함께하는 수행자도 있었고, 권력 주변에서 나라의 명운을 바꾸려는 노력을 한 수행자도 있었다. 어떤 유형의 삶을 살았든 그들 각각은 자신만의 지도 위에 깨달음으로 가는 길을 만들어 표시했던 것이다.

조선 후기의 불교가 지금 현재의 불교에 이어져 있다는 점을 감안한다면, 서산휴정이야말로 지금 불교의 밑그림을 그린 최초의 인물이라고 할 수 있다. 『선가귀감』을 읽는 것에는 깨달음에 대한 단서를 얻으리라는 희망 외에도, 지금 우리가 만나는 불교의 근원을 찾아본다는 의미도 있다. 조선 불교가 그에 의해서 탄생했다면 지금의 불교가 만들어 가는 수행의 길은 서산휴정의 발걸음에 이어져 있다고 하겠다.

살생이 난무하는 전쟁과 불살생을 요구하는 수행의 길 사이에서, 어려운 민중들의 벗과 권력자들의 조언자 사이에서, 깨달음과 번뇌 사이에서, 우리는 언제나 갈등한다. 모든 갈등을 넘어서 새로운 경계를 꿈꾸지만, 그조차도 번뇌라는 사실을 우리는 '머리로' 알아챈다. 그러나 그것이 내 몸으로 실천되지 않는 것은 그 깨달음이 완벽하지 않기 때문일 것이다. 어떻든 수많은 모순과 의문을 등에 짊어지고 수행의 길로 나섰을 때, 그 길이 불교가 오랫동안 만들어 왔던 길이라면, 『선가귀감』을 통해서 하나의 지도 조각을 만들어 낼 수 있지 않을까.

이 책에서 나는 깨달음으로 가기 위한 유일한 지도를 읽어 내려는 것은 아니었다. 오히려 다양한 생각들을 마구 일으켜서 사람들을 번뇌에 빠뜨리려 하였다. 불교 학자가 읽어 내는 『선가귀감』이 있듯이, 불교에서 수행의 단서를 발견한 한국 고전문학 연구자가 읽어 내는 『선가귀감』 역시 있다. 그 사이에 과연 '잘못된' 견해가 있을까? 서로 다른 견해들 사이에서 우리는 많은 의문을 제기할 수 있을 터이다. 그런 의문을 일으켰다면 내 몫은 다한 셈이다. 이제 우리는 다시 서산휴정의 『선가귀감』으로 돌아가서 원전을 읽어 볼 시간이 된 것이다.

이 책과 함께 읽으면 좋을 책들

『선가귀감』을 읽으면서 함께 읽으면 좋지 않은 책이 어디 있으랴. 우주의 모든 사물들이 하나로 연결되어 있는 것처럼, 세상의 모든 책들 역시 연결되어 있다. 범위를 한정해서 몇 권을 꼽는 것은 참으로 난망한 일이다. 그러나 직접적으로 관련이 되는 책을 몇 가지 거론할 수밖에 없으니, 거론되지 않았다고 해서 중요하지 않은 책은 없다는 말로 위안을 삼으시라.

1. 서산휴정의 『선가귀감』은 일찍부터 제자들 사이에서 널리 읽히기 시작해서 지금까지 널리 사랑받는 책이다. 그런 만큼 번역본 역시 많다. 책의 내부적인 체재를 읽어 낼 수 있다면 좋겠지만, 그렇지 않은 독자들에게는 산만하다는 느낌이 들 정도로 여러 경전과 어록에서 뽑은 문장들을 나열한 방식의 책이다. 그래서 여러 차례 반복해서 읽으면 좋다. 책장을 이리저리 넘겨 가면서 마음에 맞는 구절을 골라 읽어도 물론 좋다.

조선시대 언해본부터 영역본에 이르기까지 참 다양한 번역본이 있고, 어떤 번역본이든 그 나름의 장점을 가지고 있으므로 가까운 곳에 있는 책을 선택해서 읽으면 된다. 어떤 노스님은 『선가구감』(용담 옮김, 효림출판, 2002)으로 읽기도 한다. 몇 종을 꼽아 보면 다음과 같다. 법정 스님이 옮긴 『깨달음의 거울』(불일출판사, 개정판; 1992), 박재양과 배규범이 옮긴 『선가귀감』(예문서원, 2003) 그리고 일장 스님이 옮긴 『선가귀감』(불광출판사, 2005)이 있으며, 원순 스님의 강설을 담은 『선禪 수행의 길잡이: 선가귀감 강설』(법공양, 2008)이라는 책도 나와 있다. 또한 법정 스님의 번역을 현각 스님이 영어로 번역한 책으로, *The Mirror of Zen*(Shambhala, 2006)이 있다.

2. 신법인이 지은 『서산대사의 선가귀감 연구』(신기원사, 1983)는 승려인 저자가 일본에서 유학하는 동안 쓴 학위 논문이 기초가 된 책이다. 이 책은 한국과 일본을 통틀어 『선가귀감』에 대한 가장 종합적인 연구서다. 지금은 절판이 된 책이라 헌책방에서 구해 보거나 도서관에서 빌려 볼 수밖에 없는 안타까운 책이다. 지금의 독자들에게는 불편할 수 있는 문장이나 한자어가 많이 섞여 있지만, 그런 불편함을 완전히 뛰어넘는 내용 때문에 『선가귀감』을 공부하는 사람들에게는 최고의 필독서다.

3. 서산휴정의 문집인 『청허당집』(박경훈 옮김, 동국역경원, 1987)은 『선가귀감』을 이해하기 위해서 중요한 책이다. 휴정의 사상이 어떻게

형성되었는지, 『선가귀감』이 그의 사상 전반과 어떻게 연관되는지를 알아보기 위해서라면 이 책을 읽어야 한다. 시와 문장을 모두 포함하고 있는 문집이다.

4. 서산휴정이 한국 불교사에서 어떤 위치를 차지하고 있는지, 왜 그렇게 위치를 비정하는지를 알려면 '한국 불교사'를 읽어야 한다. 그러나 애석하게도 우리 불교사에 대한 전반적인 흐름을 요령 있게 보여 주는 책은 흔치 않다. 이능화의 『조선불교통사』는 한문본인데다가 자료를 연대별로 모아 놓은 방대한 책이라서 통독하기에는 적절치 않고 전문 연구자가 아니라면 접하기 어렵다. 그러나 근래에 번역이 되어 일반 독자들도 읽을 수 있게 되었다(『역주 조선불교통사』, 동국대학교 출판부, 2010). 하지만 불교사의 흐름을 요령 있게 파악하기에는 쉽지 않은 책이다. 김영태의 『한국불교사』(경서원, 증보판; 1997)가 일반 독자들이 접하기에는 그나마 좋은 책이다.

　　김용태의 『조선후기 불교사 연구』(신구문화사, 2010)는 서산휴정의 문도들이 어떻게 형성되고 구성되었는지를 잘 보여 준다. 문도들의 구성과 그 성격, 조선 후기 안에서의 변화 등을 흥미롭게 다룬다. 불교사학회에서 엮은 『한국 조계종의 성립사 연구』(민족사, 1986)는 한국 조계종의 성립을 다룬 논문 모음집이다. 한국 불교계에서 종파 및 종조(宗祖) 문제는 민감하기도 하고 여전히 논란이 많은 부분도 있다. 그러나 조계종의 성립 문제가 서산휴정과 연관된다는 점은 명확하다. 그런 점을 다시 돌아볼 수 있도록 하는 책이다.

5. 송나라 때의 승려인 대혜종고가 선 수행과 관련하여 여러 사람과 주고받은 편지를 모은 책이 『서장』(전재강 역주, 운주사, 2004)이다. 이 책은 현재 조계종 승려들에게는 기본 교재 중의 하나다. 특히 조사선의 개념, 수행 방법 등에 대한 자세한 해설이 들어 있어서 선 수행을 하는 수행자에게는 긴요한 책이다. 이 책은 주자학의 사상적 변화에 큰 계기로 작동할 정도로 널리, 깊이 읽혔다. 서산휴정 역시 이 책을 탐독했고, 그 흔적이 『선가귀감』에 짙게 드리워져 있다. 여러 종류의 번역본이 있으므로 어떤 책을 선택해도 좋다.

6. 선불교가 송대에 이르러 주자학의 형성에 깊은 영향을 끼친 것은 널리 알려진 바와 같다. 그러한 점을 자세히 살핀다면 중세 동아시아 사상사의 전개를 한층 흥미롭게 공부할 수 있을 것이다. 이런 점은 서산휴정의 사상을 논의할 때 다양한 시각을 제공한다. 아라키 겐고의 『불교와 유교』(심경호 옮김, 예문서원, 2000)와 미조구치 유조의 『중국 전근대 사상의 굴절과 전개』(김용천 옮김, 동과서, 개정판; 2007)를 읽는다면 유교와 불교의 얽힘이나 애증을 통해 불교가 어떻게 새로운 사유의 길을 모색하였는지 짐작할 수 있을 것이다.

7. 간화선을 본격적으로 수행의 중요한 지점으로 확립한 사람이 서산휴정이다. 그 전통이 지금까지 우리 불교의 큰 흐름으로 자리하고 있다. 그런 점에서 간화선의 개념과 역사적 변화 양상, 수행 방법 등을 수행자의 입장에서 정리한 책을 읽을 필요가 있다. 『간화선』(불학연구

소 엮음, 조계종출판사, 2005)은 조계종의 기초 교재로 편찬되기는 했지만 일반 독자들 입장에서도 흥미롭게 접할 만하다.

8. 서산휴정이 혼자의 힘으로 새로운 불교를 모색한 것은 아니다. 그의 불교 역시 이전 시기와 밀접하게 연관되어 있다. 특히 보조국사 지눌의 사상은 다양한 방식으로 『선가귀감』에 영향을 끼쳤다. 심재룡이 지은 『지눌연구』(서울대학교출판부, 2004)는 지눌과 휴정 사이의 계승과 모색, 발전 등을 생각해 보는 계기를 제공한다.

9. 정도전의 사상을 알면 조선이 불교에 어떤 방식으로 대응했는지를 알 수 있다(한영우, 『정도전사상의 연구』, 서울대학교출판부, 1997). 유학자의 나라를 기획하고 건설한 정도전은, 너무 일찍 세상을 떠났음에도 불구하고 조선을 지배했던 거인이었다. 특히 그의 『불씨잡변』은 불교에 대한 조선 유학자들의 출발점이자 끝이나 다름없다. 『불씨잡변』의 번역은 민족문화추진회(현 한국고전번역원)에서 엮은 『국역 삼봉집』에서 볼 수도 있고, 이기훈이 옮긴 『불씨잡변』(계명대학교출판부, 2006)으로도 접할 수 있다.

10. 함허득통으로도 불리는 기화의 『현정론』(기화·장상영, 『현정론·호법론』, 김달진·현명곤 옮김, 동국역경원, 1988)은 조선의 불교 비판에 대한 당시 불교계의 대응 방식을 전형적으로 보여 주는 저작이다. 그의 논의는 조선시대를 통틀어 가장 널리 알려진, 유교에 대한 불교계의

대응이라 할 수 있다. 분량은 많지 않지만 불교에 대한 유교의 공격을 하나하나 들어서 반박하고 있다.

11. 불교에 깊은 관심을 가지고 있으나 첫걸음을 떼기 어려워하는 사람들을 위한 책을 추천하는 일은 쉽지 않다. 그러나 『선가귀감』을 읽기 위해 어느 정도의 불교 이해가 필요한 것은 사실이다. 종교로서의 불교를 재미있게 소개하는 것으로 가와이 하야오와 나카자와 신이치의 대담집 『불교가 좋다』(김옥희 옮김, 동아시아, 2007)가 좋을 것이다. 이 책은 불교와 현대 사회의 다양한 측면을 연결시켜서 재미있게 이야기를 풀어 나가고 있어서, 불교에 낯선 사람들도 흥미롭게 읽을 수 있다. 불교 교리를 간결하면서도 재미있게 소개하는 것으로는 숭산 스님의 말씀을 현각 스님이 엮은 『선의 나침반』(허문명 옮김, 열림원, 2001)이 좋다. 숭산 스님은 한때 달라이 라마, 틱낫한 스님 등과 함께 세계적인 불교 지도자로 손꼽혔던 분이다. 그분이 불교의 중요한 개념을 현대의 젊은이들이 쉽게 접할 수 있도록 풀어 놓은 책이기 때문에, 자투리 시간이 날 때 조금씩 읽으면 불교의 교리와 개념에 익숙해질 수 있을 것이다. 그러나 애석하게도 이 책은 2013년 현재 절판된 상태다. 좋은 책은 왜 이렇게 일찍 사라지는 것일까? 헌책방을 뒤져서라도 한 번 읽어 보기를 권한다. 불교의 교리를 가장 정연하게 정리한 책으로는 마스타니 후미오의 『불교개론』(이원섭 옮김, 현암사, 2001)이 권할 만하다. 그의 책은 역사적 인물로서의 석가모니부터 동아시아의 불교에 이르기까지를 다루면서, 독자들이 불교에 대한 지형도를 그리

기 쉽게 정리하고 있다.

선불교에 대한 책은 정말 많다. 그중에서도 중국계 미국 불교 학자인 존 C. H. 우(오경웅)가 쓴 『선의 황금시대』(김연수 옮김, 한문화, 2006)가 재미있다. 선사들의 재미있는 일화를 중심으로 중국 선불교의 황금시대를 묘사하고 있는 이 책은 재미있는 콩트집을 읽는 마음으로 읽어도 좋다. 그 과정에서 삶의 지혜와 통찰을 얻는다면 더없이 좋을 것이다. 이와 함께 김영욱의 『화두를 만나다』(프로네시스, 2007) 역시 흥미롭게 읽을 만하다. 선사들의 화두는 어떻게 구성되는지, 그 것은 어떻게 해석할 수 있고 그것을 통해서 어떻게 깨달음의 세계로 갈 수 있는지를 쉽게 설명하고 있다.

찾아보기